Utilize este código QR para se cadastrar de forma mais rápida:

Ou, se preferir, entre em:

www.moderna.com.br/ac/livroportal

e siga as instruções para ter acesso aos conteúdos exclusivos do

Portal e Livro Digital

CÓDIGO DE ACESSO:

A 00201 ARPCIEN5E 9 96652

Faça apenas um cadastro. Ele será válido para:

Organizadora: Editora Moderna
Obra coletiva concebida, desenvolvida e produzida pela Editora Moderna.

Editoras Executivas:
Maíra Rosa Carnevalle
Rita Helena Bröckelmann

5ª edição

© Editora Moderna, 2018

Elaboração dos originais:

Alda Regina Tognini Romaguera
Licenciada em Pedagogia pela Universidade Estadual de Campinas. Mestre e Doutora em Educação (Educação, Conhecimento, Linguagem e Arte) pela Universidade Estadual de Campinas. Professora e assessora pedagógica.

Cristiane Roldão
Bacharel em Física pela Universidade Federal do Rio Grande do Sul. Mestre e Doutora em Física na área de Física Teórica pelo Instituto de Física Teórica da Universidade Estadual Paulista "Júlio de Mesquita Filho". Professora.

Daniel Hohl
Licenciado em Física pela Universidade de São Paulo. Editor.

Fernando Frochtengarten
Bacharel e licenciado em Ciências Biológicas pela Universidade de São Paulo. Mestre e Doutor em Psicologia (Psicologia Social) pela Universidade de São Paulo. Professor e coordenador pedagógico.

Flávia Ferrari
Bacharel em Ciências Biológicas pelo Instituto de Biociências da Universidade de São Paulo. Professora.

Juliana Bardi
Bacharel e licenciada em Ciências Biológicas pelo Instituto de Biociências da Universidade Estadual Paulista. Doutora em Ciências Biológicas (Zoologia) pelo Instituto de Biociências da Universidade de São Paulo. Editora.

Marta de Souza Rodrigues
Licenciada em Física pela Universidade de São Paulo. Mestre em Ciências (Ensino de Ciências modalidades Física, Química e Biologia – Área de concentração Física) pela Universidade de São Paulo. Professora.

Mauro Faro
Engenheiro Químico pela Universidade de São Paulo. Mestre em Engenharia Química (Engenharia Química) pela Universidade de São Paulo. Licenciado em Química pelas Faculdades Oswaldo Cruz (SP). Professor.

Murilo Tissoni
Licenciado em Química pela Universidade de São Paulo. Professor.

Tassiana Carvalho
Licenciada em Física pela Universidade de São Paulo. Mestre e doutora em Ciências (Ensino de Ciências modalidades Física, Química e Biologia – Área de concentração Física) pela Universidade de São Paulo. Professora.

Tathyana Tumolo
Bacharel em Química pela Universidade Presbiteriana Mackenzie. Pós-doutorada pelo Departamento de Alimentos e Nutrição Experimental da Faculdade de Ciências Farmacêuticas da Universidade de São Paulo. Editora.

Vivian Vieira
Licenciada em Física pela Universidade de São Paulo. Professora.

Coordenação editorial: Maíra Rosa Carnevalle, Rita Helena Bröckelmann
Edição de texto: Dino Santesso Gabrielli, Ana Carolina de Almeida Yamamoto, Heloise do Nascimento Calça, Tathyana Tumolo, Mauro Faro, Ana Carolina Suzuki Dias Cintra, Daniel Hohl, Renata Amelia Bueno Migliacci, Tatiani Donato, Beatriz Assunção Baeta
Edição de conteúdo digital: Heloise do Nascimento Calça, Tathyana Tumolo
Preparação de texto: Fabiana Biscaro, Débora Tamayose, Malvina Tomaz, Marcia Leme
Gerência de design e produção gráfica: Sandra Botelho de Carvalho Homma
Coordenação de produção: Everson de Paula, Patricia Costa
Suporte administrativo editorial: Maria de Lourdes Rodrigues (coord.)
Coordenação de design e projetos visuais: Marta Cerqueira Leite
Projeto gráfico: Daniel Messias, Otávio dos Santos
Pesquisa iconográfica para capa: Daniel Messias, Otávio dos Santos, Bruno Tonel
  Foto: Floral Deco/Shutterstock; Don Farral/Photodisc/Getty Images; Monty Rakusen/Getty Images
Coordenação de arte: Carolina de Oliveira Fagundes
Edição de arte: Mônica Maldonado
Editoração eletrônica: Essencial Design
Edição de infografia: Luiz Iria, Priscilla Boffo, Giselle Hirata
Ilustrações dos ícones-medida: Paulo Manzi
Coordenação de revisão: Maristela S. Carrasco
Revisão: Ana Maria C. Tavares, Ana Paula Felippe, Cárita Negromonte, Cecilia Oku, Fernanda Guerriero, Leandra Trindade, Luísa Munhoz, Mônica Surrage, Nancy Dias, Renato da Rocha, Simone Garcia, Thiago Dias, Vânia Bruno, Viviane Oshima
Coordenação de pesquisa iconográfica: Luciano Baneza Gabarron
Pesquisa iconográfica: Flávia Aline de Morais, Luciana Vieira, Camila D'Angelo
Coordenação de bureau: Rubens M. Rodrigues
Tratamento de imagens: Fernando Bertolo, Joel Aparecido, Luiz Carlos Costa, Marina M. Buzzinaro
Pré-impressão: Alexandre Petreca, Everton L. de Oliveira, Marcio H. Kamoto, Vitória Sousa
Coordenação de produção industrial: Wendell Monteiro
Impressão e acabamento: Esdeva Indústria Gráfica Ltda.
Lote: 288488

Dados Internacionais de Catalogação na Publicação (CIP)
(Câmara Brasileira do Livro, SP, Brasil)

Araribá plus : ciências naturais / obra coletiva concebida, desenvolvida e produzida pela Editora Moderna ; editoras executivas Maíra Rosa Carnevalle, Rita Helena Bröckelmann. – 5. ed. – São Paulo : Moderna, 2018.

Obra em 4 v. para alunos do 6º ao 9º ano.
Bibliografia.

1. Ciências (Ensino fundamental) I. Carnevalle, Maíra Rosa. II. Bröckelmann, Rita Helena.

18-15777   CDD-372.35

Índices para catálogo sistemático:
1. Ciências : Ensino fundamental   372.35
Cibele Maria Dias - Bibliotecária - CRB-8/9427

ISBN 978-85-16-11247-9 (LA)
ISBN 978-85-16-11248-6 (LP)

Reprodução proibida. Art. 184 do Código Penal e Lei 9.610 de 19 de fevereiro de 1998. Todos os direitos reservados
EDITORA MODERNA LTDA.
Rua Padre Adelino, 758 – Belenzinho
São Paulo – SP – Brasil – CEP 03303-904
Vendas e Atendimento: Tel. (0_ _11) 2602-5510
Fax (0_ _11) 2790-1501
www.moderna.com.br
2020
Impresso no Brasil

1 3 5 7 9 10 8 6 4 2

Imagem de capa
Paciente em aparelho de ressonância magnética; as imagens formadas por esse aparelho podem ser enviadas a aparelhos como *smartphones*. O avanço da tecnologia médica propicia, atualmente, diversas maneiras de analisar o corpo humano e de transportar e mostrar os resultados dessas análises.

APRESENTAÇÃO

Certamente você já sabe algo sobre os assuntos mais famosos da Ciência: o Universo, os seres vivos, o corpo humano, os cuidados com o ambiente, as tecnologias e suas aplicações, a energia e a matéria são temas comuns.

Ciência tem sua origem na palavra latina *scientia*, que significa conhecimento. É uma atividade social feita por diversas pessoas em diferentes lugares do mundo. Ciência também tem a ver com questões econômicas, políticas e culturais de cada lugar.

Você já parou para pensar em como a Ciência funciona? Será que os cientistas têm sempre certeza de tudo? Como eles trabalham? Como é feita uma pesquisa? É fácil fazer uma descoberta científica? Só os cientistas "fazem Ciência"?

Para a última pergunta, queremos que você considere um **não** como resposta. Os investigadores são pessoas atentas, observadoras e curiosas que questionam e buscam respostas. Convidamos você a ser um deles!

Este livro apresenta algumas respostas. Como investigador, no entanto, você deve saber que as perguntas são mais importantes. Faça perguntas, duvide, questione, não se contente com o que é apresentado como verdade. Nesse caminho, conte com a sua professora ou o seu professor: converse sobre suas dúvidas e dê também a sua opinião.

Seu livro traz ainda um trabalho com **Atitudes para a vida**. Você vai aprender que elas podem ajudá-lo nas tarefas escolares e também a tomar decisões melhores e a resolver problemas.

Esperamos que este livro o incentive a pensar com qualidade, a criar bons hábitos de estudo e a ser um cidadão bem preparado para enfrentar o mundo e cuidar dele.

Bons estudos!

ATITUDES PARA A VIDA

11 ATITUDES MUITO ÚTEIS PARA O SEU DIA A DIA!

As Atitudes para a vida trabalham competências socioemocionais e nos ajudam a resolver situações e desafios em todas as áreas, inclusive no estudo de Ciências.

1. Persistir
Se a primeira tentativa para encontrar a resposta não der certo, **não desista**, busque outra estratégia para resolver a questão.

2. Controlar a impulsividade
Pense antes de agir. Reflita sobre os caminhos que pode escolher para resolver uma situação.

3. Escutar os outros com atenção e empatia
Dar atenção e escutar os outros são ações importantes para se relacionar bem com as pessoas.

4. Pensar com flexibilidade
Considere diferentes **possibilidades** para chegar à solução. Use os recursos disponíveis e dê asas à imaginação!

5. Esforçar-se por exatidão e precisão
Confira os dados do seu trabalho. Informação incorreta ou apresentação desleixada podem prejudicar a sua credibilidade e comprometer todo o seu esforço.

 7. Aplicar conhecimentos prévios a novas situações

Use o que você já sabe!
O que você já aprendeu pode ajudá-lo a entender o novo e a resolver até os maiores desafios.

 8. Pensar e comunicar-se com clareza

Organize suas ideias e comunique-se com clareza.
Quanto mais claro você for, mais fácil será estruturar um plano de ação para realizar seus trabalhos.

 6. Questionar e levantar problemas

Fazer as perguntas certas pode ser determinante para esclarecer suas dúvidas. Esteja alerta: indague, questione e levante problemas que possam ajudá-lo a compreender melhor o que está ao seu redor.

 9. Imaginar, criar e inovar

Desenvolva a criatividade conhecendo outros pontos de vista, imaginando-se em outros papéis, melhorando continuamente suas criações.

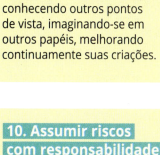

10. Assumir riscos com responsabilidade

Explore suas capacidades!
Estudar é uma aventura; não tenha medo de ousar. Busque informação sobre os resultados possíveis e você se sentirá mais seguro para arriscar um palpite.

 11. Pensar de maneira interdependente

Trabalhe em grupo, colabore. Unindo ideias e força com seus colegas, vocês podem criar e executar projetos que ninguém poderia fazer sozinho.

 No Portal *Araribá Plus* e ao final do seu livro, você poderá saber mais sobre as *Atitudes para a vida*. Veja <www.moderna.com.br/araribaplus> em **Competências socioemocionais**.

CONHEÇA O SEU LIVRO

UM LIVRO ORGANIZADO

Seu livro tem 8 Unidades, com uma organização clara e regular. Todas elas apresentam abertura, Temas, páginas de atividades e seções como *Explore*, *Pensar Ciência*, *Atitudes para a vida* e *Compreender um texto*.

PROJETO

A proposta do projeto pode ser feita no momento mais conveniente para a turma: no início do ano, na feira de Ciências da escola ou em outra ocasião. É uma oportunidade de envolvimento da classe com a comunidade e com outras áreas do conhecimento.

UNIDADES – ABERTURA

No começo de cada Unidade, há uma ou mais imagens interessantes para despertar a curiosidade e promover a troca de ideias sobre o tema. Analise-as com atenção.

POR QUE ESTUDAR ESTA UNIDADE?

Um pequeno texto introdutório vai explicar a relevância dos assuntos tratados na Unidade.

COMEÇANDO A UNIDADE

As perguntas propostas convidam a refletir sobre os temas que serão estudados. Aproveite para contar o que você sabe sobre cada tema e perceber quais são suas principais dúvidas e curiosidades.

ATITUDES PARA A VIDA

O boxe *Atitudes para a vida* indica as atitudes cujo desenvolvimento será priorizado na Unidade.

TEMAS
Os conteúdos foram selecionados e organizados em temas. Um pequeno texto inicial resume a ideia central do tema. Um sistema de títulos hierarquiza as ideias principais do texto.

ÍCONE-MEDIDA
Um ícone-medida é aplicado para indicar o tamanho médio do ser vivo ou do objeto que aparece em uma imagem. Esse ícone pode indicar sua altura (↕) ou seu comprimento (↔). As fotomicrografias (fotografias obtidas com o auxílio de microscópio) e as ilustrações de objetos ou de seres invisíveis a olho nu aparecem acompanhadas do ícone de um microscópio (🔬).

IMAGENS
Fotografias, ilustrações, gráficos, mapas e esquemas auxiliam na construção dos conceitos propostos.

SAIBA MAIS!
Quadro que traz informações adicionais e curiosidades relativas aos temas.

DE OLHO NO TEMA
Atividades que promovem a compreensão do assunto principal de cada tema.

CONHEÇA O SEU LIVRO

COLETIVO CIÊNCIAS
Mostra a Ciência como produto coletivo de diferentes áreas do conhecimento e feita por cientistas e não cientistas em colaboração.

INFOGRÁFICOS
Exploram aspectos dos assuntos estudados e ajudam a aprofundar e contextualizar conceitos.

ATIVIDADES
Organizar o conhecimento, Analisar e Compartilhar são atividades que trabalham habilidades como a compreensão e a aplicação de conceitos e enfatizam o uso de técnicas de leitura, registro e interpretação.

VAMOS FAZER
Atividades procedimentais relativamente rápidas e diretas que proporcionam oportunidades de observação e de comprovação de fenômenos.

ENTRANDO NA REDE
Sugestões de endereços para consulta e pesquisa na internet.

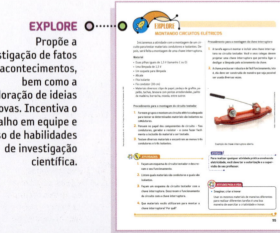

EXPLORE
Propõe a investigação de fatos e acontecimentos, bem como a exploração de ideias novas. Incentiva o trabalho em equipe e o uso de habilidades de investigação científica.

PENSAR CIÊNCIA
Propostas para pensar no funcionamento da Ciência, suas características, sua história e as incertezas que permeiam seu desenvolvimento.

ATITUDES PARA A VIDA

Nesta seção, o objetivo é desenvolver atitudes, interesses e hábitos que reforçam as atitudes para a vida, em propostas de discussão e reflexão tanto coletivas quanto individuais.

O símbolo aparece em outros momentos ao longo do livro, adicionalmente, indicando oportunidades para o trabalho com as atitudes.

GLOSSÁRIO

Traz a explicação de termos mais difíceis.

COMPREENDER UM TEXTO

Páginas que desenvolvem a compreensão leitora, trabalhando com a leitura e a interpretação de textos diversos, incluindo os de divulgação científica. As atividades sobre o texto estimulam a busca por informações e a reflexão.

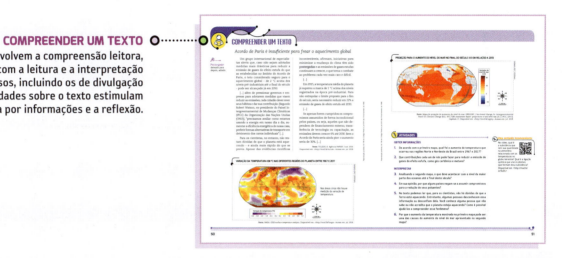

OFICINAS DE CIÊNCIAS

Incluem atividades experimentais, estudo do meio, construção de modelos e montagens, entre outras propostas de investigação. Cada oficina apresenta os objetivos, o material necessário, o procedimento e as atividades exploratórias.

ÍCONES DA COLEÇÃO

 Glossário

 Atitudes para a vida

 Indica que existem jogos, vídeos, atividades ou outros recursos no **livro digital** ou no **portal** da coleção.

9

CONTEÚDO DOS MATERIAIS DIGITAIS

O *Projeto Araribá Plus* apresenta um Portal exclusivo, com ferramentas diferenciadas e motivadoras para o seu estudo. Tudo integrado com o livro para tornar a experiência de aprendizagem mais intensa e significativa.

Livro digital com tecnologia *HTML5* para garantir melhor usabilidade e ferramentas que possibilitam buscar termos, destacar trechos e fazer anotações para posterior consulta. O livro digital é enriquecido com objetos educacionais digitais (OEDs) integrados aos conteúdos. Você pode acessá-lo de diversas maneiras: no *smartphone*, no *tablet* (Android e iOS), no *desktop* e *on-line* no *site*:

http://mod.lk/livdig

LISTA DE OEDs

Unidade	Título do objeto digital
1	Uma verdade inconveniente
2	Balanceamento de equações químicas
3	Raio, relâmpago e trovão
4	Janela de lançamento
5	Jogo das luzes
6	A evolução da genética
7	Parques Nacionais
8	Astronomia dos indígenas brasileiros
8	O Sistema Solar

ARARIBÁ PLUS APP

Aplicativo exclusivo para você com recursos educacionais na palma da mão!

Objetos educacionais digitais diretamente no seu *smartphone* ou *tablet* para uso *on-line* e *off-line*.

Acesso rápido por meio do leitor de código *QR*.
http://mod.lk/app

Stryx, um guia virtual criado especialmente para você! Ele ajudará a entender temas importantes e achar videoaulas e outros conteúdos confiáveis, alinhados com o seu livro.

Eu sou **Stryx** e serei seu guia virtual por trilhas de conhecimentos de um jeito muito legal de estudar!

SUMÁRIO

UNIDADE 1 — PROPRIEDADES DA MATÉRIA 18

TEMA 1 A Ciência, a matéria e suas propriedades 20
A Ciência e a natureza, 20 – Propriedades da matéria, 22

TEMA 2 Estados físicos da matéria 24
O estado sólido, 24 – O estado líquido, 25 – O estado gasoso, 25 – Temperatura e calor, 26 – A influência da pressão, 28

TEMA 3 Modelos atômicos 30
Modelo atômico de Dalton, 30 – Modelo atômico de Thomson, 30 – Modelo atômico de Rutherford, 31 – Modelo atômico de Rutherford-Bohr, 31 – Modelo atômico de Schrödinger, 31

ATIVIDADES 32
EXPLORE – Modelos atômicos 33

TEMA 4 Estrutura atômica 34
Partículas atômicas, 34

TEMA 5 Os elementos químicos e a tabela periódica 36
O que é um elemento químico?, 36 – A classificação periódica dos elementos, 37

TEMA 6 Ligações químicas 41
A ligação iônica, 41 – A ligação covalente, 42 – A ligação metálica, 43

ATIVIDADES 46
PENSAR CIÊNCIA – Os estados da matéria 47

ATITUDES PARA A VIDA – Marie Curie 48
COMPREENDER UM TEXTO 50

UNIDADE 2 — SUBSTÂNCIAS, MISTURAS E REAÇÕES QUÍMICAS 52

TEMA 1 Substâncias e misturas 54
Substância, 54 – Mistura, 55

TEMA 2 Separação de misturas 59
Métodos de separação de misturas, 59

ATIVIDADES 62
EXPLORE – O sal evapora com a água? 63

TEMA 3 Ácidos, bases, sais e óxidos 64
Ácidos, 64 – Bases, 65 – Como avaliar o comportamento ácido-base de uma substância em meio aquoso, 66 – Reação química entre ácidos e bases, 67 – Sais, 68 – Óxidos, 69

TEMA 4 As reações químicas 71
Um novo arranjo de átomos, 71 – Alguns tipos de reação química, 71 – Equações químicas e balanceamento de equações, 73 – Cálculo da massa de reagentes e de produtos, 74

ATIVIDADES 78
PENSAR CIÊNCIA – Quem quer ser cientista? 79

ATITUDES PARA A VIDA – O desastre ambiental em Mariana (MG) 80
COMPREENDER UM TEXTO 82

| UNIDADE 3 | ELETRICIDADE E MAGNETISMO | 84 |

TEMA 1 Os fenômenos elétricos e magnéticos 86

Eletricidade e matéria **86** – Corpos neutros e eletricamente carregados, **87**

TEMA 2 A corrente e os dispositivos elétricos 88

Condutores e isolantes elétricos, **88** – Corrente elétrica, **89** – A pilha e a tensão elétrica, **89** – Resistência elétrica, **90**

TEMA 3 Circuitos elétricos 91

Circuito elétrico em série ou em paralelo, **93**

ATIVIDADES 94
EXPLORE – Montando circuitos elétricos 95

TEMA 4 O consumo de energia elétrica 96

Equipamentos e aparelhos elétricos, **96**

TEMA 5 Magnetismo 99

Magnetismo natural e magnetismo artificial, **99** – Campo magnético e linhas de campo, **100**

ATIVIDADES 102
PENSAR CIÊNCIA – Os caminhos de uma invenção 103

ATITUDES PARA A VIDA – O uso racional da energia elétrica 104
COMPREENDER UM TEXTO 106

| UNIDADE 4 | DINÂMICA | 108 |

TEMA 1 A primeira lei de Newton 110

Inércia, **110** – A primeira lei de Newton, **111**

TEMA 2 A segunda lei de Newton 112

TEMA 3 A terceira lei de Newton 114

ATIVIDADES 116
EXPLORE – O carrinho que se move com o ar 117

TEMA 4 Força de atrito 118

Resistência do ar e da água, **119**

TEMA 5 Força elástica, força normal e equilíbrio 121

Força elástica, **121** – Força normal, **122** – Corpos em equilíbrio, **123**

ATIVIDADES 124
PENSAR CIÊNCIA 125

ATITUDES PARA A VIDA – Doze razões para usar o cinto de segurança 126
COMPREENDER UM TEXTO 128

13

SUMÁRIO

UNIDADE 5 — ONDAS: SOM E LUZ 130

TEMA 1 Ondas e suas características 132
Ondas, 132

TEMA 2 O som 136
Como se produz o som, 136
A velocidade do som, 137

ATIVIDADES 139
PENSAR CIÊNCIA – Alan Turing e o julgamento da sociedade 140

TEMA 3 As ondas eletromagnéticas 141
Ondas eletromagnéticas, 141
Aplicações médicas das ondas, 143

TEMA 4 A luz 148
As ondas que conseguimos enxergar, 148

ATIVIDADES 150
EXPLORE – A cor dos objetos 151

ATITUDES PARA A VIDA – O que é deficiência visual? 152
COMPREENDER UM TEXTO 154

UNIDADE 6 — GENÉTICA 156

TEMA 1 Bases da Genética 158
O surgimento da Genética, 158
Reprodução e hereditariedade, 158

TEMA 2 As contribuições de Mendel para a Genética 162
Mendel, suas observações e seus experimentos, 162

ATIVIDADES 165
PENSAR CIÊNCIA – Inspirações de Mendel 166

TEMA 3 Hereditariedade humana 167
Herança genética nos seres humanos, 167
Herança dos tipos sanguíneos, 168

TEMA 4 A Genética nos séculos XX e XXI 170
Um pouco de história, 170
A Genética hoje, 170
Genética e sociedade, 172

ATIVIDADES 174
EXPLORE – Heredogramas 175

ATITUDES PARA A VIDA – Banco de sangue tem coleta abaixo do ideal 176
COMPREENDER UM TEXTO 178

UNIDADE 7 — EVOLUÇÃO BIOLÓGICA ... 180

TEMA 1 Breve história do evolucionismo ... 182
Fixismo e transformismo, 182
Teoria moderna da evolução, 185

TEMA 2 Especiação e ancestralidade ... 186
Formação de novas espécies, 186
Árvores filogenéticas, 187
A extinção de espécies, 189

ATIVIDADES ... 190
PENSAR CIÊNCIA – O ressurgimento do darwinismo ... 191

TEMA 3 Evidências da evolução biológica ... 192
A evolução acontece, 193
O registro fóssil, 193
Evidências anatômicas da evolução, 194
Variação geográfica e evolução, 194

TEMA 4 Evolução e biodiversidade ... 195
Unidades de conservação, 196

ATIVIDADES ... 197
EXPLORE – Construindo uma árvore filogenética ... 198
ATITUDES PARA A VIDA – Aplicativo conecta pessoas para preservar rios ... 200
COMPREENDER UM TEXTO ... 202

UNIDADE 8 — TERRA E UNIVERSO ... 204

TEMA 1 Desenvolvimento da Astronomia ... 206
Cosmologia, 206

TEMA 2 O Universo ... 212
Unidades de distância, 212
Galáxias, 212

TEMA 3 Sistema Solar ... 214
O Sol, 214
Planetas do Sistema Solar, 215
Corpos menores do Sistema Solar, 218

ATIVIDADES ... 219
EXPLORE – As dimensões do Sistema Solar ... 220

TEMA 4 O Sol e outras estrelas ... 221
Evolução estelar, 221

TEMA 5 A vida fora do planeta ... 225
Condições para a existência de vida, 225
Viagens interplanetárias e interestelares, 226

ATIVIDADES ... 228
PENSAR CIÊNCIA – Jardim espacial ... 229

ATITUDES PARA A VIDA – Os limites da Ciência ... 230
COMPREENDER UM TEXTO ... 232

- **OFICINAS DE CIÊNCIAS** ... 234
- **REFERÊNCIAS BIBLIOGRÁFICAS** ... 240

ATITUDES PARA A VIDA ... 241

PROJETO: CONSUMO, LOGO EXISTO?

Para começo de conversa

Este volume trata de dois ramos importantes da ciência: a Química e a Física. Devemos a essas duas áreas muitos dos avanços tecnológicos hoje existentes. É difícil imaginar a vida sem algumas das tecnologias possibilitadas por elas. Sem os conhecimentos da Química e da Física não haveria automóveis, televisores, *videogames*, computadores ou celulares.

Um lado negativo das novas tecnologias é o aumento descontrolado no consumo. Todos parecem fascinados por inovações tecnológicas. Você já notou a frequência com que as pessoas trocam de celulares? E já se perguntou para onde vão os celulares antigos?

O que você consome?

Existem diversos aparelhos eletroeletrônicos lançados anualmente, como celulares e *tablets*. Em muitos casos, esses aparelhos são para uso individual e são descartados rapidamente, sendo substituídos por modelos mais atuais. Isso gera milhões de toneladas de resíduos, provenientes de embalagens, baterias, aparelhos, acessórios e outros componentes desses produtos.

Todos esses materiais descartados geram uma quantidade enorme de sucata; e parte desses materiais leva milhares de anos para se decompor no ambiente. Existem cerca de 235 milhões de linhas de celulares no Brasil e mais de 280 milhões de aparelhos de telefonia móvel (em 2018), o que gera um descarte anual de 1,4 milhão de toneladas de aparelhos celulares no país por ano.

Fonte das informações: PENSAMENTO VERDE. Disponível em: <http://mod.lk/vifsz>. Acesso em: jul. 2018.

a) Você tem um telefone celular? Das pessoas que conhece, quantas têm um aparelho celular? Você ou alguém tem mais de um aparelho?

b) O que as pessoas geralmente fazem quando um telefone celular quebra ou deixa de funcionar? O que fazem com as baterias usadas?

c) O que você pensa sobre a atitude de trocar de aparelho celular só porque ele está ultrapassado ou houve uma mudança de tecnologia? E sobre jogá-lo fora quando deixa de funcionar?

d) Você sabe o que é consumo consciente?

e) Converse com seus colegas: Quais são as vantagens do consumo consciente? Quem se beneficia com ele?

f) Em sua opinião, quais motivos levam as pessoas a consumir em excesso? Será que elas têm consciência do que realmente estão consumindo? E vocês? Como agem? Têm consciência do que consomem?

O que você faz com o que consome?

Uma das grandes consequências do consumismo sem consciência é a quantidade de lixo produzido. Embora a maioria das empresas de tecnologia recolha e destine corretamente aparelhos descartados, muitas pessoas não sabem disso e acabam jogando seus eletrônicos no lixo comum, o que gera resíduos tóxicos.

Celulares apresentam diversos componentes que podem ser reciclados se dermos a eles o destino correto. Veja no gráfico da página seguinte.

Depois de conversar sobre consumo excessivo e sobre o lixo que ele gera, você e seus colegas devem ter levantado alguns dos problemas daí decorrentes. Esse pode ser um bom momento para fazer uma campanha em favor do **consumo consciente**.

No Brasil, estima-se que há mais celulares que pessoas. Temos atualmente uma verdadeira montanha de aparelhos descartados no país.

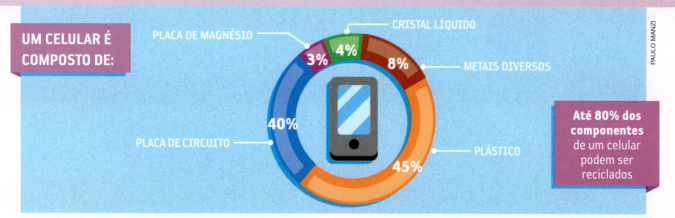

UM CELULAR É COMPOSTO DE:
- PLACA DE MAGNÉSIO: 3%
- CRISTAL LÍQUIDO: 4%
- METAIS DIVERSOS: 8%
- PLACA DE CIRCUITO: 40%
- PLÁSTICO: 45%

Até 80% dos componentes de um celular podem ser reciclados

Fonte dos dados: ROSSI, R. et al. Modelo de logística reversa pós-consumo para aparelhos celulares por meio de canais de distribuição reversos por ciclo aberto. X Congresso nacional de excelência em gestão, 2014. Disponível em: <http://mod.lk/g7sjl>. Acesso em: jul. 2018.

É hora de planejar e agir

Para executar este projeto na escola, é preciso fazer um planejamento inicial. Durante o planejamento, anotem as decisões tomadas, para que possam servir de orientação.

1. Esse projeto pode ter como ponto de partida uma pergunta como esta, por exemplo: "O que podemos fazer para ser consumidores conscientes?".
2. Qual é o objetivo desse projeto? Alguém pode ser beneficiado por ele?
3. De que forma será divulgada a campanha? Quais meios de comunicação serão usados? Cartazes? Murais? Um painel? Uma videorreportagem? Apresentações no computador? Um texto no *blog* da classe? Um evento na rede social?
4. Que público vocês pretendem atingir com esse projeto: pais, alunos, vizinhos, funcionários da escola?
5. Quem vai participar do projeto? Quais serão os integrantes da equipe? Qual será a função de cada um? Outras pessoas fora da turma poderão ajudar?
6. Quem pode ajudar na orientação do projeto? Que pessoas poderão autorizar sua realização? Como entrar em contato com elas?
7. Que informações são necessárias para começar? Como obtê-las?
8. Quais são as etapas do projeto, ou seja, o que deve ser realizado primeiro e o que deve ser feito em seguida, até terminar?
9. Quem ficará responsável pelas diferentes etapas do projeto?
10. Quais são as datas para cumprir cada etapa do projeto?

Compartilhar

É interessante registrar as etapas e os resultados do trabalho. Que tal tirar fotos ou filmar (usem a câmera do celular) e compartilhar a experiência com a turma, a escola e a comunidade?

Vamos avaliar e refletir?

Como etapa final, é fundamental avaliar os resultados de um projeto, expor suas opiniões de maneira clara e sincera e também ouvir com atenção os colegas. Conversem em grupo sobre as impressões de cada um.

- Vocês conseguiram alcançar o objetivo proposto? Se não, por quê?
- Qual é a importância dessa atividade para a classe? Vocês aprenderam algo novo durante a realização do projeto?
- Como foi a organização e a execução do projeto? Quais foram os pontos positivos e o que poderia ser melhorado?
- As informações dadas ao público foram úteis? Por quê?
- O que vocês acharam de sua atuação no projeto? Vocês mudariam alguma coisa nela?
- Durante a execução do projeto surgiram ideias para outros trabalhos? Quais? O que poderia ser feito para ampliar o trabalho desse projeto?

UNIDADE 1

PROPRIEDADES DA MATÉRIA

A ÁGUA NO CORPO HUMANO

Um ser humano adulto tem aproximadamente 75% da sua massa formada por água, distribuída de modo desigual nos diferentes órgãos do corpo. Nos pulmões, 90% da massa é constituída de água, enquanto os ossos possuem uma quantidade bem menor do líquido – cerca de 22%. Mesmo que uma pessoa beba muita água, essas porcentagens não se alteram de forma significativa, pois nosso organismo trabalha para eliminar o excesso.

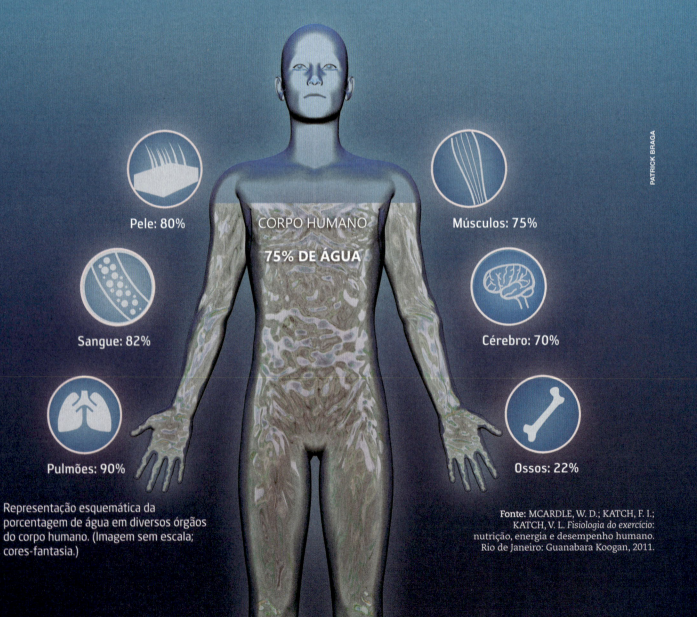

Representação esquemática da porcentagem de água em diversos órgãos do corpo humano. (Imagem sem escala; cores-fantasia.)

Fonte: MCARDLE, W. D.; KATCH, F. I.; KATCH, V. L. Fisiologia do exercício: nutrição, energia e desempenho humano. Rio de Janeiro: Guanabara Koogan, 2011.

POR QUE ESTUDAR ESTA UNIDADE?

É possível observar constantemente mudanças de estados físicos na natureza, no próprio corpo e em processos industriais. Você já se perguntou por que um material apresenta características diferentes dependendo de seu estado físico? Saberia explicar quais são as diferenças entre a água líquida e o vapor de água? O que significa dizer que a água evapora?

A busca por essas e outras respostas auxiliou no desenvolvimento de tecnologias relacionadas à transformação de materiais naturais e à produção de materiais sintéticos.

COMEÇANDO A UNIDADE

1. Explique o que você sabe sobre o ciclo da água. Mencione as transformações físicas citadas na tirinha de Calvin e que ocorrem no ciclo da água.
2. Por que uma garrafa de plástico vazia flutua na água e uma garrafa cheia de água afunda?
3. Qual é a vantagem de cozinhar um alimento na panela de pressão?

ATITUDES PARA A VIDA

- Imaginar, criar e inovar
- Persistir

TEMA 1
A CIÊNCIA, A MATÉRIA E SUAS PROPRIEDADES

A matéria possui propriedades gerais e específicas. Estas últimas dependem de sua composição.

A CIÊNCIA E A NATUREZA

Ao longo da história da humanidade, diversas pessoas se dedicaram a entender e a tentar explicar a natureza e os fenômenos relacionados a ela, levando à criação do que conhecemos como Ciência.

Dependendo do objeto de estudo, da maneira de pensar e dos métodos usados, as pessoas que investigavam os fenômenos naturais foram, ao longo do tempo, se agrupando e desenvolvendo as áreas da Ciência que atualmente conhecemos, como a Química e a Física.

A QUÍMICA

A Química é uma atividade humana exercida por profissionais que investigam as propriedades da matéria e como ela se transforma. A curiosidade pela matéria é antiga. Registros históricos contêm anotações de gregos feitas há cerca de 2500 anos, indicando que já compreendiam que todo corpo que tem massa, por menor que seja, é **matéria**. Séculos depois, passou-se a considerar também o tamanho da matéria; afinal, qualquer corpo, mesmo que pequeno, ocupa um lugar no espaço. Compreender como a água se formou no planeta e por que seu estado físico se altera faz parte dos estudos da Química.

A FÍSICA

Na Física, os cientistas também se dedicam a compreender as propriedades da matéria. Nessa área da Ciência, o foco não está nas transformações químicas da matéria, e sim

A imagem mostra um floco de neve, composto de água solidificada. A forma desse floco só pode ser vista com o auxílio de modernos equipamentos, como o microscópio eletrônico. Mesmo esse pequenino cristal tem massa e volume (ocupa lugar no espaço). (Imagem obtida com microscópio eletrônico, colorizada artificialmente e ampliada cerca de 30 vezes.)

em como ela interage com certos fenômenos, como luz, calor e eletricidade. Voltando ao exemplo da água, sabemos que, em regiões muito frias ou de grande altitude, ela costuma estar no estado sólido, e isso pode ser explicado por conceitos da Física.

Os estudos em Ciências possibilitam aplicações práticas nas mais diversas áreas, como a redução da poluição, a cura de doenças ou a disponibilização de água potável. Assim, a Ciência é fundamental para entendermos o mundo e para buscarmos soluções para diversos problemas.

COLETIVO CIÊNCIAS

Vida de cientista

[...] O dia a dia do cientista depende do tipo de ciência que pratica. Existem aqueles que trabalham em indústria e que, portanto, usam sua pesquisa para aprimorar produtos existentes ou para criar novos produtos para seu empregador. Por exemplo, a indústria farmacêutica emprega biólogos e químicos, enquanto a indústria aeroespacial emprega físicos e engenheiros. A lista é imensa. Essa pesquisa, em geral, se limita a práticas experimentais diversas. O mesmo ocorre com os cientistas da área experimental que trabalham em universidades e centros de pesquisa, se bem que seu foco é diverso: por meio de experimentos, procuram aprofundar nosso conhecimento do mundo natural. Já os teóricos tendem a trabalhar em suas salas, com ou sem computadores, sozinhos ou, mais comumente, em grupos de pesquisa. Discutem-se ideias, equações, programas de computador, gráficos. O objetivo é estabelecer a validade de uma hipótese antes de ela ser testada em laboratório. É uma espécie de controle de qualidade para evitar que os [cientistas] experimentais percam seu tempo com ideias que não têm chance de estar certas. Como isso é feito? Buscando por erros matemáticos na formulação da teoria, por erros de programação, por conceitos aplicados erroneamente ou fora de seu contexto de validade.

Teórica ou experimental, a troca de informações entre cientistas é essencial. [...]

Fonte: GLEISER, M. *Cartas a um jovem cientista*: o Universo, a vida e outras paixões. Rio de Janeiro: Elsevier, 2007. p. 30-31.

Em congresso realizado em Bruxelas, na Bélgica, no ano de 1927, diversos cientistas discutiram questões pertinentes à Física e à Química. Eles fizeram contribuições importantes à Ciência, que são utilizadas nos dias atuais.
Da esquerda para a direita, na primeira fileira: Irving Langmuir, Max Planck, Marie Curie, Hendrik Lorentz, Albert Einstein, Paul Langevin, Charles-Eugène Guye, Charles Wilson e Owen Richardson.
Na segunda fileira: Petrus Debye, Martin Knudsen, William Lawrence Bragg, Hendrik Kramers, Paul Dirac, Arthur H. Compton, Louis de Broglie, Max Born e Niels Bohr.
Na última fileira: Auguste Piccard, Émile Henriot, Paul Ehrenfest, Édouard Herzen, Théophile de Donder, Erwin Schrödinger, Jules-Émile Verschaffelt, Wolfgang Pauli, Werner Heisenberg, Ralph Howard Fowler e Léon Brillouin.

PROPRIEDADES DA MATÉRIA

Matéria é tudo aquilo que tem massa e ocupa lugar no espaço. Os computadores, o ar, a água e os seres vivos, por exemplo, são constituídos de matéria. Uma porção limitada de matéria é chamada **corpo**.

A matéria apresenta propriedades gerais e específicas.

Propriedades gerais da matéria são aquelas comuns a todo tipo de corpo. Por exemplo, todo corpo apresenta massa, volume e impenetrabilidade, independentemente do material de que é composto.

Propriedades específicas da matéria são aquelas que dependem do material de que é composto um corpo. A densidade é um exemplo de propriedade específica.

MASSA

A **massa** é a quantidade de matéria presente em um corpo. Mede-se a massa dos corpos por meio de instrumentos chamados balanças. A unidade padrão de medida de massa no **Sistema Internacional de Unidades** (SI) é o quilograma (kg).

VOLUME

Volume de um corpo é a medida do espaço que ele ocupa. Pode ser determinado pelas dimensões de um corpo. Por exemplo, o volume das formas geométricas, como o cubo e o paralelepípedo, é obtido pela multiplicação de suas medidas de altura, largura e profundidade.

No SI, as unidades de medida de comprimento é o metro (m); para o volume, a unidade de medida é o metro cúbico (m^3). É comum utilizarmos no dia a dia as unidades litro (L) e mililitro (mL) para nos referirmos ao volume de um corpo. O volume de 1 metro cúbico corresponde a mil litros ou 1 milhão de mililitros. Outras unidades que podem ser encontradas são o centímetro cúbico (cm^3), que equivale a 1 mililitro, e o milímetro cúbico (mm^3), que equivale a 0,001 mililitro.

O volume de um corpo depende da temperatura e da pressão em que ele se encontra.

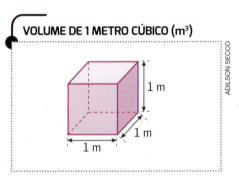

VOLUME DE 1 METRO CÚBICO (m^3)

Volume do cubo = 1 m · 1 m · 1 m =
= 1 m^3 = 1.000 L

IMPENETRABILIDADE

Um corpo não pode ocupar o mesmo lugar no espaço ao mesmo tempo que outro corpo. Essa propriedade é chamada de **impenetrabilidade**.

DENSIDADE

Não é possível utilizar propriedades gerais da matéria para diferenciar um material de outro. Já as propriedades específicas podem ser utilizadas com essa finalidade. Por exemplo, um cubo de madeira e um cubo de ferro com o mesmo volume apresentam densidades diferentes, pois têm massas distintas. Densidade é uma propriedade específica, ou seja, pode ser usada para caracterizar a matéria.

MASSA DOS MATERIAIS

Representação de balança de dois pratos, em que se comparam as massas de dois cubos, um de madeira e um de ferro, com o mesmo volume. O desnível da balança deve-se aos diferentes valores de massa: a massa do corpo de ferro é maior que a do corpo de madeira.

A **densidade** de um corpo (**d**) é o resultado da divisão da sua massa (**m**) pelo seu volume (**V**).

$$d = \frac{m}{V}$$

Podemos concluir, então, que a densidade do cubo de ferro é maior que a do cubo de madeira da imagem acima.

A densidade de um corpo pode ser alterada pela adição de outro material. Por exemplo, a densidade de um balão de borracha vazio é diferente da densidade desse mesmo balão cheio de ar.

Utilizando as unidades básicas do SI, a densidade deve ser expressa em quilograma por metro cúbico (kg/m^3). É comum, porém, expressarmos a densidade em grama por centímetro cúbico (g/cm^3). A relação entre essas unidades é: 1 kg/m^3 = 0,001 g/cm^3

DENSIDADE DE ALGUNS MATERIAIS*	
Material	Densidade (g/cm^3)
Mercúrio	13,50
Chumbo	11,30
Alumínio	2,70
Quartzo	2,65
Cloreto de sódio	2,17
Água	1,00
Sódio	0,97

* À temperatura de 25 °C e à pressão atmosférica ao nível do mar.

Fonte: LIDE, R. D. CRC *Handbook of Chemistry and Physics*. 90. ed. (CD-ROM Versão 2010). Boca Raton: CRC Press/Taylor and Francis, 2009.

Observe e compare os valores da densidade de alguns materiais da tabela. Quais materiais seriam mais facilmente diferenciados pela densidade?

A densidade de um material pode variar em função da temperatura e da pressão em que se encontra. Por exemplo, ao nível do mar e a 25 °C, a água apresenta densidade de 1,00 g/cm^3 e, a 100 °C, a densidade da água é de 0,95 g/cm^3. Por causa dessa variação, as condições de pressão e de temperatura são geralmente registradas nas tabelas de densidade.

Para comparar qualquer propriedade dos materiais, deve-se utilizar a mesma unidade de medida. Caso as propriedades estejam determinadas em unidades diferentes, é necessário convertê-las para uma unidade comum e, então, compará-las.

SAIBA MAIS!

Densidade e flutuação

Um fenômeno que envolve a densidade dos materiais é a **flutuação**. Quando um corpo é colocado em um ambiente líquido, ele afunda se apresentar densidade maior que a desse líquido e flutua se sua densidade for igual à desse líquido ou menor.

Diversos dos materiais utilizados na fabricação de um navio são mais densos que a água. Porém, devido à forma do corpo e a espaços preenchidos por ar, ele flutua na água.

DE OLHO NO TEMA

- Boias infláveis são utilizadas para evitar que uma pessoa afunde na água. Quando colocamos uma boia vazia na água, ela afunda. Porém, ao encher a boia com ar, ela flutua. Explique por que isso acontece.

TEMA 2 — ESTADOS FÍSICOS DA MATÉRIA

A temperatura e a pressão influenciam no estado físico da matéria.

À temperatura de 25 °C e à pressão atmosférica ao nível do mar, o ferro e o açúcar comum são sólidos, a água e o mercúrio são líquidos, o gás oxigênio e o gás nitrogênio são gasosos. Como explicar essas diferenças de estado físico?

Para compreender os estados físicos da matéria, vamos utilizar o modelo de partículas, em que cada partícula será representada por uma esfera.

Um **modelo** é uma forma de explicar algum processo ou fenômeno que não podemos perceber diretamente com nossos sentidos. Os modelos científicos facilitam a compreensão de fenômenos da natureza.

Segundo o modelo de partículas, a matéria é formada por partículas muito pequenas, tão pequenas que não conseguimos enxergá-las. Elas não estão aderidas umas às outras, mas atraem-se e repelem-se, interagindo a todo momento. Os estados físicos são resultado das diferentes intensidades com que as partículas interagem entre si.

O ESTADO SÓLIDO

Os sólidos são, em geral, mais rígidos que líquidos e gases. Alguns podem ser deformados ou modelados, enquanto outros, quando submetidos aos mesmos esforços, partem-se em pedaços menores. A forma e o volume de uma pedra ou de um pedaço de ferro não mudam se você segurá-los em sua mão, se colocá-los em um recipiente ou se jogá-los na água. Mas, com uma martelada, é provável que uma rocha se quebre e uma barra de ferro se deforme.

Isso pode ser explicado se considerarmos que os sólidos são formados por partículas que estão vibrando bem próximas e são fortemente atraídas umas pelas outras. Essa organização está relacionada as propriedades da matéria nesse estado.

REPRESENTAÇÃO COM PARTÍCULAS DE UM MATERIAL SÓLIDO

Um objeto sólido, como um pedaço de ferro, tem partículas próximas.

Fonte: ATKINS, P.; JONES, L. *Princípios de Química*: questionando a vida moderna e o meio ambiente. Porto Alegre: Bookman, 2012.

O ESTADO LÍQUIDO

As partículas dos líquidos estão mais afastadas umas das outras do que as dos sólidos, pois a atração entre elas é menor, o que lhes permite vibrar mais intensamente. Elas podem se deslocar, pois não se mantêm em uma disposição fixa; por isso, o líquido pode adquirir a forma do recipiente que o contém.

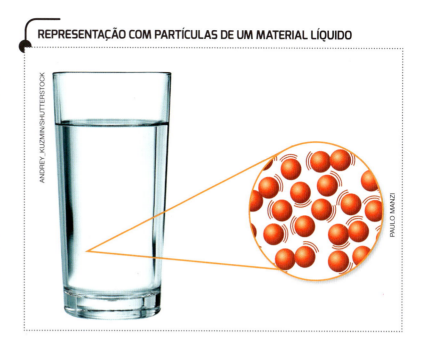

REPRESENTAÇÃO COM PARTÍCULAS DE UM MATERIAL LÍQUIDO

A ampliação mostra uma representação de como podem se organizar as partículas no estado líquido. (Imagem sem escala; cores-fantasia.)

Fonte: ATKINS, P.; JONES, L. *Princípios de Química*: questionando a vida moderna e o meio ambiente. Porto Alegre: Bookman, 2012.

O ESTADO GASOSO

Os gases têm **forma e volume variáveis**, que dependem do recipiente em que estão contidos. Eles ocupam todo o volume disponível de um recipiente; por isso, se o volume desse recipiente aumenta, eles se **expandem**; se o volume diminui, eles são **comprimidos**.

Nos gases, as partículas estão desorganizadas e muito afastadas umas das outras. A intensidade da força de atração entre elas é pequena. As partículas têm grande liberdade de movimento, mantendo-se mais distantes umas das outras que nos líquidos e nos sólidos e, por isso, os gases podem ser expandidos ou comprimidos.

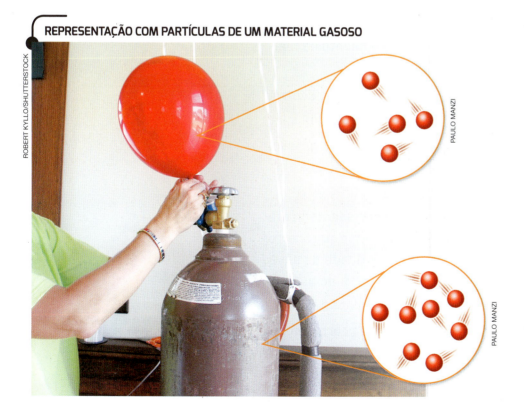

REPRESENTAÇÃO COM PARTÍCULAS DE UM MATERIAL GASOSO

O gás comprimido no tanque se expande ao encher o balão. As ampliações mostram possíveis representações das partículas no estado gasoso dentro do balão e do tanque. (Imagens sem escala; cores-fantasia.)

Fonte: ATKINS, P.; JONES, L. *Princípios de Química*: questionando a vida moderna e o meio ambiente. Porto Alegre: Bookman, 2012.

TEMPERATURA E CALOR

A **temperatura** é a medida da intensidade de agitação das partículas da matéria. Quanto maior a energia de agitação das partículas, maior é a temperatura de um corpo.

A variação da temperatura altera o volume dos gases e, de maneira menos intensa, o volume dos sólidos e dos líquidos.

Corpos com temperaturas diferentes, quando entram em contato, sempre trocam energia. **Calor** é o nome dado à energia transferida em razão da diferença de temperatura. Essa troca sempre ocorre do corpo de maior temperatura para o de menor temperatura.

A névoa que se vê na foto é formada por minúsculas gotas de água que estavam presentes na forma de vapor no ar que expiramos e passaram para o estado líquido ao entrar em contato com o ar frio.

O ESTADO FÍSICO DEPENDE DA TEMPERATURA

O estado físico de um corpo depende da temperatura em que ele se encontra e da pressão a que ele está submetido. No polo Sul, por exemplo, onde a temperatura média é inferior a 0 °C, boa parte da água da superfície continental permanece no estado sólido.

Tanto o aumento como a diminuição da temperatura podem provocar transformações no estado físico da matéria.

AUMENTO DA TEMPERATURA

As mudanças de estado físico que ocorrem com o aumento da temperatura são: fusão, vaporização e sublimação.

Fusão é a mudança do estado sólido para o estado líquido. Ocorre, por exemplo, quando um cubo de gelo derrete.

Vaporização é a mudança do estado líquido para o estado gasoso. Essa transformação ocorre de duas maneiras: pela evaporação e pela ebulição.

- **Evaporação** é um processo de vaporização que ocorre lentamente e em diferentes temperaturas. Trata-se de um processo que ocorre na superfície do líquido; assim, uma mesma quantidade de água evapora muito mais rápido na roupa molhada no varal do que em um copo, ambos a 25 °C.

- **Ebulição** é um processo de vaporização rápido que ocorre em todas as partes do líquido, a uma temperatura específica para cada material. Formam-se bolhas de vapor que sobem até a superfície (fervura), provocando grande agitação do líquido.

> **ENTRANDO NA REDE**
>
> No *link* **http://mod.lk/xynnk** há um simulador que pode auxiliá-lo a compreender o que acontece nas mudanças de estado físico da matéria.
>
> Acesso em: jul. 2018.

MUDANÇAS DE ESTADO FÍSICO DA ÁGUA

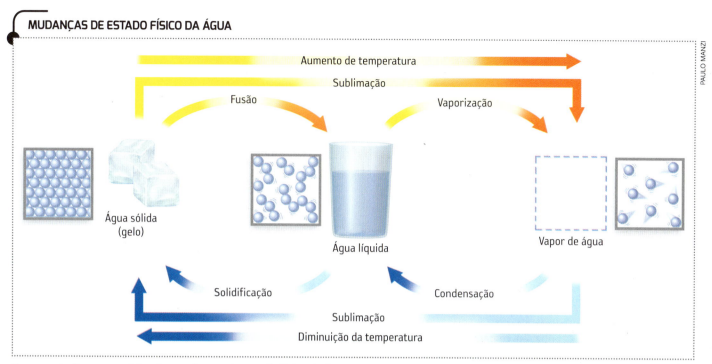

Representação esquemática das mudanças de estado físico da água e do comportamento das partículas em cada caso. O vapor de água não foi representado por ser incolor. (Imagens sem escala; cores-fantasia.)

Fonte: Adaptado de BOUROTTE, C. L. M. *O ciclo da água*. Disponível em: <http://mod.lk/wmzES>. Acesso em: jul. 2018.

Sublimação é a mudança direta do estado sólido para o estado gasoso, sem passar pelo estado líquido. Pode ser observada facilmente no caso de alguns sólidos, como o gelo-seco (formado por gás carbônico).

O gás carbônico, quando mantido a temperaturas abaixo de −78 °C, compõe o gelo-seco. Ao entrar em contato com o ambiente, esse sólido absorve calor e passa para o estado gasoso. Esse material é usado quando é necessário resfriar produtos a temperaturas muito baixas. O gás carbônico é incolor e invisível. A fumaça vista na imagem é formada por minúsculas gotas de água presentes no ar que se condensa ao fornecer calor para a sublimação do gelo-seco.

DIMINUIÇÃO DA TEMPERATURA

A diminuição da temperatura pode provocar a condensação, a solidificação e a sublimação.

Condensação é a mudança do estado gasoso para o estado líquido. Por exemplo, o vapor de água que existe no ar que expiramos em nossa respiração condensa-se quando é esfriado. Observamos essa condensação quando expiramos em um dia frio e vemos formar a névoa branca que sai de nossa boca.

Solidificação é a mudança do estado líquido para o estado sólido. Por exemplo, quando o chocolate derretido endurece e forma a barra de chocolate.

Sublimação também é o nome dado à mudança do estado gasoso diretamente para o estado sólido. O iodo, a naftalina e o gás carbônico são substâncias que podem ser sublimadas à pressão ambiente.

A formação do granizo está relacionada a diminuição de temperatura.

TEMPERATURA DE FUSÃO E TEMPERATURA DE EBULIÇÃO

A **temperatura de fusão** é aquela na qual ocorre a mudança do estado sólido para o líquido e vice-versa. A temperatura de fusão da água pura, ao nível do mar, é 0 °C. Água pura é a água que não tem nenhuma outra substância misturada a ela. Do início ao fim da fusão da água pura, essa temperatura não se altera.

A **temperatura de ebulição** é aquela na qual ocorre a mudança do estado líquido para o gasoso e vice-versa. A temperatura de ebulição da água pura, ao nível do mar, é 100 °C.

As temperaturas de fusão e de ebulição são propriedades específicas da matéria que podem ser usadas para identificar diferentes materiais. Um exemplo é a diferenciação do cloreto de sódio (sal de cozinha) do carbonato de sódio (material utilizado na fabricação do vidro). Ambos são sólidos brancos semelhantes, e é fácil confundi-los. Entretanto, a temperatura de fusão do cloreto de sódio é 801 °C, e a do carbonato de sódio é 851 °C.

O cloreto de sódio (**A**), comumente chamado de sal de cozinha, é um sólido branco à temperatura ambiente. Seu pó é muito similar ao pó de carbonato de sódio (**B**). Não é possível distingui-los pela aparência, mas podem eles ser diferenciados pela temperatura de fusão.

A INFLUÊNCIA DA PRESSÃO

Além da temperatura, as mudanças de estado físico também são influenciadas pela **pressão**, definida como a força que a matéria aplica sobre determinada superfície. Na Terra, todos os seres vivos estão sob a atmosfera; como ela é composta de matéria, exerce pressão em toda a superfície terrestre, que afeta os seres vivos e processos físicos e químicos. Essa pressão é chamada de **pressão atmosférica**.

O pascal é a unidade de pressão no SI. A pressão que a atmosfera faz pode ser medida em atmosferas (atm). Ao nível do mar, onde se tem toda a atmosfera acima da superfície e a altitude é de 0 m, essa pressão é de 1 atm. Em locais de maior altitude essa pressão é menor, já que existe uma quantidade menor de gases atmosféricos sob a superfície.

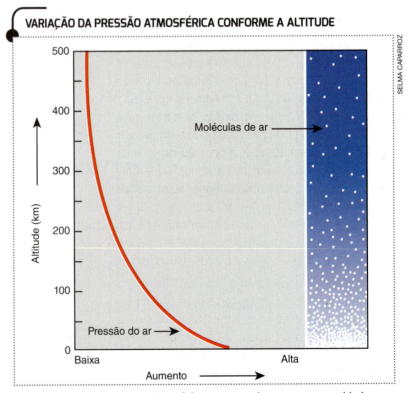

Quanto maior a altitude, mais rarefeito o ar, ou seja, menor a quantidade de partículas de gases em determinado volume de ar. (Imagem sem escala; cores-fantasia.)

Vamos utilizar a água pura para exemplificar o efeito da pressão nas mudanças de estado físico. A pressão atmosférica diminui à medida que aumenta a altitude. Na tabela abaixo, apresentamos os valores aproximados da altitude de três municípios em relação ao nível do mar e da pressão atmosférica nesses locais. Com base nesses valores, foram calculadas as respectivas temperaturas de ebulição da água pura. É possível observar que, quanto menor a pressão, menor a temperatura de ebulição.

PRESSÃO ATMOSFÉRICA E TEMPERATURA DE EBULIÇÃO DA ÁGUA EM ALGUNS LOCAIS			
Local	Altitude em relação ao nível do mar (m)	Pressão atmosférica aproximada (atm)*	Temperatura aproximada de ebulição da água (°C)
Rio de Janeiro	0	1,00	100
São Paulo	760	0,92	98
Brasília	1.200	0,86	96

* A pressão de 1 atmosfera (1 atm) equivale a 101.325 Pa (pascal).

Fonte: *Atlas geográfico do Brasil*. Disponível em: <http://mod.lk/oojzs>. Acesso em: jul. 2018.

A variação da temperatura de ebulição acontece porque, conforme são aquecidas, as partículas de um líquido ganham energia, vibram mais e começam a se afastar, até atingirem o estado gasoso. Para isso acontecer, a energia delas precisa ser mais intensa que a pressão exercida sobre elas. Quanto menor a pressão, menor a quantidade de energia necessária.

SAIBA MAIS!

Pressão para cozinhar

É possível entender como a pressão interfere na mudança de estado físico observando o processo de cozimento de alimentos em uma panela de pressão. Quando a água do cozimento chega a 100 °C, suas partículas, que entrariam em ebulição e passariam para o estado gasoso, não conseguem superar a pressão do interior da panela, que é maior que a atmosférica. Com isso, elas acumulam mais energia, aumentando de temperatura, e só passam para o estado gasoso a mais de 110 °C. Como ficam submetidos a temperaturas maiores que em panelas comuns, os alimentos da panela de pressão cozinham mais rapidamente.

O vapor que se forma durante esse processo só pode escapar por um orifício na tampa, sobre o qual se assenta uma válvula de alívio, cuja base é um peso. Esse dispositivo sobe liberando parte do vapor e equilibrando a pressão interna ($P_{int.}$) em determinado valor. Isso evita que a panela de pressão exploda.

Dentro da panela, a pressão interna ($P_{int.}$) é maior que a pressão atmosférica ($P_{atm.}$). Para utilizar uma panela de pressão de maneira segura, é necessário observar a limpeza do orifício central e dos orifícios do peso da válvula para que permitam a saída do vapor. (Cores-fantasia.)

Fonte: HEWITT, P. G. *Física conceitual*. Porto Alegre: Bookman, 2015.

TEMA 3 — MODELOS ATÔMICOS

Modelos atômicos ajudam a explicar a matéria, suas propriedades e transformações.

No estudo das Ciências, a elaboração de teorias e modelos auxilia na compreensão dos fenômenos que nos cercam. De maneira simplificada, podemos dizer que uma **teoria** é um conjunto de leis bem estabelecidas, testadas e aceitas pela comunidade científica que é usado para explicar fatos observados. Já os **modelos** servem para descrever determinados aspectos desses fatos.

O questionamento sobre de que é feita a matéria é muito antigo. Uma das primeiras explicações foi dada por filósofos gregos, há mais de 2.300 anos. Segundo eles, a matéria era constituída por partículas extremamente pequenas e indivisíveis, chamadas **átomos**.

MODELO ATÔMICO DE DALTON

Uma das explicações sobre a composição da matéria é a do químico e físico inglês John Dalton (1766-1844). Dalton considerava que a matéria era formada por substâncias, entendidas na época como tipos de matéria com propriedades bem definidas. As substâncias eram compostas de átomos, partículas indivisíveis que não podiam ser criadas nem destruídas. Dessa maneira, em uma transformação química, todos os produtos formados são resultado de uma nova organização dos átomos das substâncias inicialmente envolvidas. Essa nova organização conferia às substâncias produzidas propriedades diferentes das propriedades das substâncias iniciais.

No modelo de Dalton, cada tipo de átomo constitui um **elemento químico**. Dalton propôs símbolos na forma de desenhos para distingui-los.

SÍMBOLOS ATÔMICOS DE DALTON

Alguns exemplos dos símbolos atômicos criados por Dalton.

(Imagens sem escala; cores-fantasia.)

Fonte: FILGUEIRAS, C. A. L. Duzentos anos da teoria atômica de Dalton. *Química Nova na Escola*, n. 20, nov. 2004.

MODELO ATÔMICO DE THOMSON

Por muito tempo, sabia-se que a matéria apresentava propriedades elétricas. Sabia-se que a matéria podia ser eletricamente positiva, negativa ou neutra. Matérias com a mesma carga elétrica se repeliam, enquanto as com cargas opostas se atraíam. Já a matéria neutra não interagia eletricamente.

Joseph John Thomson (1856-1940) percebeu, em seus experimentos, fenômenos que não eram explicados pelo modelo de Dalton. Foram observadas partículas com massa e carga negativa, o que o levou a descobrir uma partícula com carga negativa, o **elétron**. Em 1904, ele propôs um novo modelo atômico para explicar os resultados obtidos. Nesse modelo, o átomo era formado por uma esfera de cargas positivas com elétrons de cargas negativas. Como a quantidade de cargas positivas e negativas do átomo era a mesma, ele se apresentava eletricamente neutro.

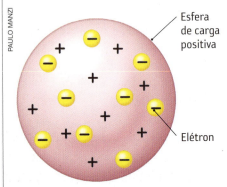

Representação do modelo atômico de Thomson. (Imagem sem escala; cores-fantasia.)

Fonte: BROWN, T. L. et al. *Química: a ciência central*. São Paulo: Pearson Prentice Hall, 2005.

MODELO ATÔMICO DE RUTHERFORD

Ernest Rutherford (1871-1937) fez, junto a seu grupo de pesquisa, experimentos que mostraram propriedades da matéria que não eram explicadas pelo modelo de Thomson. Suas observações permitiram a elaboração de um novo modelo, no qual as partículas com cargas elétricas positivas, conhecidas como **prótons**, ficam no centro do átomo, formando um **núcleo** pequeno. Os elétrons, com massa menor que os prótons, giram livremente em torno do núcleo, descrevendo órbitas, e formam a região conhecida como **eletrosfera**.

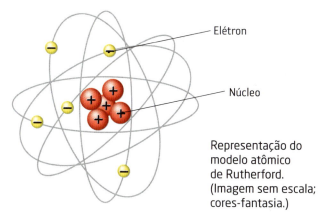

Representação do modelo atômico de Rutherford. (Imagem sem escala; cores-fantasia.)

Fonte: BUTHELEZI, T. et al. *Chemistry*: matter and change. Ohio: Glencoe/McGraw-Hill, 2008.

MODELO ATÔMICO DE RUTHERFORD-BOHR

O modelo atômico de Rutherford ganhou várias contribuições de outros cientistas. Algumas delas foram feitas pelo dinamarquês Niels Bohr (1885-1962), que o complementou com as seguintes ideias:

- os elétrons giram em torno do núcleo, formando camadas;
- cada camada apresenta um nível de energia e pode comportar um número máximo de elétrons.

Para os elementos químicos conhecidos, nas condições ambiente, os elétrons se distribuem em até sete camadas. Cada uma delas é representada por uma letra maiúscula que, em ordem alfabética, vai de K a Q. A camada K é o nível eletrônico mais próximo do núcleo, e a camada Q é o mais afastado. Cada uma dessas camadas comporta um número máximo de elétrons (e^-) da seguinte maneira:

$$K = 2\,e^-\quad L = 8\,e^-\quad M = 18\,e^-$$
$$N = 32\,e^-\quad O = 32\,e^-\quad P = 18\,e^-\quad Q = 8\,e^-$$

Outra contribuição importante foi a do físico britânico James Chadwick (1891-1974), que comprovou experimentalmente a existência de uma partícula eletricamente neutra, o **nêutron**. Assim, prótons e nêutrons formariam o núcleo, e a eletrosfera seria constituída de camadas nas quais estariam localizados os elétrons.

No núcleo está concentrada praticamente toda a massa de um átomo, pois a massa de um próton ou a de um nêutron é cerca de 1.800 vezes maior que a de um elétron.

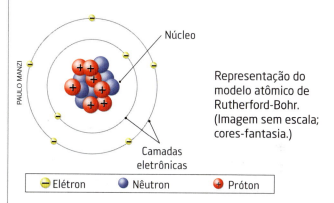

Representação do modelo atômico de Rutherford-Bohr. (Imagem sem escala; cores-fantasia.)

Fonte: BUTHELEZI, T. et al. *Chemistry*: matter and change. Ohio: Glencoe/McGraw-Hill, 2008.

MODELO ATÔMICO DE SCHRÖDINGER

O físico austríaco Erwin Schrödinger (1887-1961) contou com o conhecimento e a colaboração de outros cientistas para desenvolver sua proposta de modelo atômico. Em seu modelo, os elétrons podem ser encontrados em qualquer ponto ao redor do núcleo dos átomos. Entretanto, quanto mais distante do núcleo do átomo, as chances de encontrar um elétron são menores, definindo o que ele chamou de região de **maior probabilidade** de encontrar os elétrons.

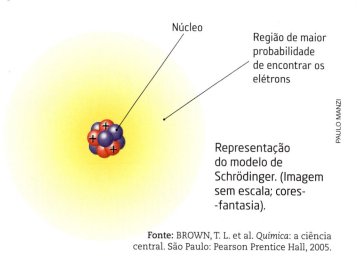

Representação do modelo de Schrödinger. (Imagem sem escala; cores-fantasia).

Fonte: BROWN, T. L. et al. *Química*: a ciência central. São Paulo: Pearson Prentice Hall, 2005.

ATIVIDADES

TEMAS 1 A 3

ORGANIZAR O CONHECIMENTO

1. Responda às questões.

    a) Qual é o termo utilizado para descrever a mudança do estado sólido para o líquido? E para descrever a mudança do estado líquido para o gasoso?

    b) O que significa dizer que um material sublimou?

2. Leia abaixo as propostas de modelos atômicos apresentadas por diferentes cientistas. Depois, associe cada uma a um dos modelos a seguir.

    Dalton: partículas indivisíveis.

    Thomson: esferas com cargas positivas e negativas.

    Rutherford: um núcleo de carga positiva com elétrons de carga negativa orbitando ao seu redor.

    Rutherford-Bohr: um núcleo com partículas positivas (prótons) e partículas neutras (nêutrons), com elétrons distribuídos em níveis energéticos orbitando ao redor do núcleo.

    Schrödinger: um núcleo com partículas positivas (prótons) e partículas neutras (nêutrons), com elétrons distribuídos em uma região com maior probabilidade de encontrá-los.

    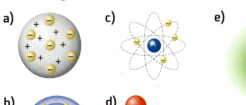

    (Imagens sem escala; cores-fantasia.)

ANALISAR

3. Consulte a tabela da página 29 para responder às questões a seguir.

    a) Considerando uma mesma intensidade de chama e água à mesma temperatura inicial, em qual cidade, Rio de Janeiro ou Brasília, uma amostra com a mesma massa de água entrará em ebulição mais rapidamente? Justifique sua resposta.

    b) Se nessas duas cidades forem usadas panelas de pressão para aquecer a água, o tempo para que elas entrem em ebulição será diferente? Justifique sua resposta.

4. Com base no modelo de partículas, explique por que, ao abrir um frasco com perfume, mesmo a certa distância, percebe-se rapidamente sua fragrância.

5. (Enem)

    Primeiro, em relação àquilo a que chamamos água, quando congela, parece-nos estar a olhar para algo que se tornou pedra ou terra, mas quando derrete e se dispersa, esta torna-se bafo e ar; o ar, quando é queimado, torna-se fogo; e, inversamente, o fogo, quando se contrai e se extingue, regressa à forma do ar; o ar, novamente concentrado e contraído, torna-se nuvem e nevoeiro, mas, a partir destes estados, se for ainda mais comprimido, torna-se água corrente, e de água torna-se novamente terra e pedras; e deste modo, como nos parece, dão geração uns aos outros de forma cíclica.

    PLATÃO. *Timeu-Crítias*. Coimbra: CECH, 2011.

    Do ponto de vista da ciência moderna, os "quatro elementos" descritos por Platão correspondem, na verdade, às fases sólida, líquida, gasosa e plasma da matéria. As transições entre elas são hoje entendidas como consequências macroscópicas de transformações sofridas pela matéria em escala microscópica. Excetuando-se a fase de plasma, essas transformações sofridas pela matéria, em nível microscópico, estão associadas a uma

    a) troca de átomos entre as diferentes moléculas do material.

    b) transmutação nuclear dos elementos químicos do material.

    c) redistribuição de prótons entre os diferentes átomos do material.

    d) mudança na estrutura espacial formada pelos diferentes constituintes do material.

    e) alteração nas proporções dos diferentes isótopos de cada elemento presente no material.

COMPARTILHAR

6. Em grupo, pesquisem o fenômeno do aquecimento global. Procurem informações a respeito das consequências de fenômeno nas regiões da superfície terrestre cobertas por gelo. Em seguida, conversem entre si, com professores e familiares, sobre as consequências do aquecimento global na vida humana e de outros seres vivos. Façam desenhos e esquemas que ilustrem essas modificações e os exponham na escola, nas redes sociais, em *blogs* e em outras mídias.

EXPLORE
MODELOS ATÔMICOS

Os conhecimentos sobre a estrutura do átomo foram desenvolvidos com a teoria de Dalton, no século XIX, e depois continuaram a ser atualizados por outros pesquisadores, como Thomson e Bohr. Nesta atividade, você vai construir modelos atômicos para os átomos de hidrogênio e de carbono.

Material

- Pedaços de fio de arame
- Massa de modelar de diferentes cores
- Tesoura com pontas arredondadas

Procedimento

1. Use a massa de modelar para fazer uma esfera que represente o átomo de hidrogênio de acordo com a teoria de Dalton. Faça outra esfera de tamanho diferente para representar o átomo de carbono. Considere a massa do hidrogênio igual a 1 e a do carbono igual a 12.

2. Elabore, de acordo com o modelo de Thomson, representações dos átomos de hidrogênio e de carbono. Considere que o átomo de hidrogênio apresenta 1 próton e 1 elétron e o de carbono, 6 prótons e 6 elétrons.

3. Construa representações dos átomos de acordo com o modelo atômico de Rutherford e, em seguida, com base no modelo de Rutherford-Bohr. Use pedaços de arame para construir as órbitas e fixá-las ao núcleo. Ao cortar o arame, tome cuidado com as pontas que são formadas e podem causar ferimentos.

ATIVIDADES

1. Qual foi o critério que você usou para definir o tamanho relativo entre os átomos de carbono e de hidrogênio?

2. O modelo atômico de Rutherford que você construiu reflete a proporção entre as dimensões do tamanho do núcleo, que é de 10.000 a 100.000 vezes menor que o tamanho total do átomo? Explique sua resposta.

3. Quais dificuldades você acha que encontraria se precisasse fazer o mesmo trabalho para o átomo de iodo, que tem 53 prótons e 53 elétrons?

DANIEL ZEPPO

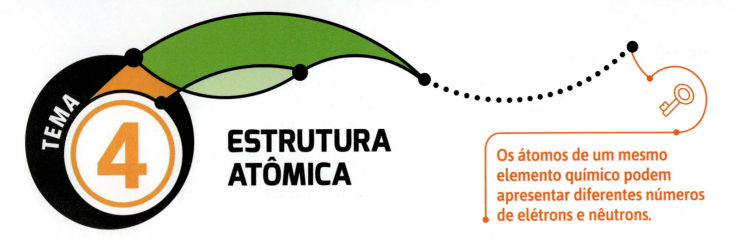

TEMA 4 — ESTRUTURA ATÔMICA

Os átomos de um mesmo elemento químico podem apresentar diferentes números de elétrons e nêutrons.

PARTÍCULAS ATÔMICAS

De maneira simplificada, as principais partículas do átomo estão distribuídas em duas regiões: o **núcleo**, onde há nêutrons (**n**) e prótons (**p**), e a **eletrosfera**, na qual os elétrons (**e–**) se movem continuamente em torno do núcleo. O número de prótons que existe no núcleo de um átomo é denominado **número atômico**, representado pela letra **Z**.

A soma do número de prótons e de nêutrons de um átomo determina seu **número de massa**, que é representado pela letra **A**.

$$A = p + n$$

O tamanho do núcleo de um átomo é de 10.000 a 100.000 vezes menor que o tamanho total do átomo. Embora muito menor, é no núcleo que se concentra praticamente toda a massa de um átomo.

Os prótons e os elétrons têm carga elétrica de mesmo valor, mas de sinais contrários, sendo a carga dos prótons **positiva** e a dos elétrons **negativa**; os nêutrons são partículas sem carga elétrica (**neutros**). O núcleo e a eletrosfera são atraídos um pelo outro por terem cargas elétricas opostas.

Nos átomos, o número de prótons e de elétrons é igual. Nesse caso, as cargas elétricas de mesma intensidade e de sinais contrários são neutralizadas e tornam os átomos **eletricamente neutros**.

MODELO SIMPLIFICADO DO ÁTOMO

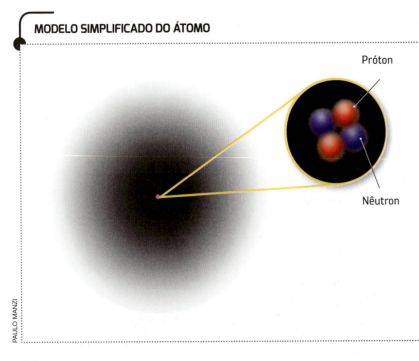

Representação esquemática de um átomo. Nessa representação, o centro ampliado é a região do núcleo formado por prótons e nêutrons. A eletrosfera, indicada pela faixa mais escura, mostra onde há mais chances de os elétrons serem encontrados. Nesta imagem, as dimensões do núcleo e da eletrosfera estão fora de propoção. Para ter uma ideia do que seria isso, imagine uma formiga (núcleo) no centro de um grande estádio de futebol, como o Maracanã (átomo). (Imagem sem escala; cores-fantasia.)

Fonte: BUTHELEZI, T. et al. *Chemistry: matter and change.* Ohio: Glencoe/McGraw-Hill, 2008.

OS ÍONS

Um átomo é eletricamente neutro, pois apresenta a mesma quantidade de cargas positivas (prótons) e negativas (elétrons). No entanto, elétrons podem ser removidos de um átomo ou adquiridos por ele. Nessas situações, o átomo passa a ter carga elétrica e é chamado de **íon**.

Os átomos que tiveram seus elétrons removidos passam a ter mais prótons que elétrons e por isso ficam com excesso de cargas elétricas positivas. São chamados de **cátions**. Retirar elétrons dos átomos requer que se forneça energia a eles, como uma descarga elétrica.

Átomos que receberam elétrons, ficando com mais elétrons do que prótons, são chamados de **ânions**. Esse processo geralmente acompanha a liberação de energia pelos átomos.

A carga de um íon é indicada pelo sinal de + ou − presente no canto superior direito do símbolo do elemento químico. Por exemplo:

- se um átomo de hidrogênio, simbolizado por H, tiver um elétron removido, passará a ser um íon positivo (ou cátion) simbolizado por H^+ e denominado cátion hidrogênio.

- se um átomo de cloro, simbolizado por Cl, receber um elétron, passará a ser um íon negativo (ou ânion) simbolizado por Cl^- e chamado de ânion cloreto.

- caso a diferença na carga seja maior que 1 elétron, o número que indica essa diferença deve ser representado como no caso do Ca^{2+}.

> **ENTRANDO NA REDE**
>
> No endereço **http://mod.lk/tv4mn**, há um simulador que permite montar átomos e íons adicionando prótons, nêutrons e elétrons.
>
> Acesso em: jul. 2018.

FORMAÇÃO DO ÍON H^+

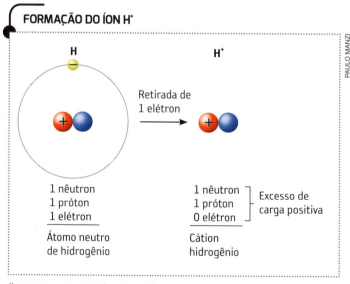

(Imagens sem escala; cores-fantasia.)

FORMAÇÃO DO ÍON Cl^-

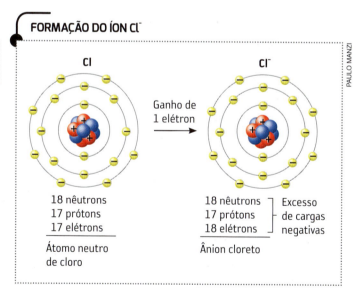

(Imagens sem escala; cores-fantasia.)

DE OLHO NO TEMA

- Conhecendo apenas o número atômico de um átomo eletricamente neutro, é possível saber quantos elétrons há em sua eletrosfera? Explique sua resposta.

TEMA 5 — OS ELEMENTOS QUÍMICOS E A TABELA PERIÓDICA

Todos os elementos químicos conhecidos estão na tabela periódica.

O QUE É UM ELEMENTO QUÍMICO?

Atualmente, define-se **elemento químico** como o conjunto de todos os átomos que têm o mesmo número atômico (mesmo Z). Por exemplo: o número atômico do elemento hidrogênio é 1, o que indica que todos os átomos que possuem número atômico igual a 1 são agrupados no conjunto chamado elemento químico hidrogênio.

De todos os elementos químicos conhecidos, 92 são encontrados na natureza; os demais foram produzidos em laboratório. Cada elemento químico recebe um nome e um símbolo.

ORIGEM DO NOME DOS ELEMENTOS QUÍMICOS

Fatores diversos podem influenciar a designação de um elemento químico, como:

- conceitos mitológicos ou astronômicos: hélio vem do grego *hélios*, que significa Sol, porque foi identificado em um estudo da luz do Sol;
- o nome de algum material: berílio recebeu esse nome porque foi obtido do mineral berilo;
- um local ou uma região geográfica: polônio é uma homenagem ao país natal da química polonesa Marie Curie (1867-1934), que o descobriu em pesquisas realizadas com o marido, Pierre Curie (1859-1906);
- um cientista: o rutherfórdio e o bóhrio receberam seus nomes em homenagem a cientistas (Ernest Rutherford e Niels Bohr).

Cada elemento químico é representado por um símbolo. Esse símbolo é sempre o mesmo, independentemente da língua ou do alfabeto. Ele é formado por uma letra maiúscula ou por duas letras (uma maiúscula seguida de uma minúscula) com base em seu nome de origem. Grande parte dos nomes dos elementos químicos tem origem na língua latina, que era o idioma oficial da Ciência do século XIX, quando essa nomenclatura foi proposta. Por isso o símbolo do ouro, por exemplo, é Au (do latim *aurum*).

Ernest Rutherford (1871-1937), vencedor do Prêmio Nobel de Química em 1908. O elemento químico artificial que apresenta 104 prótons foi produzido em 1969. Somente em 1997 recebeu o nome de rutherfórdio (símbolo químico Rf), em sua homenagem.

OS ISÓTOPOS

Isótopos são átomos de um mesmo elemento químico, isto é, que apresentam o mesmo número atômico, mas diferente número de nêutrons.

A maioria dos elementos químicos naturais é formada pela mistura de isótopos. Para representar os isótopos de um elemento químico, devemos indicar, com seu símbolo, o número de massa (A) e o número atômico (Z). Eles podem ser representados de duas maneiras:

$$^{A}_{Z}X \quad \text{ou} \quad _{Z}X^{A}$$

A seguir, estão representados os três isótopos do elemento hidrogênio: com nenhum nêutron ($A = 1$), chamado prótio; com um nêutron ($A = 2$), chamado deutério; e com dois nêutrons ($A = 3$), chamado trítio. O número de prótons (Z) dos três isótopos é 1 porque são todos átomos do elemento hidrogênio, que tem um único próton no núcleo.

REPRESENTAÇÃO DOS ISÓTOPOS DO HIDROGÊNIO

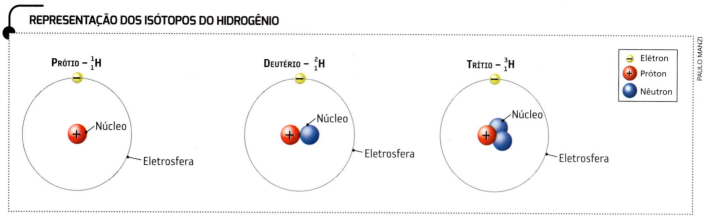

(Imagens sem escala; cores-fantasia.)

Fonte: BROWN, T. L. et al. *Química:* a ciência central. São Paulo: Prentice Hall, 2005

A CLASSIFICAÇÃO PERIÓDICA DOS ELEMENTOS

Muitos cientistas propuseram diferentes formas de organizar e classificar os elementos químicos, mas foi somente no fim do século XIX que se descobriu uma lei para reger essa organização. Naquela época, não havia a possibilidade de determinar as massas absolutas dos átomos. Os cientistas partiram, então, para calcular suas massas relativas, denominadas **pesos atômicos**, adotando o átomo de hidrogênio como padrão. Por meio de procedimentos experimentais e atribuindo o valor 1 para o peso atômico do hidrogênio, foi possível determinar o peso atômico dos elementos químicos conhecidos até então.

Em 1869, trabalhando de maneira independente, dois cientistas – Julius Lothar Meyer (1830-1895), na Alemanha, e Dmitri Ivanovich Mendeleev (1834-1907), na Rússia – sugeriram um sistema de classificação para os elementos químicos conhecidos na época. Eles foram organizados em uma tabela de acordo com seu peso atômico e propriedades. Esses cientistas observaram uma periodicidade em algumas dessas propriedades. Devido a isso, essa organização ficou conhecida como **tabela periódica**.

O modelo de Mendeleev foi mais aceito por prever, em sua tabela, espaços vazios que poderiam ser ocupados por elementos químicos ainda não descobertos.

Com o passar do tempo, o átomo padrão foi modificado. Em 1959, o elemento químico carbono passou a ser adotado como padrão para o cálculo dos pesos atômicos. Além disso, como peso é uma grandeza que se refere à força com que a Terra atrai os corpos, a expressão peso atômico foi alterada para massa atômica.

A massa atômica dos elementos passou a ser calculada de acordo com os isótopos existentes e sua abundância. O hidrogênio, por exemplo, tem massa atômica próxima de 1 (1,0079 unidades de massa atômica) porque o isótopo de hidrogênio mais abundante tem número de massa 1.

Foi apenas no século XX que as propriedades dos átomos foram atribuídas às partículas presentes em seus núcleos. Essa descoberta modificou sensivelmente a disposição dos átomos na tabela periódica. Os elementos químicos passaram a seguir uma **ordem crescente de números atômicos**, da esquerda para a direita e de cima para baixo, mas mantendo o agrupamento em relação às suas propriedades proposto por Mendeleev. Esse arranjo conferiu à tabela periódica o formato que conhecemos hoje.

A tabela periódica, em 2018, contava com 118 elementos, 51 a mais do que Mendeleev conhecia. Desses, 92 são considerados naturais e 26 são sintéticos, pois foram produzidos em laboratório. Os elementos químicos estão dispostos na tabela em linhas horizontais numeradas de 1 a 7 e em colunas numeradas de 1 a 18. Muitos cientistas, principalmente os químicos, usam a tabela constantemente em seus trabalhos, tendo um exemplar sempre à mão.

Os três isótopos do hidrogênio são encontrados na natureza e têm diferentes aplicações. Acredita-se que hidrogênio é o elemento químico mais abundante do Universo. A água com deutério, chamada de água pesada, é utilizada em reatores nucleares para refrigerá-los e impedir que a radiação gerada por eles contamine o ambiente.

Periodicidade: propriedade que se caracteriza por um padrão regular de repetição.

TABELA PERIÓDICA DOS ELEMENTOS QUÍMICOS

Fonte: Tabela periódica com as massas atômicas apresentadas com um algarismo após a vírgula, elaborada com base nos dados disponíveis em: <http://mod.lk/v3ilb>. Acesso em: abr. 2018. Nomes dos elementos químicos atualizados de acordo com ROCHA-FILHO, R. C.; FAUSTO, R. (Coord.) Grandezas, unidades e símbolos em físico-química. São Paulo: Sociedade Brasileira de Química, 2018. Dados da distribuição eletrônica de acordo com ATKINS, P. W.; JONES, L. Princípios de Química: questionando a vida moderna e o meio ambiente. 5. ed. Porto Alegre: Bookman, 2012. p. 922.

Para os elementos químicos de número atômico 104 a 118, as distribuições eletrônicas são hipotéticas.

OS GRUPOS DE ELEMENTOS DA TABELA PERIÓDICA

Na tabela periódica, os elementos que estão próximos uns dos outros podem ter propriedades semelhantes. Veja algumas formas de agrupar os elementos com base em suas características comuns.

De acordo com as propriedades de materiais que formam, os elementos químicos da tabela periódica podem ser divididos em **metais** e **não metais**. Os metais são substâncias simples que apresentam boa condutibilidade elétrica e térmica, são sólidos a 25 °C e 1 atm (com exceção do mercúrio) e podem ser moldados e transformados em lâminas e fios. Os elementos químicos não metálicos formam substâncias simples que, de maneira geral, não conduzem bem calor ou eletricidade.

A tabela periódica da página anterior possui um esquema de cores relacionado ao aspecto metálico de seus elementos. Os elementos metálicos são aqueles que aparecem nos quadros brancos, e os não metálicos, nos quadros verdes. Apesar de existir um número maior de elementos químicos com aspectos metálicos, há uma quantidade maior de não metais na natureza, seja em massa, seja em volume.

Os elementos de algumas linhas ou colunas da tabela periódica apresentam características comuns e recebem nomes especiais.

METAIS ALCALINOS E ALCALINOTERROSOS

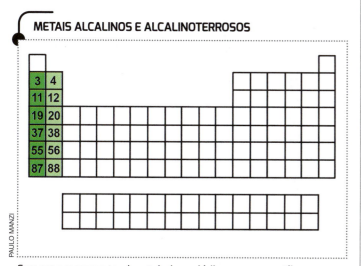

Esquema representando a tabela periódica, em que estão destacados em verde-escuro os metais alcalinos e, em verde-claro, os alcalinoterrosos. Os números que aparecem nas tabelas são os números atômicos dos respectivos elementos químicos.

Os elementos da primeira coluna formam cátions de carga **1+**. Com exceção do hidrogênio, são chamados de **metais alcalinos**.

Os metais alcalinos interagem com água liberando gás hidrogênio, que é altamente inflamável. Os elementos da segunda coluna são chamados **metais alcalinoterrosos**.

Como os metais alcalinos, eles interagem com água liberando gás hidrogênio. Mas, enquanto os metais alcalinos fazem isso com a água explosivamente, os alcalinoterrosos o fazem lentamente.

Embora esteja na mesma coluna dos metais alcalinos, o hidrogênio não é um metal e apresenta propriedades diferentes.

METAIS DE TRANSIÇÃO

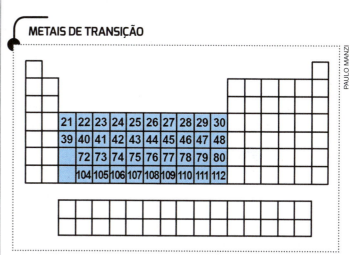

Esquema representando a tabela periódica, em que estão destacados em azul os metais de transição. Os números indicam o número atômico de cada elemento.
Os quadrinhos azuis sem número representam grupos de elementos químicos.

Os elementos do bloco central da tabela periódica são conhecidos como **metais de transição**. Todos os metais de transição, com exceção do mercúrio, que é líquido, são bastante duros e sólidos nas temperaturas comumente encontradas no ambiente.

Os metais de transição são relativamente estáveis no ar. Alguns, como o ferro, oxidam lentamente, fenômeno que conhecemos como formação de ferrugem. Outros, como o ouro e a platina, são valorizados por sua extrema resistência à corrosão.

HALOGÊNIOS E GASES NOBRES

Os elementos da décima sétima (penúltima) coluna são chamados de **halogênios**. Todos eles são substâncias que interagem com outros elementos facilmente. O gás flúor é bastante corrosivo. O gás cloro foi usado como gás venenoso na Primeira Guerra Mundial. Mas na forma de compostos presentes na pasta de dentes (fluoreto de sódio) e no sal de cozinha (cloreto de sódio), por exemplo, os halogênios são totalmente seguros para uso doméstico.

Na última coluna estão os **gases nobres**, com exceção do elemento de número 118, que é sólido. Eles quase nunca formam compostos uns com os outros ou com outros elementos. Por serem inertes, os gases nobres são frequentemente usados para proteger elementos que passam por transformações químicas facilmente. Se um material estiver envolvido por um gás nobre, dificilmente ele se transformará. Por exemplo, ao comprar sódio, um elemento que reage com o ar, de um fornecedor químico, ele virá em um recipiente selado e preenchido com gás argônio.

Inerte: em Química, significa algo que dificilmente reage com outros materiais ou elementos químicos.

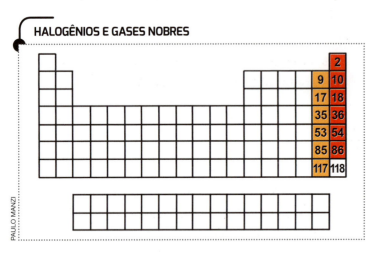

Esquema representando a tabela periódica, em que estão destacados em laranja os halogênios e, em vermelho, os gases nobres. Os números indicam o número atômico de cada elemento.

LANTANÍDEOS E ACTINÍDEOS

Esses dois grupos são conhecidos coletivamente como terras raras, apesar de alguns deles não serem raros.

Todos os actinídeos são radioativos, ou sejam, emitem espontaneamente uma forma de energia, sendo o urânio e o plutônio os mais famosos.

DE OLHO NO TEMA

- Os símbolos de alguns elementos químicos representam a(s) inicial(is) de seus nomes em latim ou grego. Consultando a tabela periódica, identifique o nome dos elementos F, Ag, Hg, K e Na.

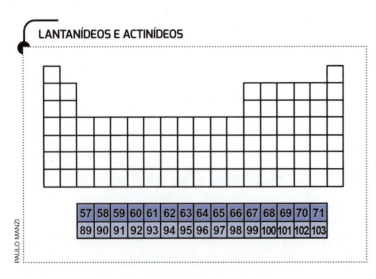

Esquema representando a tabela periódica, em que estão destacados em azul-escuro os lantanídeos e, em azul-claro, os actinídeos. Os números indicam o número atômico de cada elemento.

TEMA 6

LIGAÇÕES QUÍMICAS

A união entre átomos, chamada de ligação química, pode ser classificada em iônica, covalente ou metálica.

Atualmente, são conhecidas mais de 80 milhões de **substâncias**, a maioria formada por diferentes combinações de elementos químicos. Uma substância é um composto estável que tem um ou mais átomos. Nem todas as substâncias são formadas pela combinação de átomos, algumas são compostas de átomos isolados.

As combinações entre os átomos dos elementos químicos ocorrem por meio de **ligações químicas**. Uma ligação química corresponde ao ganho, à perda ou ao compartilhamento de elétrons entre dois átomos.

A LIGAÇÃO IÔNICA

A ligação iônica resulta da atração entre metais e não metais, que se mantêm fortemente unidos quando estão em suas formas iônicas e têm cargas elétricas de sinais contrários. A ligação iônica acontece geralmente entre cátions de metais e ânions de não metais.

Substâncias formadas por íons são chamadas **substâncias iônicas** ou **compostos iônicos**. Cátions e ânions se combinam de forma que o composto iônico obtido não possua carga, ou seja, ele é eletricamente neutro.

Cristais de cloreto de sódio (NaCl), um composto iônico presente no sal de cozinha. (Imagem obtida com microscópio eletrônico, colorizada artificialmente e ampliada cerca de 230 vezes.)

O cloreto de sódio, por exemplo, é formado pela ligação iônica entre o metal sódio e o não metal cloro. No cloreto de sódio, esses elementos se encontram na forma iônica: cátions de sódio, Na^+, e de ânions de cloro, Cl^-. A ligação desses átomos é representada pela fórmula química NaCl. Em uma fórmula química, sempre aparecem os símbolos e a proporção do número de átomos dos elementos presentes na ligação formada.

No caso do NaCl, os íons Na^+ e Cl^- têm cargas elétricas de mesma intensidade, mas de tipos opostos, **1+** e **1−**. Portanto, ligando um cátion e um ânion, a soma das cargas elétricas é igual a zero. Isso significa que o composto formado é eletricamente neutro. Dizemos que eles se atraem na proporção de um para um (1 : 1). Em outros casos, a proporção pode ser diferente.

Quando o número de átomos de um elemento é igual a 1, ele pode ser omitido na fórmula química. Por isso, dificilmente você verá a representação Na_1Cl_1, mas apenas NaCl.

ORGANIZAÇÃO DOS ÍONS NO CLORETO DE SÓDIO

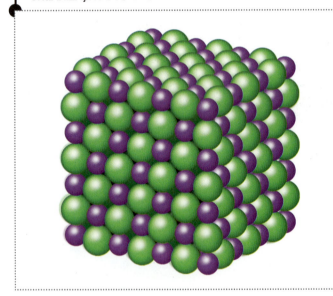

Em um grão de cloreto de sódio, os íons sódio (Na^+) e cloro (Cl^-) se alternam formando um arranjo, como na representação acima, que pode se expandir em todas as direções, desde que os cátions e os ânions se alternem. As esferas roxas representam o sódio e as esferas verdes representam o cloro. (Imagem sem escala; cores-fantasia.)

Fonte: BROWN, T. L. et al. *Química*: a ciência central. São Paulo: Prentice Hall, 2005.

Vamos analisar o composto formado pelo metal cálcio e pelo não metal cloro, chamado cloreto de cálcio. Nessa substância, a ligação é feita entre os cátions Ca^{2+} e os ânions Cl^-.

Se há apenas um cátion e um ânion, as cargas não se anulam, pois, com a união de dois íons com cargas **2+** e **1−**, resta uma carga positiva. Para formar um composto estável, são necessários um cátion Ca^{2+} e dois ânions Cl^-. Assim, são duas cargas positivas e duas cargas negativas, que se anulam. Dizemos, então, que eles formam um composto na proporção de 1 : 2. A fórmula química da substância obtida é $CaCl_2$.

A LIGAÇÃO COVALENTE

A ligação covalente é a união entre átomos de não metais. Como vimos nas ligações iônicas, a tendência dos elementos não metálicos é formar ânions. Para que isso aconteça, eles precisam receber elétrons. Mas, se todos os átomos de uma substância são de elementos não metálicos, não há elétrons disponíveis. Para que ocorra a ligação, é preciso haver um compartilhamento de pares de elétrons entre os átomos, formando, então, as ligações covalentes.

Vamos analisar como se forma a ligação covalente entre dois átomos de hidrogênio. O átomo de hidrogênio tende a formar um ânion com carga **1−**. Ao compartilharem os elétrons, cada átomo passa a ter, além de seu próprio elétron, mais um elétron do átomo ao qual está ligado.

REPRESENTAÇÃO ESQUEMÁTICA DE LIGAÇÃO COVALENTE

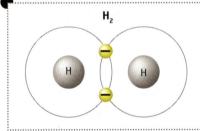

Representação de dois átomos de hidrogênio compartilhando um par de elétrons, formando a molécula do gás hidrogênio (H_2). (Imagem sem escala; cores-fantasia.)

Fonte: ATKINS, P.; JONES, L. *Princípios de Química*: questionando a vida moderna e o meio ambiente. Porto Alegre: Bookman, 2012.

A água também tem seus átomos unidos por ligações covalentes. Mas, como o átomo de oxigênio tem tendência para formar um ânion com carga **2−**, ele precisa compartilhar dois pares de elétrons, sendo cada um desses formado por um elétron do hidrogênio e outro do oxigênio. Isso explica por que cada molécula de água tem dois átomos de hidrogênio e um átomo de oxigênio (H_2O).

Grupos de átomos que se unem por ligação covalente são chamados de **moléculas**. As substâncias formadas por moléculas são denominadas **substâncias covalentes** ou **substâncias moleculares**.

A LIGAÇÃO METÁLICA

Em um átomo de um metal, a atração entre o núcleo e os elétrons da camada mais externa da eletrosfera é muito fraca, de modo que eles podem transferir elétrons facilmente, formando cátions. Isso permite que os elétrons se movimentem livremente pelo material, formando uma "nuvem eletrônica". Essa "nuvem eletrônica" é responsável pela forte atração entre os cátions e uma das explicações para a formação da **ligação metálica** que existe entre os átomos de um pedaço de ferro ou de um fio de cobre. Ela também é responsável pelo fato de os metais serem bons condutores térmicos e de eletricidade e apresentarem temperaturas de fusão e de ebulição elevados.

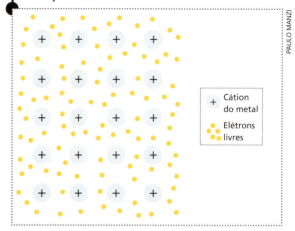

REPRESENTAÇÃO ESQUEMÁTICA DE LIGAÇÃO METÁLICA

+ Cátion do metal
• Elétrons livres

(Imagens sem escala; cores-fantasia.)

Fonte: BUTHELEZI, T. et al. *Chemistry*: matter and change. Ohio: Glencoe/McGraw-Hill, 2008.

SAIBA MAIS!

Aço e alumínio podem ser reciclados infinitas vezes

Materiais como o plástico podem perder algumas de suas propriedades, como resistência e flexibilidade, após passarem pelo processo de reciclagem. Por essa razão, nem sempre o plástico reciclado pode ser utilizado para produzir os mesmos objetos que um plástico não reciclado.

Isso não se aplica ao aço e ao alumínio. Formado por átomos de metais unidos por ligações metálicas, o material metálico derretido não perde suas propriedades. Esse é o motivo pelo qual as latas feitas de metal reciclado têm as mesmas características daquelas feitas com metal que ainda não foi reciclado. Isso permite que a mesma porção de material seja reciclada infinitas vezes.

No caso de alguns metais, separá-los de outros materiais destinados à reciclagem tem ainda a vantagem de ser um processo simples: basta posicionar um ímã sobre a sucata misturada que ele será atraído.

Eletroímã separando sucatas de aço.

DE OLHO NO TEMA

- Consulte a tabela periódica e classifique cada uma das ligações entre os átomos das estruturas químicas abaixo como ligação iônica ou ligação covalente.

    a) NaCl
    b) CO_2
    c) H_2O
    d) KI
    e) O_2

Trilha de estudo

Vai estudar? Nosso assistente virtual no *app* pode ajudar!
<mod.lk/tr9u01>

INSPIRADOS PELA NATUREZA

A riqueza de formas e funções encontradas na natureza sempre foi e continua sendo uma das principais fontes de inspiração para a humanidade.

Pontas

Já notou quantas estruturas de formato pontiagudo existem na natureza? A infinidade de garras, chifres, bicos, esporas, ferrões e outras estruturas pontudas presentes em tantos seres diferentes evidencia a versatilidade dessa forma tão simples e eficiente.

O **ferrão da vespa**, aliado a seu veneno, é usado para ataque e defesa. Esse é um exemplo de ponta bastante temida pelas pessoas.

Desde 500 milhões de anos atrás, ancestrais dos ouriços-do-mar já intimidavam, com espinhos, seus predadores.

O peixe-leão conta com espinhos dorsais venenosos para ataque e defesa.

Os seres humanos pré-históricos sempre conviveram com criaturas armadas de garras e presas. Provavelmente, as antigas sociedades perceberam as vantagens de ter estruturas desse tipo na luta pela sobrevivência.

Lança pré-histórica
Três lanças como esta foram achadas em 1995, na Alemanha, junto de ferramentas de pedra e muitos restos de caça.

Com lanças longas, seres humanos pré-históricos diminuíam os riscos de um combate corpo a corpo mais próximo ao se defender ou atacar.

Representação de lança feita de madeira que data de 400.000 anos.

A **ponta perfurante** era esculpida na parte mais densa da madeira para obter uma lança mais resistente e penetrante. Essa técnica é usada ainda hoje.

Dardo do atletismo
Atualmente feito de alumínio e de outros materiais modernos, o dardo usado por atletas ainda conserva o desenho básico de lanças pré-históricas.

Asas e outras estruturas planadoras

Na história evolutiva dos animais, as asas são muito mais recentes que as estruturas perfurantes. Deslocar-se pelo ar possibilitou uma enorme vantagem para aqueles que podiam voar, tanto na fuga quanto na caça e na busca por alimento. É notável a variedade de criaturas com estruturas relacionadas à execução de manobras aéreas: insetos, alguns peixes, mamíferos, répteis, anfíbios e, claro, aves.

As asas mais antigas pertencem ao grupo dos insetos. Fósseis de insetos alados datam de 300 milhões de anos.

As pessoas perceberam logo a função das asas, sonhando com elas há muito tempo. Evidência disso são representações pré-históricas de criaturas aladas e também textos da Antiguidade. Um deles é o mito grego de Dédalo, inventor que, inspirado pelas aves, criou asas com as quais voou ao lado de seu filho Ícaro.

Biomimética
Formada pela combinação das palavras gregas *bio* (vida) e *mimesis* (imitação), a biomimética foi criada no fim do século passado nomeando o processo de usar modelos da natureza como inspiração para criar novas tecnologias.

Para se mover entre árvores, distantes dezenas de metros, sem tocar o chão, esquilos-voadores saltam abrindo as patas para que membranas especiais estiquem-se entre elas e, como uma pipa, planem pelo ar.

Máquinas de Leonardo
Um dos principais nomes da Renascença italiana, Leonardo da Vinci foi um dos muitos a imaginar máquinas voadoras, muitas delas inspiradas na anatomia dos animais.

Traje planador
Paraquedistas podem experimentar a sensação de planar durante a queda livre com esse equipamento que, em inglês, é chamado *flying squirrel suit*, traje de esquilo-voador, pois busca imitar a aparência e a função de estruturas corporais desse animal arborícola.

ATIVIDADE

Pesquise sobre estruturas pontiagudas presentes em animais, em plantas e em outros seres vivos. Escolha um exemplo e explique quais seriam as vantagens conferidas por essa estrutura. Se necessário, complemente com informações sobre o ser vivo escolhido.

(Imagens sem escala; cores-fantasia.)

ATIVIDADES — TEMAS 4 A 6

ORGANIZAR O CONHECIMENTO

Sempre que achar necessário, consulte a tabela periódica dos elementos químicos.

1. Indique a quantidade de elétrons em um átomo neutro que apresenta 15 prótons e 16 nêutrons.

2. O átomo $^{234}_{92}X$ de um elemento químico é isótopo do átomo $^{235}_{Z}Y$. Qual é o número de nêutrons de cada um dos átomos e o número atômico (Z) do átomo Y?

3. Obtenha as seguintes informações para os elementos químicos abaixo: símbolo, número atômico e número de elétrons.
   a) Oxigênio
   b) Sódio
   c) Hélio

4. Determine quais tipos de ligação química formam as substâncias abaixo.
   a) Ácido clorídrico (HCl)
   b) Fluoreto de potássio (KF)
   c) Gás nitrogênio (N_2)
   d) Cloreto de potássio (KCl)
   e) Glicose ($C_6H_{12}O_6$)
   f) Fio de cobre (Cu)

ANALISAR

5. Leia e responda.

   O equilíbrio hídrico do organismo humano depende da concentração de alguns íons, como os de sódio. O cloreto de sódio é formado pela união de cátions sódio e ânions cloreto. No entanto, o sódio metálico, formado por átomos neutros de sódio, não deve ser ingerido, pois seu contato com a pele ou mucosas causa graves queimaduras.

   a) Em relação às partículas que os formam, o que há em comum e o que há de diferente entre um átomo neutro de sódio e um cátion sódio?
   b) O sódio presente no cloreto de sódio pode ser considerado a mesma substância que o sódio metálico? Explique.

6. Observe as figuras e responda às questões.

   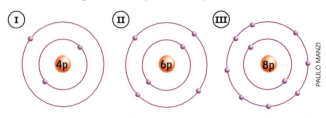

   (Imagens sem escala; cores-fantasia.)

   a) Qual figura representa um átomo neutro? Justifique sua resposta.
   b) E um cátion? Justifique.
   c) Qual representa um ânion? Justifique.

7. Informe o número atômico e de elétrons de cada íon.
   a) K^+
   b) Br^-
   c) S^{2-}
   d) Al^{3+}
   e) Ca^{2+}
   f) I^-

8. Sobre o nitrogênio, faça o que se pede.
   a) Identifique, na tabela periódica, se esse elemento é metal ou não metal e aponte qual é o tipo de ligação química envolvida entre seus átomos. Explique sua resposta.
   b) Nitrogênio é um nome utilizado tanto para o elemento químico quanto para a substância por ele formada. Explique qual é a diferença entre o elemento nitrogênio e a substância nitrogênio e como você faria para diferenciar um caso do outro em um contexto.

COMPARTILHAR

9. Reúna-se em grupos e identifiquem alguns materiais utilizados para a fabricação de objetos que podem ser encontrados em casa ou na escola. Em seguida, indiquem o tipo de ligação química presente e classifiquem em metais ou não metais os elementos químicos mais abundantes nesses materiais. Apresentem as informações obtidas para o restante da turma, mostrando a composição dos materiais analisados e destacando quais elementos químicos são mais comuns nos produtos que vocês usam no cotidiano.

PENSAR CIÊNCIA

Mais questões no livro digital

Os estados da matéria

É comum encontrar materiais nos estados sólido, líquido e gasoso. Mas, além desses, existem mais estados, como o plasma e o condensado de Bose-Einstein.

O plasma é formado, de maneira simplificada, quando um material em estado gasoso recebe grande quantidade de energia e fica ionizado, passando a ter comportamento e propriedades diferentes de um gás.

Outro estado da matéria foi concebido teoricamente pelo físico indiano Satyendra Nath Bose (1894-1974) e pelo físico alemão Albert Einstein (1879-1955) em 1924 e, em homenagem a seus idealizadores, foi denominado condensado de Bose-Einstein. Por muito tempo, esse estado era apenas uma proposição teórica, até que, em 1997, após o desenvolvimento de vários aparelhos e técnicas indisponíveis na década de 1920, esse estado foi obtido em laboratório por Eric Cornell (1961-), Carl Wieman (1951-) e Wolfgang Ketterle (1957-), utilizando um gás de rubídio ultrarresfriado.

Para atingir o estado de condensado de Bose-Einstein, diversos procedimentos têm de ser aplicados à matéria, como resfriá-la a cerca de $-273{,}15\ ^\circ C$. Nesse estado, a matéria apresenta características e propriedades que têm capacidade de revolucionar o campo da computação, aumentando muito a velocidade de processamento de dados, e produzir novos tipos de *laser*.

Além desses, podem existir outros estados da matéria. Atualmente, alguns grupos de cientistas estão tentando obter um estado da matéria denominado supersólido, um estado em que a matéria é rígida e fluida. A proposição teórica desse estado da matéria foi feita nos anos 1960, mas somente em 2017 surgiram os primeiros experimentos que podem ter obtido matéria nesse estado.

A lâmpada fluorescente, amplamente usada em residências e prédios comerciais, contém um gás sob baixa pressão que produz um plasma quando aquecido e agitado pela eletricidade, fornecida pela linha elétrica à qual a lâmpada está conectada.

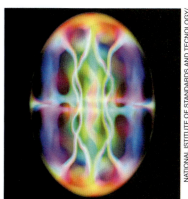

Simulação de computador do condensado de Bose-Einstein. Nessa situação, vários átomos se comportam como se fossem um único "super átomo", ficando praticamente imóveis e ocupando o mesmo espaço.

ATIVIDADES

1. Algumas descobertas científicas, como o estado supersólido da matéria, não têm aplicação imediata, ou seja, não devem trazer benefícios imediatos para a sociedade. Ainda assim, elas geralmente são financiadas com recursos públicos. Você acha válido esse tipo de pesquisa?

2. Por que, em alguns casos, certas ideias só podem ser testadas na prática depois de muitos anos?

ATITUDES PARA A VIDA

- **Imaginar, criar e inovar**
Existem diversas formas de desenvolver o conhecimento. Nem sempre uma ideia proposta pode ser testada e comprovada, mas isso não significa que ela não é válida. Com base em conhecimentos, observações e evidências, é possível imaginar e criar novas ideias e conceitos, mesmo que eles não tenham uma aplicação óbvia ou possam ser comprovados.

ATITUDES PARA A VIDA

Marie Curie

Leia a história a seguir.

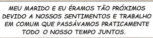

TROCAR IDEIAS SOBRE O TEMA

1. Converse com seus colegas e registre as opiniões sobre a participação das mulheres em nossa sociedade, principalmente na Ciência. Por que será que há mais menções históricas a cientistas homens do que a mulheres? Além de Marie Curie, de que outras cientistas vocês já ouviram falar?

2. Marie Curie nasceu na Polônia e em 1891, aos 24 anos, mudou-se para a França para estudar Física e Matemática na universidade. Converse com seus colegas sobre as dificuldades que ela deve ter encontrado, por ser uma mulher estrangeira querendo se tornar cientista em pleno século XIX.

3. Marie Curie recebeu dois prêmios Nobel na área científica. Ao longo de seu trabalho, foi exposta a altas doses de radiação, o que provocou sua morte por leucemia. Na época, não se conheciam os efeitos nocivos dos elementos com os quais ela trabalhava. Converse com seus colegas sobre a importância de garantir condições de trabalho seguras e adequadas para os pesquisadores. A que riscos os cientistas de hoje estão expostos? De que maneira eles podem se proteger?

4. Em diversos trabalhos científicos, é necessário enfrentar adversidades, como falta de condições adequadas de trabalho e desconfiança quanto a metodologias inovadoras, para atingir resultados. Assim, em muitos casos é necessário **persisitir** e superar diversas condições para alcançar os resultados desejados.

   Pesquise sobre o trabalho de algum cientista de uma área que for de seu interesse. Considerando o contexto histórico da época em que ele viveu, destaque dificuldades que exigiram persistência para serem superadas. Depois, compartilhe esse exemplo com a classe em uma rápida apresentação.

COMO EU ME SAÍ?

- Identifiquei algumas dificuldades e preconceitos que Marie Curie sofreu durante sua vida?
- Identifiquei características e atitudes que tornam uma pessoa persistente?
- Pensei em formas de me tornar mais persistente aplicando alguma dessas características?
- Ser persistente pode ser útil na minha vida, pois...

COMPREENDER UM TEXTO

Acordo de Paris é insuficiente para frear o aquecimento global

Postergado: deixado para depois, adiado.

Um grupo internacional de especialistas alerta que, caso não sejam adotadas medidas mais drásticas para reduzir a emissão de gases do efeito estufa do que as estabelecidas no âmbito do Acordo de Paris, o teto considerado seguro para o aquecimento global – de 2 °C acima dos níveis pré-industriais até o final do século – pode ser alcançado já em 2050.

[...] além de pressionar governos e empresas para adotarem medidas que visem reduzir as emissões, cada cidadão dever rever seus hábitos e dar sua contribuição. [Segundo Robert Watson, ex-presidente do Painel Intergovernamental de Mudanças Climáticas (IPCC) da Organização das Nações Unidas (ONU)], "precisamos avaliar como estamos usando a energia em nosso dia a dia, aumentar a eficiência energética de nossa casa, preferir formas alternativas de transporte em detrimento dos carros individuais" [...].

Para os cientistas, no entanto, não restam dúvidas de que o planeta está aquecendo – e ainda mais rápido do que se previa. Apesar das evidências científicas incontestáveis, afirmam, iniciativas para minimizar a mudança do clima têm sido postergadas e as emissões de gases estufas continuam a crescer, o que torna o combate ao problema cada vez mais caro e difícil.

[...]

Em 2015, a temperatura média do planeta já superou a marca de 1 °C acima dos níveis registrados na época pré-industrial. Para não extrapolar o limite proposto para o fim do século, seria necessário reduzir em 22% a emissão de gases de efeito estufa até 2030.

[...]

Se apenas forem cumpridos os compromissos assumidos de forma incondicional pelos países, ou seja, aqueles que não dependem de financiamento externo, transferência de tecnologia ou capacitação, as emissões devem crescer 6% até 2030. Sem o Acordo de Paris seria ainda pior: o aumento seria de 30%. [...]

Fonte: TOLEDO, K. Agência FAPESP, 3 out. 2016. Disponível em: <http://mod.lk/nu1u6>. Acesso em: jul. 2018.

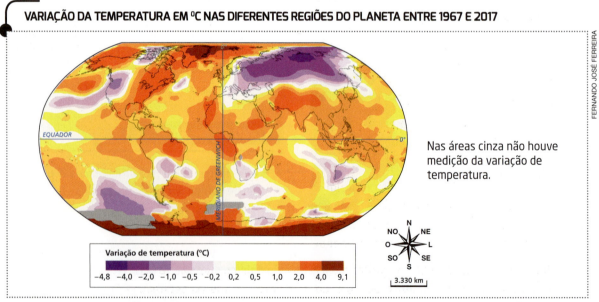

VARIAÇÃO DA TEMPERATURA EM °C NAS DIFERENTES REGIÕES DO PLANETA ENTRE 1967 E 2017

Nas áreas cinza não houve medição da variação de temperatura.

Fonte: NASA. GISS surface *temperature analysis*. Disponível em: <http://mod.lk/lzxgu>. Acesso em: jul. 2018.

PROJEÇÃO PARA O AUMENTO DO NÍVEL DO MAR NO FINAL DO SÉCULO XXI EM RELAÇÃO A 2013

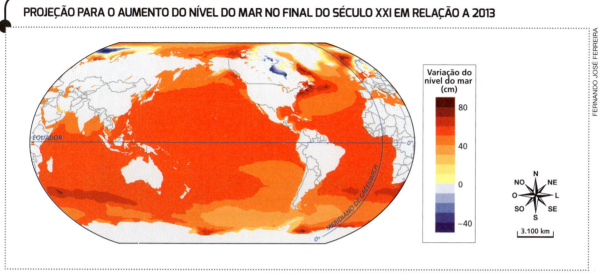

Fonte: Mapa de projeção do aumento do nível do mar. GREGORY, J. Sea leavel change. In: Intergovernmental Panel On Climate Change (Ed.). *IPCC Fifth Assessment Report*: projections of sea level rise. [S.l.]: IPCC, [2013]. Capítulo 13. Disponível em: <http://mod.lk/yig2q>. Acesso em: jul. 2018.

ATIVIDADES

OBTER INFORMAÇÕES

1. De acordo com o primeiro mapa, qual foi o aumento de temperatura que ocorreu nas regiões Norte e Nordeste do Brasil entre 1967 e 2017?

2. Que contribuições cada um de nós pode fazer para reduzir a emissão de gases do efeito esfufa, como gás carbônico e metano?

INTERPRETAR

3. Analisando o segundo mapa, o que deve acontecer com o nível da maior parte dos oceanos até o final deste século?

4. Em sua opinião, por que alguns países negam-se a assumir compromissos para a redução de seus poluentes?

5. No texto podemos ler que, para os cientistas, não há dúvidas de que a Terra está aquecendo. Entretanto, algumas pessoas desconhecem essa informação ou desconfiam dela. Você conhece alguma pessoa que não sabe ou não acredita que o planeta esteja aquecendo? Como é possível ajudá-las a compreender esse fenômeno?

6. Por que o aumento da temperatura mostrado no primeiro mapa pode ser uma das causas do aumento do nível do mar apresentado no segundo mapa?

Uma verdade inconveniente

No vídeo, qual é a substância que tem sua quantidade na atmosfera relacionada com as temperaturas no globo terrestre? Qual é a ligação química que une os átomos que formam essa substância? Disponível em <http://mod.lk/ac9u01>

UNIDADE 2

SUBSTÂNCIAS, MISTURAS E REAÇÕES QUÍMICAS

POR QUE ESTUDAR ESTA UNIDADE?

A água que chega limpa às nossas casas, o sal que utilizamos para cozinhar e temperar alimentos e muitos outros produtos utilizados em nosso dia a dia têm algo em comum: passaram por um processo de separação de misturas para chegar ao produto final que conhecemos. É importante reconhecer de onde vêm as inúmeras substâncias e materiais que manipulamos todos os dias e o que precisamos fazer para obtê-los.

 ATITUDES PARA A VIDA

- Questionar e levantar problemas
- Esforçar-se por exatidão e precisão

Da raiz da mandioca (*Manihot esculenta Crantz*) são obtidos o polvilho e a farinha.

COMEÇANDO A UNIDADE

1. Qual é a matéria-prima do polvilho?
2. Você já viu um alimento, como a carne-seca, a carne de sol ou o charque, ser dessalgado? De que maneira é realizada a retirada do excesso de sal?

Ralar a mandioca é uma das etapas para extrair o polvilho. Os indígenas já dominavam a técnica da extração do polvilho muito antes de os colonizadores portugueses chegarem ao Brasil. Na foto, índia da etnia aparai-wayana ralando mandioca para produzir farinha e beiju na Aldeia Jolokomã (Laranjal do Jari, AP, 2015).

O tacacá é um prato típico da região amazônica, feito de tucupi (caldo amarelo extraído da mandioca brava), goma de tapioca (polvilho misturado com água), camarão seco, folhas verdes de jambu e chicória, sal, alho e pimenta-de-cheiro.

TEMA 1
SUBSTÂNCIAS E MISTURAS

Os materiais podem ser formados por uma ou mais substâncias.

Os materiais encontrados na natureza ou produzidos pelo ser humano podem ser classificados, de acordo com seus constituintes, em dois grupos: **substâncias** e **misturas**.

SUBSTÂNCIA

Substância é uma porção de matéria com composição fixa formada por apenas um tipo de componente. Uma substância pode ser **simples**, quando seu componente é formado por um único elemento químico, ou **composta**, quando mais de um elemento químico forma seu componente.

São exemplos de substâncias simples o gás hélio (He), constituído de átomos isolados do elemento químico hélio (He), e o gás hidrogênio (H_2), formado por moléculas com dois átomos do elemento químico hidrogênio (H). No primeiro caso, os átomos de hélio são os componentes da substância hélio, e, no segundo caso, as moléculas de H_2 são os componentes da substância gás hidrogênio. Já a água (H_2O) é um exemplo de substância composta. Seus componentes são moléculas formadas por elementos químicos diferentes: o hidrogênio e o oxigênio (O). Vale lembrar que a água potável, que consumimos no dia a dia, não é considerada uma substância, e sim uma mistura, porque apresenta outros componentes misturados a ela, como sais minerais.

As substâncias podem ser diferenciadas por suas propriedades específicas, como temperatura de fusão, temperatura de ebulição, densidade, cor, dureza etc.

Para caracterizar uma substância, podem ser consultados livros e tabelas que reúnem dados de referência, como temperatura de fusão e de ebulição, determinados sob condições específicas (pressão, temperatura etc.). Se uma amostra for analisada sob essas mesmas condições e apresentar valores diferentes dos tabelados, é um indício de que não se trata daquela substância, ou de que ela não está totalmente pura.

SUBSTÂNCIA SIMPLES

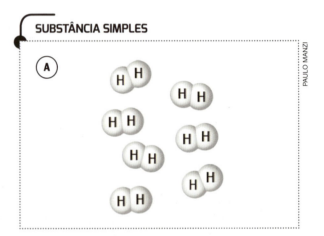

SUBSTÂNCIA COMPOSTA

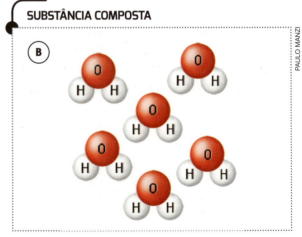

(**A**) O gás hidrogênio apresenta apenas um elemento químico, o hidrogênio (H), por isso é considerado uma substância simples. (**B**) A água é uma substância composta formada por hidrogênio e oxigênio (O). Ambos são exemplos de substâncias, pois são formados por apenas um componente. (Imagens sem escala; cores-fantasia.)

Fonte: ATKINS. P.; JONES, L. *Princípios de química*: questionando a vida moderna e o meio ambiente. Porto Alegre: Bookman, 2012.

MISTURA

Uma mistura é formada por duas ou mais substâncias. O ar atmosférico é uma mistura de diferentes gases, como o gás oxigênio (O_2), o gás nitrogênio (N_2) e o gás carbônico (CO_2).

A proporção em volume de gás oxigênio e de gás nitrogênio no ar praticamente não varia: 21% e 78%, respectivamente. Já a proporção de gás carbônico pode mudar, por exemplo, próximo a áreas industrializadas ou com grande concentração de veículos. Portanto, a proporção das substâncias que formam as misturas, como no caso do ar atmosférico, pode variar. A proporção entre os átomos que formam uma substância, no entanto, nunca muda. Essa é uma diferença importante entre mistura e substância.

MISTURA DE ÁLCOOL E ÁGUA

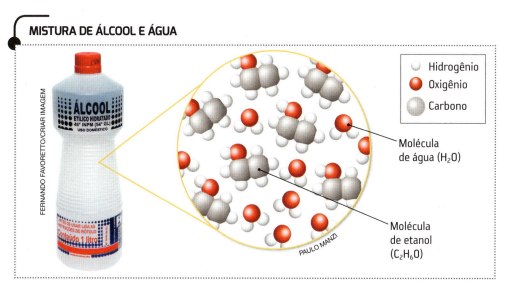

O álcool usado para limpeza é uma mistura de água e etanol, em proporções que variam geralmente entre 46% e 96% em volume. No entanto, a proporção entre os átomos que formam as moléculas de água e de etanol não varia. (Imagem sem escala; cores-fantasia.)

Fonte: ATKINS. P.; JONES, L. *Princípios de química*: questionando a vida moderna e o meio ambiente. Porto Alegre: Bookman, 2012.

Os materiais que compõem os seres vivos, como a seiva das plantas, por exemplo, são misturas. O petróleo é uma mistura de diversas substâncias. Muitos dos materiais produzidos pelo ser humano também são misturas, como as **ligas metálicas**, entre elas o aço, o bronze e o latão.

As misturas podem ser classificadas em **homogêneas** ou **heterogêneas**, de acordo com o número de fases que apresentam. **Fase** é cada parte uniforme que pode ser reconhecida em um sistema. **Sistema** é o nome dado para especificar uma porção limitada de matéria que se deseja estudar.

Liga metálica: mistura em que um ou mais componentes são metais.

Corrosão: desgaste provocado por determinada reação química.

Estas panelas são feitas de aço inoxidável, que é uma mistura de ferro, carbono e pequenas quantidades de outras substâncias, como níquel e crômio. Esse tipo de mistura confere diversas propriedades a esse material e aos objetos feitos com ele, tais como resistência à deformação e à corrosão.

A mistura acima é heterogênea e apresenta três fases: o óleo, a água e a areia.

MISTURAS HOMOGÊNEAS OU SOLUÇÕES

São aquelas com apenas uma fase. As misturas homogêneas são também chamadas **soluções**. Uma solução pode ser formada por sólidos, líquidos ou gases. A água mineral é uma solução líquida, o ar é uma solução gasosa e o latão é uma solução sólida.

A água mineral é uma solução líquida, composta por água e sais.

Nas soluções, a substância em maior quantidade é chamada de **solvente**, e a que está em menor quantidade é chamada de **soluto**. Por ser capaz de dissolver um grande número de substâncias, a água é chamada de **solvente universal**. As soluções nas quais a água é o solvente são chamadas **soluções aquosas**.

A quantidade de solução é geralmente expressa com base em seu volume, cujas unidades de medida podem ser o metro cúbico (m^3), o litro (L), o mililitro (mL), entre outras. O solvente nem sempre é um líquido, apesar de estar expresso em unidades de volume. A quantidade de soluto é geralmente expressa com base em sua massa, cujas unidades de medida podem ser o grama (g), o quilograma (kg), o miligrama (mg), entre outras. O soluto nem sempre é um sólido, apesar de estar expresso em unidades de massa.

COMO DIFERENCIAR UMA MISTURA HOMOGÊNEA DE UMA SUBSTÂNCIA?

Algumas misturas homogêneas podem apresentar o mesmo aspecto de uma única substância. É o caso de uma solução de água e sal de cozinha, visualmente idêntica à água pura. Imagine que você recebeu duas amostras não identificadas para determinar qual delas é a de água pura – lembrando que não é seguro experimentar nenhum líquido desconhecido.

Para fazer a diferenciação, você pode analisar algumas propriedades específicas, como a densidade. A água pura apresenta, a 25 °C, densidade próxima a 1 g/cm^3, enquanto a densidade da solução de água e sal de cozinha, na mesma temperatura, é maior.

Água + sal de cozinha

Água pura

Não é possível diferenciar a água pura de uma solução de água e sal de cozinha analisando apenas o aspecto visual.

O latão de que é feito esse instrumento musical é uma solução sólida, pois é uma liga metálica composta por cobre e zinco.

Outra forma de analisar as amostras é comparar as temperaturas de fusão e de ebulição. A água pura, ao nível do mar, apresenta temperatura de fusão (0 °C) e de ebulição (100 °C) constantes.

Substâncias puras apresentam temperaturas de fusão e de ebulição constantes. Geralmente, o mesmo não ocorre com as misturas. O gráfico abaixo mostra a curva de aquecimento de uma solução de sal de cozinha e água pura. Observe o que acontece nas temperaturas de fusão e de ebulição.

Nas mudanças de estado físico de uma mistura, a temperatura não se mantém constante do início ao fim do processo. Por isso, nesse caso, as temperaturas de ebulição e de fusão são substituídas por faixas de temperatura.

É possível que uma mistura tenha temperatura de ebulição ou fusão constante, mas não as duas. Dessa maneira, a amostra que apresentar as temperaturas de fusão e de ebulição **constantes** e **mais próximas dos valores tabelados** corresponde provavelmente à de água pura.

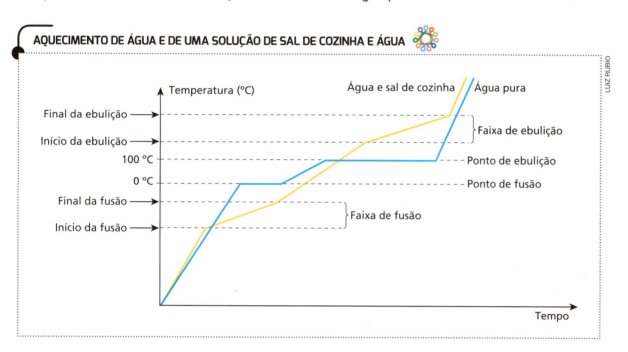

AQUECIMENTO DE ÁGUA E DE UMA SOLUÇÃO DE SAL DE COZINHA E ÁGUA

ATITUDES PARA A VIDA

- **Esforçar-se por exatidão e precisão**

  Para identificar uma amostra desconhecida usando procedimentos de laboratório, é necessário ser rigoroso com os procedimentos e medições. Apesar de sempre existirem incertezas em valores medidos, devido a limitações dos equipamentos ou da leitura feita pelos analistas, é importante minimizar a possibilidade de erros esforçando-se para obter informações precisas.

Em algumas situações, é muito importante saber se um material é uma substância pura ou mistura, já que suas propriedades são diferentes. No equipamento de análise da estrutura atômica denominado Super-Kamiokande (Japão, 2006), é utilizada água ultrapurificada para realizar estudos sobre a composição da matéria e detectar partículas menores que os átomos.

57

MISTURAS HETEROGÊNEAS

Misturas heterogêneas são as que possuem duas ou mais fases. Algumas misturas heterogêneas, como o leite, a gelatina, o sangue e determinadas tintas, apresentam aspecto homogêneo quando analisadas a olho nu, mas, quando analisadas com o auxílio de um microscópio, apresentam aspecto heterogêneo.

Fragmento de granito com cerca de 10 cm de largura. O granito é uma mistura heterogênea. Veja que, a olho nu, é possível distinguir pelo menos três fases de cores diferentes.

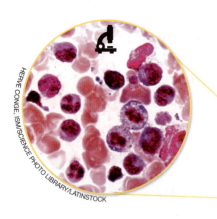

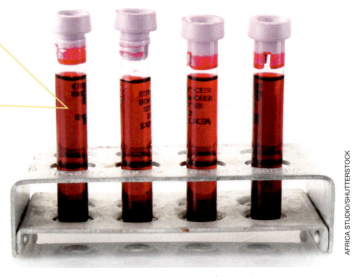

O sangue é uma mistura heterogênea que apresenta aspecto homogêneo a olho nu. A imagem vista em microscópio óptico e ampliada em cerca de 760 vezes mostra o aspecto heterogêneo do sangue.

DE OLHO NO TEMA

1. Em um recipiente, há um líquido formado por moléculas do tipo **I** e do tipo **II**. As moléculas do tipo **I** são formadas por dois átomos **A**. As moléculas do tipo **II** são formadas por três átomos: **A**, **B** e **C**.

   - Desenhe, de forma simbólica, o conteúdo desse recipiente, imaginando que as moléculas se encontram em igual proporção.

2. Infusões são soluções obtidas pela dissolução de substâncias presentes em folhas, flores e raízes em água quente. Observe a imagem e responda às questões.

   a) Por que não podemos afirmar que uma infusão de ervas é uma substância?

   b) A infusão de ervas é uma mistura homogênea ou heterogênea? Explique sua resposta.

58

TEMA 2: SEPARAÇÃO DE MISTURAS

> As características de uma mistura determinam o método mais adequado para separar as substâncias que a compõem.

MÉTODOS DE SEPARAÇÃO DE MISTURAS

Os métodos de separação de misturas são procedimentos utilizados para separar as fases, ou até mesmo os componentes, que formam uma mistura. Muitas vezes, faz-se necessário utilizar mais de um método de separação para se obter um componente de interesse.

Cada método de separação baseia-se nas diferentes propriedades das fases ou dos componentes da mistura. Alguns desses métodos são a **peneiração**, a **decantação**, a **filtração**, a **evaporação**, a **destilação** e a **centrifugação**.

PENEIRAÇÃO

Misturas de partículas sólidas de diferentes tamanhos podem ser separadas pelo método da peneiração. Nesse processo, a mistura passa por uma peneira que apresenta uma malha com aberturas (orifícios) de tamanho padronizado para reter as partículas que se deseja separar.

A areia apresenta grãos de diferentes tamanhos. Na construção civil, é importante peneirar a areia, porque o tamanho dos grãos influencia diretamente na resistência do concreto (mistura de areia, pedra, cimento e cal).

Misturas de líquidos e partículas sólidas também podem ser separadas no processo de peneiração. Um exemplo, em uma situação cotidiana, é o uso de uma peneira de cozinha para preparar um suco de laranja, ajudando a separar do líquido partes como sementes e bagaço.

DECANTAÇÃO

A decantação é um método que se baseia na diferença de densidade das fases de uma mistura heterogênea. Consiste em deixar a mistura em repouso para que a fase mais densa se deposite no fundo do recipiente (processo de sedimentação); em seguida, uma das fases é transferida para outro recipiente.

EQUIPAMENTO PARA DECANTAÇÃO

Representação da separação da mistura de óleo e água usando um funil de decantação. Após um tempo em repouso, as fases da mistura se separam. Abrindo a torneira do funil, é possível transferir a água para o béquer, mantendo o óleo no funil. (Imagem sem escala; cores-fantasia.)

Elaborado com base em: BUTHELEZI, T. et al. *Chemistry: matter and change.* Ohio: Mc Graw Hill/Glencoe, 2008.

FILTRAÇÃO

A filtração é um método de separação que se baseia na diferença de tamanho das partículas das fases de uma mistura heterogênea. Consiste em passar a mistura por um filtro onde fica retida a parte que apresentar partículas maiores do que os poros (pequenos buracos) do filtro. Podem ser utilizados como filtro: tecido, papel, areia, argila, carvão, entre outros materiais.

A filtração também pode ser utilizada para separar partículas sólidas misturadas com gases. Por exemplo, as partículas sólidas, lançadas no ar por diversas atividades industriais, podem ser retidas nas chaminés por filtros. A utilização desses filtros contribui para diminuir a poluição do ar.

EVAPORAÇÃO

O processo de evaporação pode ser utilizado como método de separação de misturas homogêneas no estado líquido, para se obter os componentes sólidos dissolvidos. Por exemplo, o sal marinho pode ser obtido da água do mar por evaporação. Essa mistura costuma ser disposta em tanques rasos e extensos que ficam expostos ao Sol, esse formato dos tanques facilita a evaporação da água. A água evapora, deixando no tanque os materiais que estavam dissolvidos nela, como o sal marinho.

A evaporação de um líquido torna-se mais favorável com o aumento de temperatura, com a extensão da superfície de contato do líquido com o ambiente e com a ventilação.

DESTILAÇÃO

A destilação baseia-se na diferença de temperatura de ebulição dos componentes de uma mistura.

Na destilação, ocorrem duas mudanças de estado: vaporização e condensação. Nos laboratórios, utiliza-se um aparelho chamado destilador para separar o solvente do soluto de uma solução. Para que esse método seja eficiente, as temperaturas de ebulição dos componentes não podem ter valores próximos.

No procedimento de destilação, a solução é aquecida no balão de destilação. O componente mais volátil, ou seja, o que apresenta menor temperatura de ebulição, vaporiza primeiro e passa pelo condensador, que está a uma temperatura mais baixa por causa do constante fluxo de água (água de refrigeração) que passa por fora dele. No condensador, o vapor perde energia e volta a ser líquido. Esse líquido é recolhido em um frasco ligado ao condensador. Obtém-se, então, a separação da mistura, pois um dos componentes permanece no balão de destilação e o outro, no frasco coletor.

EQUIPAMENTO PARA FILTRAÇÃO

- Mistura
- Sólido retido no filtro
- Líquido filtrado

Representação de um processo de filtração. As partículas sólidas maiores que os poros são retidas no filtro; elas não estavam dissolvidas no líquido. Partículas dissolvidas não são separadas pelo método de filtração. (Imagem sem escala; cores-fantasia.)

Elaborado com base em: BUTHELEZI, T. et al. *Chemistry*: matter and change. Ohio: Mc Graw Hill/Glencoe, 2008.

ESTRUTURA DO DESTILADOR DE LABORATÓRIO

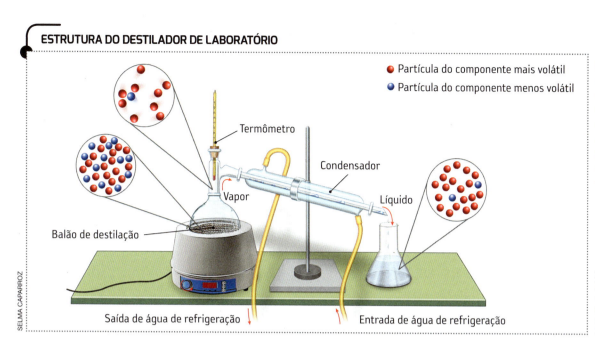

Representação do processo de destilação de uma mistura de duas substâncias não inflamáveis. (Imagem sem escala; cores-fantasia).

Fonte: ATKINS P.; JONES, L. *Princípios de química*: questionando a vida moderna e o meio ambiente. Porto Alegre: Bookman, 2012.

A água de torneira, uma mistura de água e sais minerais, muitas vezes passa pela destilação para ser usada em alguns processos industriais. Mas mesmo essa água destilada ainda não é pura, ou seja, não é formada apenas por moléculas de água, pois o processo de destilação (como a maior parte dos processos de separação de misturas) não é totalmente eficaz, e outras substâncias podem continuar misturadas.

CENTRIFUGAÇÃO

Processos de separação de misturas que dependem da ação da gravidade podem ser demorados. O uso de uma centrífuga facilita a separação dos componentes da mistura e diminui consideravelmente o tempo desses processos.

A centrífuga, assim como nas máquinas de lavar roupa, realiza um movimento de rotação, que gera a força necessária para separar as fases das misturas heterogêneas.

DE OLHO NO TEMA

Considerando uma mistura de areia e sal grosso de cozinha, responda:

1. A mistura é homogênea ou heterogênea?
2. De que maneira podemos obter somente a areia dessa mistura?

MÉTODO DE CENTRIFUGAÇÃO

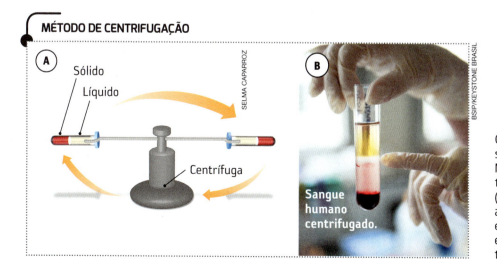

O uso de uma centrífuga permite separar os componentes sanguíneos. No laboratório, a mistura é colocada em um tubo de ensaio e vai para uma centrífuga. (**A**) A rápida rotação da centrífuga separa a mistura em fases distintas. (Imagem sem escala; cores-fantasia.) (**B**) O resultado é a separação das fases do sangue, que se tornam visíveis a olho nu.

ATIVIDADES — TEMAS 1 E 2

ORGANIZAR O CONHECIMENTO

1. Verifique se as frases abaixo estão corretas. Reescreva as que estão incorretas, corrigindo o que for necessário.
   a) O ar é uma mistura formada pelos gases nitrogênio e oxigênio, entre outros.
   b) A água potável é uma substância.
   c) Toda solução é uma mistura homogênea.
   d) Um material homogêneo é sempre uma substância.

2. Quantas fases possui cada sistema a seguir? Justifique, definindo e desenhando o sistema considerado.
   a) Água do mar.
   b) Chá adoçado com pouco açúcar.
   c) Bebida refrigerante.
   d) Mistura de areia, água e óleo.

3. Classifique as misturas listadas abaixo em homogêneas ou heterogêneas. Indique também os métodos adequados para separar os componentes.
   a) Água e areia.
   b) Água e uma pequena quantidade de sal de cozinha.
   c) Ar e partículas sólidas.
   d) Água e óleo de soja.

ANALISAR

4. Classifique as representações a seguir em: substância simples; substância composta; mistura de substâncias simples; mistura de substâncias compostas; mistura de substâncias simples e compostas.

   a)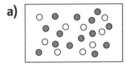
   b)
   c)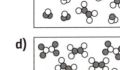
   d)

5. O gráfico apresenta a curva de aquecimento de duas amostras hipotéticas **A1** e **A2**. No início do experimento, as duas amostras encontram-se no estado sólido e, ao final, no estado gasoso.

   - Qual delas é uma substância? Qual delas é uma mistura? Justifique.

   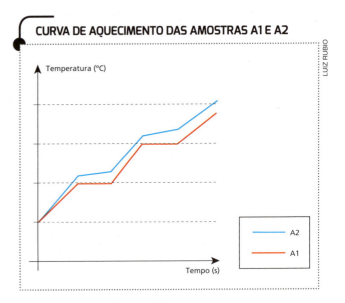

   CURVA DE AQUECIMENTO DAS AMOSTRAS A1 E A2

6. (Enem)

   As centrífugas são equipamentos utilizados em laboratórios, clínicas e indústrias. Seu funcionamento faz uso da aceleração centrífuga obtida pela rotação de um recipiente e que serve para a separação de sólidos em suspensão em líquidos ou de líquidos misturados entre si.

   RODITI, I. *Dicionário Houaiss de física*. Rio de Janeiro: Objetiva, 2005 (adaptado).

   Nesse aparelho, a separação de substâncias ocorre em função
   a) das diferentes densidades.
   b) dos diferentes raios de rotação.
   c) das diferentes velocidades angulares.
   d) das diferentes quantidades de cada substância.
   e) da diferente coesão molecular de cada substância.

7. Reúnam-se em grupos e pesquisem a diferença entre água pura e água potável. Em seguida, pesquisem por que não é recomendado ingerir água de fonte desconhecida. Elaborem um material de divulgação para a comunidade escolar alertando quanto aos cuidados necessários para ingerir água não tratada, relacionando essa atitude com a saúde individual.

EXPLORE
O SAL EVAPORA COM A ÁGUA?

Até agora, foram estudadas algumas técnicas de separação de misturas. Em uma mistura de água e sal que passa por evaporação, será que o sal evapora com a água?

Material

- Copo
- Colher de sopa
- Filme plástico
- Prato fundo
- Água
- Sal de cozinha
- Toalhas de papel

Procedimento

1. Em um copo com água, adicione uma colher de sopa de sal e mexa bem até que todo o sal se dissolva.
2. Transfira a mistura para o prato.
3. Cubra o prato com filme plástico, tomando cuidado para que o plástico não encoste na água.
4. Coloque o prato em um lugar que fique em contato direto com a luz do Sol por pelo menos 15 minutos. Durante o transporte, tenha cuidado para não molhar o plástico. Após esse tempo, leve o prato para um local protegido da luz solar.
5. Aguarde alguns minutos até que se formem gotas de água no filme plástico. Retire-o com cuidado, para que a água formada não caia. Seque essa água com uma toalha de papel, identificando essa toalha como amostra **A**.
6. Com a água que ficou no prato, molhe outra toalha de papel e identifique-a como amostra **B**.
7. Deixe o prato e as toalhas de papel, isto é, as amostras **A** e **B**, com o lado utilizado para secar os líquidos virado para cima, em um lugar coberto e ventilado, por alguns dias, até que sequem completamente. Após a secagem, observe com atenção a superfície do prato e das toalhas de papel.

Transporte cuidadosamente o prato com filme plástico até um local com incidência direta do Sol.

ATIVIDADES

1. Após a secagem do prato e das amostras, quais foram suas observações?
2. Qual é a importância do Sol nesse experimento? E do vento?
3. Depois de realizado o experimento, o que você pode afirmar sobre a evaporação dos componentes da mistura?
4. O Brasil é um grande produtor de sal de cozinha. Com base na sua resposta à pergunta anterior, explique como o clima brasileiro favorece essa produção.
5. A evaporação pode ser usada para separar os componentes de qualquer mistura homogênea? Explique sua resposta.

TEMA 3 — ÁCIDOS, BASES, SAIS E ÓXIDOS

Substâncias podem ser classificadas de acordo com suas propriedades.

Uma das formas de classificar as substâncias é de acordo com seu comportamento químico, ou seja, a maneira como se transformam quimicamente. Também é possível realizar essa classificação com base na composição das substâncias, isto é, com base no tipo de átomo que as formam e no modo como estão ligados uns aos outros. Composição e comportamento químicos estão relacionados entre si.

Vamos considerar as substâncias de origem vegetal e animal, formadas principalmente por carbono (C), geralmente ligado a hidrogênio (H), oxigênio (O) e nitrogênio (N). Há menos de dois séculos acreditava-se que elas não seguiam as mesmas leis químicas das substâncias de origem mineral. Assim, as substâncias foram divididas em **orgânicas** (seres vivos) e **inorgânicas** (minerais), com base na diferença de composição e de comportamento químico. Hoje, porém, sabe-se que substâncias orgânicas e inorgânicas podem reagir de forma semelhante.

Uma das formas de classificar as substâncias inorgânicas é dividi-las em quatro grupos: ácidos, bases, sais e óxidos.

ÁCIDOS

Diversos ácidos estão presentes no nosso dia a dia. Alguns exemplos são o ácido cítrico (no limão e em outras frutas de sabor azedo) e o ácido láctico (nos iogurtes). Alguns ácidos têm grande importância econômica, como o ácido nítrico (HNO_3) e o ácido fosfórico (H_3PO_4), que, além de outras aplicações, são essenciais na produção de fertilizantes.

Os ácidos podem ser definidos de diversas formas. Uma das mais simples considera os ácidos como substâncias moleculares formadas por átomos de hidrogênio e de não metais — por exemplo, o ácido clorídrico (HCl) e o ácido sulfúrico (H_2SO_4). Dissolvendo um ácido na água, algumas ligações químicas das suas moléculas se rompem, e íons H^+ são liberados na solução. Esse processo é chamado **ionização dos ácidos** e é responsável pela acidez da solução.

O processo de ionização de um ácido pode ser representado por uma **equação química**, que apresenta, em fórmulas químicas, as espécies envolvidas na transformação. Deve indicar também seus estados físicos — sólido (s), líquido (l) ou gasoso (g) — ou o meio no qual se encontram, por exemplo, aquoso (aq).

O ácido acético é comercializado para atender laboratórios e indústrias. Ele recebe o nome de ácido acético glacial quando se apresenta em grande proporção na mistura.
O ácido acético é encontrado em proporção menor no vinagre.

Nas crateras do vulcão Dallol existem lagos de águas extremamente ácidas, graças à presença dos ácidos sulfúrico e clorídrico. A presença de elementos como o enxofre (S) e o ferro (Fe) nos minerais dão origem às cores vibrantes da paisagem (Etiópia, 2017).

Nas equações químicas, utiliza-se uma seta para diferenciar as substâncias iniciais das finais. Nesse processo, os átomos não são criados nem destruídos; por isso, nas equações químicas devemos representar a conservação do número de átomos dos elementos químicos envolvidos. Observe a equação a seguir.

$$HCl(aq) \longrightarrow H^+(aq) + Cl^-(aq)$$

Essa equação química representa o processo de ionização do ácido clorídrico (HCl). Em água, as moléculas do ácido clorídrico transformam-se em íons H^+ e Cl^-. Nessas equações, a notação (aq) indica que os íons formados ficam rodeados de moléculas de água, ou seja, em solução aquosa. Note que o número de átomos de hidrogênio (H) e de cloro (Cl) é o mesmo antes e depois da transformação. A molécula de HCl, que tem um átomo de hidrogênio e um átomo de cloro, dá origem a um cátion hidrogênio (H^+) e um ânion cloreto (Cl^-).

BASES

Bases, ou hidróxidos, estão presentes nas cinzas da madeira bem como no sabão alcalino e em outros produtos de limpeza. O hidróxido de magnésio [$Mg(OH)_2$] pode ser encontrado no leite de magnésia, medicamento indicado para diminuir a acidez no estômago.

Algumas bases de importância industrial são: o hidróxido de sódio (NaOH), cujo nome comercial é soda cáustica; o hidróxido de cálcio [$Ca(OH)_2$], presente na cal hidratada; e o hidróxido de amônio (NH_4OH), encontrado na composição das tinturas de cabelo e em produtos de limpeza (nesse caso, é indicado no rótulo com o nome de amoníaco).

A cal hidratada [$Ca(OH)_2$] é largamente empregada na construção civil. Pode entrar na composição da argamassa (mistura de cimento, areia e cal) ou ser aplicada diretamente em pinturas de parede, por exemplo.

Os hidróxidos podem ser classificados como substâncias que, em soluções aquosas, liberam o ânion **OH⁻**, chamado hidroxila. Essas soluções são denominadas soluções básicas ou alcalinas. O ânion **OH⁻** é responsável pelo comportamento básico (ou basicidade) da solução. Essa classificação é uma das mais simples; embora apresente limitações, é suficiente para entendermos algumas propriedades das bases.

COMO AVALIAR O COMPORTAMENTO ÁCIDO-BASE DE UMA SUBSTÂNCIA EM MEIO AQUOSO

A água pura, isenta de substâncias dissolvidas, é considerada neutra, ou seja, não apresenta características ácidas nem básicas.

A acidez ou a basicidade das soluções aquosas pode ser determinada com o uso de equipamentos que fornecem os valores em uma escala chamada **escala de pH** (potencial hidrogeniônico), que geralmente vai de 0 a 14. Quando analisadas nesses aparelhos, a 25 °C, as soluções ácidas apresentam valores de pH menores que 7. Já para as soluções básicas, os valores de pH são maiores que 7. O pH da água e das soluções neutras, por sua vez, é igual a 7. Quanto mais ácida uma solução, menor o valor de seu pH. Quanto mais básica, maior o valor de pH. Pequenas variações na escala de pH indicam grande diferença na acidez ou basicidade de uma substância. Uma substância de pH 5, por exemplo, é 10 vezes mais ácida que uma de pH 6.

Algumas substâncias podem ser utilizadas para indicar o caráter ácido ou básico de uma solução. Por isso, são chamadas de **indicadores ácido-base**. Ao entrarem em contato com a amostra a ser analisada, sofrem alterações em suas composições químicas conferindo determinadas colorações à solução, indicando sua acidez ou basicidade.

INDICADOR NATURAL DE PH

O extrato de repolho-roxo é considerado um indicador ácido-base natural. A substância química responsável por sua cor roxa adquire diferentes colorações, quando em contato com as soluções ácidas ou básicas, que correspondem ao valor de pH indicado nos tubos de ensaio vistos na fotografia.

> **VAMOS FAZER**

INDICADORES ÁCIDO-BASE

Que tal fazer um papel indicador e analisar o caráter ácido ou básico de alguns alimentos?

Material

- Água
- Copo
- Folhas de repolho-roxo
- Bacia plástica
- 1 filtro de papel
- Alimentos que contenham água (por exemplo, frutas com sumo, clara de ovo, leite)
- Peneira
- Tesoura de pontas arredondadas

Procedimento

1. Na bacia plástica, coloque algumas folhas picadas de repolho-roxo de molho em água (de cinco a dez folhas para cada copo de água) por algumas horas, até que a água adquira cor. Passe essa mistura pela peneira para obter uma solução.
2. Molhe o filtro de papel nessa solução e deixe secar.
3. Corte-o em tiras e encoste-as nos alimentos escolhidos para determinar se eles são ácidos ou básicos.

Atividades

1. O que aconteceu com as tiras de papel? Explique suas observações.
2. Explique de que maneira, utilizando o papel indicador produzido, você pode concluir quais alimentos apresentam caráter básico e quais apresentam caráter ácido.

REAÇÃO QUÍMICA ENTRE ÁCIDOS E BASES

Quando uma substância é transformada em outra, dizemos que ela passou por uma **reação química**.

Nas reações químicas, os átomos se reorganizam formando compostos químicos diferentes dos iniciais. Podemos identificar a ocorrência de uma reação química por meio de algumas evidências, como alteração de cor ou liberação de gás. No entanto, nem sempre há evidências perceptíveis pelos sentidos.

Para que as reações químicas aconteçam, é necessário que haja contato entre as partículas das substâncias participantes, e que algum tipo de energia (térmica, elétrica, luminosa) esteja envolvido.

Nas reações químicas, as substâncias que se têm no início são chamadas **reagentes**, e as obtidas, **produtos**. Os produtos formados apresentam propriedades diferentes das dos reagentes.

Em geral, quando um ácido entra em contato com uma base, ocorre uma reação química em que se formam água e um sal. Esse processo chama-se **reação de neutralização**. A equação a seguir representa a reação de neutralização entre ácido clorídrico e hidróxido de sódio em solução aquosa.

$$HCl(aq) + NaOH(aq) \longrightarrow$$
$$H_2O(l) + NaCl(aq)$$

$$\text{Ácido + Base} \longrightarrow \text{Água + Sal}$$

Como produtos dessa reação, temos a água e o cloreto de sódio (NaCl). Note que, como o NaCl está em solução aquosa, ele se encontra na forma de íons Na^+ e Cl^-. O cloreto de sódio é uma substância iônica formada pelo cátion (Na^+) e pelo ânion (Cl^-).

SAIS

Sais são substâncias formadas pela ligação iônica entre cátions (metais) e ânions (não metais), com exceção dos íons O^{2-}, OH^- ou H^+. Todos os sais são encontrados em estado sólido nas condições de pressão e temperatura do ambiente.

Um exemplo de sal é o cloreto de sódio (NaCl), que pode ser formado pela reação entre HCl e NaOH e é solúvel em água. Outros exemplos são o hidrogenocarbonato de sódio ($NaHCO_3$), popularmente conhecido como bicarbonato de sódio e utilizado como antiácido estomacal, e o fosfato de cálcio [$Ca_3(PO_4)_2$], uma das substâncias que compõem os ossos.

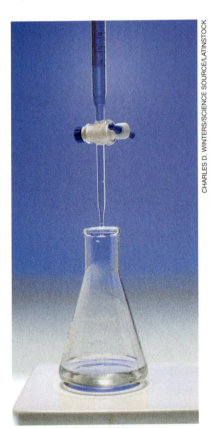

A imagem mostra uma solução ácida sendo gotejada em uma solução básica. Neste processo, ocorre a reação de neutralização. Nem todas as reações químicas têm evidências visuais.

Nem todo sal é transparente ou branco como o cloreto de sódio. Alguns podem apresentar diferentes colorações, principalmente os sais formados por cátions de metais de transição.

Alguns sais são pouco solúveis em água e, nesse caso, apenas uma pequena parte da substância se dissolve em água. Um exemplo de sal pouco solúvel é o sulfato de bário ($BaSO_4$). Uma **suspensão** contendo esse sal é usada como contraste em exames de raios X do intestino, por exemplo. O paciente ingere um produto com $BaSO_4$ que, não sendo absorvido pela corrente sanguínea, se acumula no sistema digestivo, permitindo a visualização de determinados órgãos nas radiografias.

Suspensão: em química, mistura heterogênea com fases que se separam espontaneamente pela ação da gravidade.

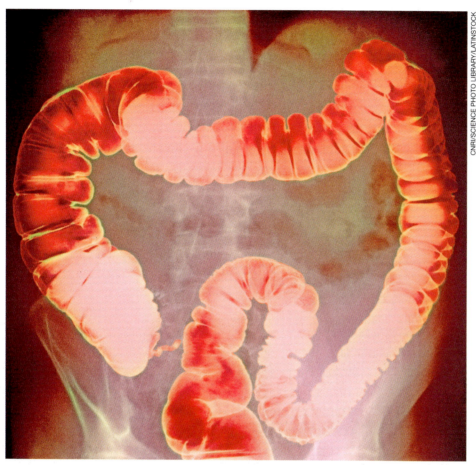
Imagem de raios X colorizada artificialmente. O contraste contendo sulfato de bário é uma técnica que possibilita a melhor visualização do sistema digestório do paciente.

ÓXIDOS

Os óxidos são substâncias resultantes da união entre o elemento químico oxigênio e outro elemento químico qualquer, com exceção do flúor. Eles estão presentes nos mais diversos ambientes naturais. Também podem ser obtidos por meio de reações químicas em laboratório, ou seja, podem ser **sintetizados**. A água (H_2O), o gás carbônico (CO_2) presente no ar e o dióxido de silício (SiO_2) presente na areia são exemplos de óxidos.

Alguns óxidos, como o dióxido de titânio (TiO_2) e os óxidos de ferro (FeO, Fe_2O_3), são utilizados como pigmentos em cosméticos.

O trióxido de enxofre (SO_3) e o dióxido de nitrogênio (NO_2) são exemplos de óxidos que podem ser produzidos pela queima de derivados do petróleo, como o óleo diesel. Esses óxidos são encontrados no estado gasoso, em temperatura ambiente, e são poluentes da atmosfera. A equação a seguir representa a reação entre o gás trióxido de enxofre e a água da chuva.

$$\underset{\text{Trióxido de enxofre}}{SO_3(g)} + H_2O(l) \longrightarrow \underset{\text{Ácido sulfúrico}}{H_2SO_4(aq)}$$

Observe que nessa reação ocorre a produção de ácido sulfúrico. Esse ácido altera o pH das gotículas de água que formam a chuva, contribuindo para a chuva ácida. Outros óxidos poluentes, como o dióxido de nitrogênio, reagem de maneira semelhante, formando ácidos e contribuindo para a formação da chuva ácida.

ENTRANDO NA REDE

No endereço **http://mod.lk/maxxy** é possível aprender um pouco mais sobre a formação da chuva ácida.

Acesso em: jul. 2018.

SAIBA MAIS!

Os óxidos e as pinturas rupestres

As pinturas rupestres são criações artísticas pré-históricas, sendo a maioria delas feita com pigmentos naturais ricos em óxidos de ferro, de manganês e também de outros minerais, em paredes e tetos de cavernas. Acredita-se que essas representações tinham função utilitária e não decorativa, uma vez que essas cavernas ficam, na maioria das vezes, em locais de difícil acesso. Elas representam animais selvagens, pessoas em situações de caça e símbolos abstratos.

No Parque Nacional da Serra da Capivara, no Piauí, as pinturas rupestres registram a evolução cultural dos grupos étnicos que habitaram a região há cerca de 12 mil anos.

Detalhe de pinturas rupestres na Toca do Boqueirão da Pedra Furada (São Raimundo Nonato, PI, 2015).

DE OLHO NO TEMA

O gás dióxido de carbono (CO_2) é encontrado naturalmente na atmosfera. Em altas concentrações, esse gás também é considerado poluente, pois contribui para o aumento da acidez da água da chuva. Dada a equação que representa a reação do CO_2 com a água, responda:

$$CO_2(g) + H_2O(l) \longrightarrow H_2CO_3(aq)$$

- Em uma região livre de poluição, onde não há fábricas nem carros emitindo gases poluentes, espera-se que o valor de pH da água da chuva seja maior, menor ou igual a 7? Por quê?

TEMA 4 — AS REAÇÕES QUÍMICAS

Substâncias podem se transformar em outras por meio de reações químicas.

UM NOVO ARRANJO DE ÁTOMOS

Uma reação química ocorre quando são rompidas as ligações químicas entre os átomos dos reagentes e um novo arranjo de átomos é formado, gerando os produtos, substâncias diferentes das iniciais.

A seguir, vamos representar a reação do enxofre com o gás oxigênio de duas maneiras: equação química e modelo de partículas.

REAÇÃO QUÍMICA ENTRE ENXOFRE E GÁS OXIGÊNIO

Equação química: $S(s) + O_2(g) \longrightarrow SO_2(g)$

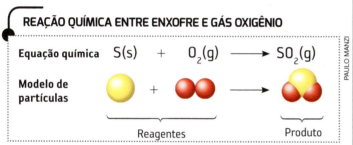

Modelo de partículas — Reagentes → Produto

Representação da reação química entre o enxofre (S) e gás oxigênio (O_2). (Imagem sem escala; cores-fantasia.)

A equação pode ser interpretada como: o enxofre no estado sólido reage com o gás oxigênio e produz o gás dióxido de enxofre (SO_2).

Observe pelo modelo de partículas que o produto formado apresenta uma combinação de átomos diferente da dos reagentes iniciais, porém os átomos envolvidos são os mesmos e nas mesmas quantidades. **Em todas as reações químicas ocorrem rearranjos de átomos, mas o seu número se conserva. Por esse motivo, a massa também se conserva.**

ALGUNS TIPOS DE REAÇÃO QUÍMICA

Assim como as substâncias, as reações químicas podem ser classificadas segundo as características que apresentam em comum. Uma reação em que duas ou mais substâncias produzem uma única nova substância é chamada de **síntese**. É o caso, por exemplo, da reação do enxofre com o gás oxigênio. Já uma reação em que uma substância produz duas ou mais novas substâncias é chamada de **decomposição**. Por exemplo, o carbonato de chumbo ($PbCO_3$), quando aquecido a altas temperaturas, decompõe-se em dois produtos: o óxido de chumbo (PbO) e o dióxido de carbono (CO_2).

$$PbCO_3(s) \longrightarrow PbO(s) + CO_2(g)$$

Já estudamos também um dos principais tipos de reação química, a **reação de neutralização**. A seguir, apresentaremos dois outros importantes grupos de reações: as **reações de oxirredução** e as de **combustão**.

Durante a noite, a queima dos gases sulfurosos do vulcão indonésio Kawah Ijen forma chamas azuis. A queima do enxofre é resultado de sua reação com o gás oxigênio, com produção de chama e calor (Indonésia, 2016).

REAÇÃO DE OXIRREDUÇÃO

Quando uma espécie química é **oxidada**, significa que ela transferiu elétrons para outra que necessariamente é **reduzida**, recebendo elétrons; por isso, essas reações recebem o nome de **oxirredução**.

As reações de oxirredução são muito comuns, em função da abundância de gás oxigênio na atmosfera e da facilidade com que ele reage com outros materiais, formando óxidos.

Um prego de ferro enferruja porque o metal reage com o gás oxigênio presente na atmosfera e produz os óxidos metálicos que compõem a ferrugem. Na reação de oxirredução que causa a ferrugem, os átomos de ferro transformam-se nos íons Fe^{2+} e Fe^{3+} em virtude da transferência de elétrons para os átomos de oxigênio. Os átomos de oxigênio se transformam em íons O^{2-}. Nesse caso, o ferro é oxidado e o oxigênio é reduzido.

A ferrugem do prego é produto de várias reações químicas que envolvem a oxirredução entre o ferro que compõe o prego, o gás oxigênio e a água presentes na atmosfera.

REAÇÃO DE COMBUSTÃO

Reações de uma substância com gás oxigênio em que há liberação de energia são denominadas reações de combustão. Essa energia pode ser liberada na forma de calor e luz, que podem formar chama.

As reações de combustão são importantes porque podem ser aplicadas a diversas finalidades, como aquecer alimentos e iluminar ambientes.

Nessas reações, as substâncias que queimam são chamadas combustíveis. O gás butano, a gasolina, o óleo diesel e outros derivados do petróleo, bem como a madeira, o papel, o etanol (álcool combustível) e o carvão, são exemplos de combustíveis.

A queima dos combustíveis geralmente produz gás carbônico e água. Também podem ser gerados outros produtos, como o monóxido de carbono (CO) e fuligem (C).

Para apagar incêndios, podem ser utilizados extintores com gás carbônico (dióxido de carbono - CO_2). O jato de gás carbônico ocupa o lugar do gás oxigênio presente na atmosfera. Sem o gás oxigênio, a reação de combustão termina e o fogo se extingue (Malásia, 2016).

EQUAÇÕES QUÍMICAS E BALANCEAMENTO DE EQUAÇÕES

Uma **equação química** representa as transformações químicas, bem como as condições em que elas ocorrem, através de símbolos. A conservação dos átomos também é representada por equações químicas, sendo que o número de átomos de cada elemento químico deve ser igual nos reagentes e nos produtos.

O exemplo a seguir mostra como determinar a equação química que representa a reação entre o gás hidrogênio, $H_2(g)$, e o gás oxigênio, $O_2(g)$, com formação de água, $H_2O(l)$.

Em uma equação química, os reagentes e os produtos são expressos por suas fórmulas e respectivos estados físicos:

$$H_2(g) + O_2(g) \longrightarrow H_2O(l)$$

Para que o número de átomos dos reagentes seja igual ao número de átomos dos produtos, devemos **balancear** a equação, acertando os **coeficientes estequiométricos** de reagentes e produtos, ou seja, a proporção em que cada um deles interage na reação. Para representar esse balanceamento, colocamos um coeficiente à frente das fórmulas químicas dos reagentes e dos produtos, isto é, um número que multiplica as fórmulas químicas para garantir que os átomos envolvidos estejam em igual quantidade nos reagentes e nos produtos. Para a reação acima, esse coeficiente é o número 2, colocado à frente das fórmulas do gás hidrogênio e da água (veja o quadro a seguir).

REAÇÃO QUÍMICA ENTRE GÁS HIDROGÊNIO E GÁS OXIGÊNIO

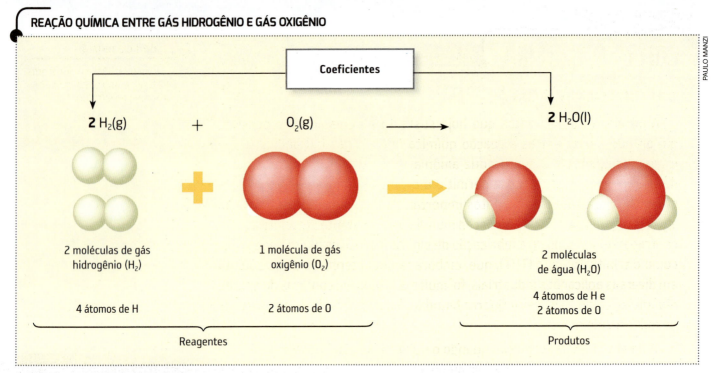

A equação pode ser interpretada da seguinte maneira: a reação representada ocorre na proporção de duas moléculas de hidrogênio gasoso para cada molécula de oxigênio gasoso que formam duas moléculas de água líquida. (Imagem sem escala; cores-fantasia.)

Balanceamento de equações químicas

Simulador interativo para exercitar o balanceamento de equações químicas, com o preenchimento dos coeficientes estequiométricos dos exemplos de reações.

CÁLCULO DA MASSA DE REAGENTES E DE PRODUTOS

A proporção estequiométrica em uma reação química se reflete na proporção da massa de reagentes e produtos. Por exemplo, a reação de 4 gramas de gás hidrogênio (H_2) com 32 gramas de gás oxigênio (O_2) produz 36 gramas de água (H_2O). O uso de 8 gramas de gás hidrogênio consome o dobro de gás oxigênio e leva à formação de uma massa de água duas vezes maior.

Note que a proporção da massa entre os reagentes é sempre 1 : 8, ou seja, 1 parte de gás hidrogênio para 8 partes de gás oxigênio. Observe também que a soma das massas dos reagentes é igual à soma das massas dos produtos, em razão da conservação dos átomos.

Conhecer a proporção entre reagentes e produtos e o rendimento de uma reação é importante em diversas áreas tecnológicas. Na indústria, por exemplo, para produzir determinada substância, é interessante que se saiba exatamente as quantidades de matérias-primas a serem empregadas para que não haja desperdício e para que seja possível programar a compra e o estoque dos reagentes utilizados.

	$2 H_2$ (g)	+	O_2 (g)	→	$2 H_2O$ (l)
Quantidade em massa	4 g	reage com	32 g	produz	36 g
	(× 2) 8 g		(× 2) 64 g		(× 2) 72 g

COLETIVO CIÊNCIAS

Trilha de estudo
Vai estudar? Nosso assistente virtual no *app* pode ajudar!
<http://mod.lk/tr9u02>

Dos alimentos às armas

A produção de alimentos que hoje sustenta a humanidade é possível, em grande parte, graças à reação química entre o gás hidrogênio (H_2) e o gás nitrogênio (N_2), que produz amônia (NH_3), conhecida como síntese de Haber-Bosch. Essa síntese permitiu o desenvolvimento de fertilizantes nitrogenados sintéticos, produtos importantes para aumentar a produção agrícola e abastecer uma população mundial em constante crescimento. Em contrapartida, viabilizou a fabricação de alguns explosivos muito poderosos, como o trinitrotolueno (TNT), que, embora também tenha se mostrado útil em diversas aplicações industriais, foi muito utilizado em conflitos de grande dimensão, como a Primeira Guerra Mundial, estando envolvido em dezenas de milhares de mortes.

Toda essa história começou quando o químico alemão Fritz Haber (1868-1934) recebeu o desafio de obter amônia em escala industrial a partir dos gases hidrogênio e nitrogênio. Trata-se de um desafio, pois esses gases não reagem entre si facilmente. Porém, os experimentos de Haber comprovaram que era possível alcançar o objetivo ajustando parâmetros como temperatura e pressão da reação. Por esse feito, Haber recebeu o prêmio Nobel de Química em 1918.

Entretanto, a técnica de produção de amônia de Haber apresentava um rendimento muito baixo. Foi o engenheiro metalúrgico alemão Carl Bosch (1874-1940) quem conseguiu dar continuidade aos experimentos de Haber e tornar mais eficiente a produção industrial de amônia e, por esse motivo, também recebeu o Prêmio Nobel de Química, em 1931.

Essa síntese foi o primeiro processo industrial a utilizar altas pressões para aumentar a eficiência de uma reação. Ela pode aumentar mais de 330 vezes o valor da pressão atmosférica. Também é utilizado um catalisador, um tipo de material que facilita a ocorrência de reações químicas.

Químico inspecionando compressor utilizado na síntese de amônia. Esse tipo de aparelho permite gerar as altas pressões necessárias no processo (Estados Unidos, década de 1950).

DE OLHO NO TEMA

O principal componente da palha de aço é o ferro. Após queimar uma amostra de palha de aço em um recipiente aberto, um pesquisador observou que a massa inicial era menor que a massa final obtida. Observe a equação que representa a reação de combustão da palha de aço:

$$2\ Fe(s)\ +\ O_2(g)\ \longrightarrow\ 2\ FeO(s)$$

Ferro — Gás oxigênio — Óxido de ferro

- Explique por que a massa final é maior que a massa inicial da amostra.

BACTÉRIAS MINERADORAS

As bactérias, geralmente, são relacionadas às doenças. No entanto, esses microrganismos têm sido cada vez mais utilizados em diversas atividades humanas, como na indústria. Da produção de queijos e vinagres à de vacinas, antibióticos e combustíveis, entre tantas outras aplicações, as biotecnologias têm beneficiado muitas pessoas. Veja como as bactérias auxiliam na indústria da mineração.

MÉTODO TRADICIONAL

Método tradicional
Para extrair o metal, os minérios são colocados em fornos de alta temperatura. O metal é derretido e separado da rocha. Montanhas de minério triturado são geradas como rejeito desse processo. Nesses rejeitos ainda há certa quantidade do metal – e é aí que pode entrar o trabalho das bactérias mineradoras.

Na natureza, ouro, níquel, cobre e outros metais podem ser encontrados incrustados em rochas; eles são chamados minérios.

BIOMINERAÇÃO

Biomineração
Bactérias biomineradoras vivem naturalmente nos minérios, usando como alimento alguns componentes dessas rochas. Na biomineração, são usados processos que estimulam a ação metabólica dessas bactérias. Esse processo pode ser usado para separar metais como ouro, níquel e cobre.

1 Ambiente ácido

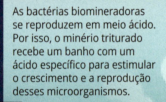

As bactérias biomineradoras se reproduzem em meio ácido. Por isso, o minério triturado recebe um banho com um ácido específico para estimular o crescimento e a reprodução desses microorganismos.

Alguns microrganismos vivem em condições adversas para a maioria dos seres vivos. Há bactérias, por exemplo, que vivem em lugares com muito sal ou com temperatura muito alta ou muito baixa.

2. Bactérias, mãos à obra!

As bactérias formam colônias ao redor do minério e começam a trabalhar. Elas consomem certos componentes das rochas e produzem ácido sulfúrico.

ILUSTRAÇÃO: GUS MORAIS

3. Caldinho metálico

O ácido sulfúrico auxilia na liberação do metal contido na rocha, resultando em um tipo de caldo metálico com alta concentração desse material.

4. Solidificação do metal

Em um tanque fechado, o caldo metálico passa por tratamentos que fazem com que o metal volte ao estado sólido.

Atualmente, 20% do cobre e 3% do ouro produzidos no mundo já são extraídos por biomineração.

ATIVIDADES

1. Os metais são importantes para muitas atividades humanas. O processo de obtenção deles é bastante trabalhoso e caro. Usando dados do infográfico, justifique a importância das bactérias mineradoras.

2. As bactérias biomineradoras foram representadas de maneira caricata, aproximando-as de estruturas e atividades humanas. Em que partes da imagem você identifica essas aproximações?

Fontes: IBGE. *Censo demográfico 2010*: características da população e dos domicílios. Disponível em: <http://mod.lk/6rttb>; IBGE. *Síntese de indicadores sociais* – uma análise das condições de vida da população brasileira 2016. Disponível em: <http://mod.lk/lzi6g>. Acessos em: jul. 2018.

ATIVIDADES — TEMAS 3 E 4

ORGANIZAR O CONHECIMENTO

1. As equações químicas a seguir representam as transformações químicas de algumas substâncias quando em contato com a água. Analise cada uma delas e classifique o reagente em ácido ou base.

   a) $Mg(OH)_2(s) \xrightarrow{\text{água}} Mg^{2+}(aq) + 2\ OH^-(aq)$

   b) $HF(aq) \xrightarrow{\text{água}} 2\ H^+(aq) + F^-(aq)$

   c) $Ba(OH)_2(s) \xrightarrow{\text{água}} Ba^{2+}(aq) + 2\ OH^-(aq)$

   d) $HNO_3(l) \xrightarrow{\text{água}} NO_3^-(aq) + H^+(aq)$

2. Qual das reações a seguir não está balanceada corretamente?

   a) $2\ H_2O \longrightarrow 2\ H_2 + O_2$

   b) $C_6H_{12}O_6 + 6\ O_2 \longrightarrow 6\ CO_2 + 6\ H_2O$

   c) $C_2H_6O + 3\ O_2 \longrightarrow 2\ CO_2 + 3\ H_2O$

   d) $C_{12}H_{22}O_{11} \longrightarrow 12\ C + 22\ H_2O$

3. A equação de combustão do gás metano (CH_4) é dada a seguir. Identifique os reagentes e os produtos e corrija os coeficientes da equação.

   $$CH_4(g) + O_2(g) \longrightarrow CO_2(g) + H_2O(l)$$

ANALISAR

4. Em cada reação química representada a seguir, indique se ocorre a formação de um ácido, uma base, um sal ou um óxido.

   a) $4\ NO_2(g) + 2\ H_2O(l) + O_2(g) \longrightarrow 4\ HNO_3(aq)$

   b) $S(s) + O_2(g) \longrightarrow SO_2(g)$

   c) $Ba(OH)_2(aq) + H_2SO_4(aq) \longrightarrow 2\ H_2O(l) + BaSO_4(aq)$

   d) $Na_2O(s) + H_2O(l) \longrightarrow 2\ NaOH(aq)$

5. Leia e faça o que se pede.

   O pH é um parâmetro que indica a acidez de uma solução. Quanto menor o valor do pH, maior a acidez. Materiais com pH maior que 7 são chamados básicos ou alcalinos. Na tabela abaixo estão registrados os resultados de um teste de pH feito em diferentes materiais.

Material	pH	Material	pH
Tomate	3	Sabonete	10
Morango	3-4	Xampu	7-8
Mamão papaia	5-6	Condicionador	5
Café	6	Limpa-vidros	9
Refrigerante	3	Água da chuva	5
Creme dental	6-7	Água da torneira	5-6

   a) Analisando os valores de pH, escreva, em ordem crescente de acidez, os materiais da tabela.

   b) Que materiais da tabela apresentam caráter básico?

   c) Quais deles podem ser considerados praticamente neutros?

6. O gás hidrogênio é utilizado como combustível em alguns modelos de automóveis. Para garantir a queima de 20 kg desse gás, qual a massa de gás oxigênio necessária? Utilize as informações apresentadas no Tema 4 e justifique mostrando seus cálculos.

7. Analise a equação e faça o que se pede.

   $$HCl + KOH \longrightarrow KCl + H_2O$$

   a) A equação está balanceada? Qual é a proporção dos reagentes envolvidos?

   b) Determine qual substância é o ácido, qual é a base e qual é o sal.

   c) De que maneira essa reação química pode ser classificada?

COMPARTILHAR

8. Os refrigerantes são bebidas ácidas. Ao serem ingeridas, essas substâncias provocam a diminuição do pH da boca, o que pode causar o aparecimento de cáries e outros problemas bucais. Esse desgaste pode ser piorado se escovarmos os dentes logo após a ingestão de alimentos ou bebidas ácidas, pois o atrito da escova com os dentes, na presença de ácido, provoca um desgaste maior do esmalte dos dentes. Segundo os dentistas, deve-se esperar 30 minutos para escovar os dentes após ingerir bebidas e alimentos ácidos. Reúnam-se em grupos e pesquisem sobre os problemas bucais causados pelo consumo excessivo de refrigerantes, inclusive os que não contêm açúcar, e como evitá-los. Elaborem um guia com essas informações e divulguem-no para a comunidade escolar, por meio de um *blog* ou de redes sociais.

PENSAR CIÊNCIA

Quem quer ser cientista?

Cientistas podem estudar coisas tão pequenas que não conseguimos enxergar, ou tão gigantescas que nem conseguimos imaginar. Podem investigar o corpo humano, o DNA das plantas, a composição química das estrelas. Mas cientistas são gente como a gente, comem, conversam, se divertem, dormem. Por isso, muitas vezes seu objeto de estudo pode estar diretamente relacionado às situações do cotidiano – e qualquer pessoa pode identificá-lo.

Foi o caso de Joana Meneguzzo Pasquali, aluna do ensino médio Colégio Mutirão de São Marcos, no Rio Grande do Sul. Ela viu, nos noticiários locais, que as indústrias de leite de sua região estavam misturando ao produto substâncias tóxicas que fazem mal à saúde humana. Começou, então, a pensar numa solução e, com a ajuda de uma professora, desenvolveu um teste capaz de detectar a fraude. Com esse projeto, chamado fitas Detectox, Joana recebeu, aos 17 anos, o Prêmio Jovem Cientista.

Joana Meneguzzo Pasquali, vencedora do Prêmio Jovem Cientista na categoria estudante de ensino médio, apresenta o seu Detectox. O dispositivo é capaz de identificar a presença de produtos tóxicos no leite.

[...]

Para identificar possíveis fraudes no leite vendido em sua cidade, ela montou um teste simples: um pedaço de filtro de café embebido com reagentes químicos que indicam a presença de substâncias indesejadas. Assim, para testar determinada amostra de leite, basta pingar uma gota do líquido sobre a fita de teste. Se houver adulteração, o papel muda de cor.

"O leite é um dos alimentos básicos da alimentação, por isso é importante para a população controlar a sua qualidade", destaca Joana. "Sabendo que o consumidor possui uma forma de descobrir as fraudes, as empresas ficarão desencorajadas para realizar as adulterações".

[...]

Fonte: LOPES, E. Quem quer ser cientista? *Ciência Hoje das Crianças*, 3 jun. 2015. Disponível em: <http://mod.lk/fe4a3>. Acesso em: jul. 2018.

ATIVIDADE

- O texto diz que os cientistas são "gente como a gente". Essa imagem coincide com os cientistas que são mostrados pela ficção em filmes, desenhos animados e outras obras? Como são essas personagens? A ficção contribui para que um jovem se considere capaz de seguir carreira científica? Converse com seus colegas.

ATITUDES PARA A VIDA

O desastre ambiental em Mariana (MG)

Em novembro de 2015, o rompimento de uma barragem de rejeitos de mineração na cidade de Mariana (MG) provocou um dos maiores desastres ambientais da história, com o agravante da morte de 19 pessoas.

(**A**) Foz do rio Doce, no município de Linhares, ES. A lama chegando ao mar após o rompimento da barragem (2015). (**B**) Na fotografia do rio Doce, tirada um ano depois, em 2016, na cidade de Mariana, ainda se percebe a presença de lama misturada à água.

CONSEQUÊNCIAS AMBIENTAIS DO DESASTRE

Morte de grande parte dos peixes do rio Doce (26 espécies). Após 2 anos, pesquisadores encontraram apenas 4 espécies vivendo no rio (Resplendor, MG, 2015).

Destruição das matas ciliares, que abrigam animais e previnem a erosão (Barra Longa, MG, 2016).

Segundo cientistas, a lama pode ter levantado material contaminado que estava depositado no fundo do rio, fruto de séculos de exploração da mineração na região (Santa Cruz do Escalvado, MG, 2016).

Uma parte muito fina da lama, que ficou em suspensão na água, está sendo carregada pelas correntes marinhas e pode chegar a regiões de ecossistemas frágeis, como os corais. Já foram detectadas partículas de minério de ferro em Abrolhos (Caravelas, BA, 2016).

A empresa responsável pela barragem rompida produz pelotas de minério de ferro, que posteriormente vão para indústrias siderúrgicas, onde é produzido o aço. O minério de ferro é composto por uma substância chamada hematita, de fórmula Fe_2O_3. Nas siderúrgicas, a hematita é transformada em ferro por meio da seguinte reação:

$$Fe_2O_3(s) + 3\ CO(g) \longrightarrow 2\ Fe(l) + 3\ CO_2(g)$$

Para se transformar nas pelotas, o minério de ferro extraído da jazida passa por um processo de beneficiamento, em que são retiradas as substâncias que não têm interesse econômico. Eram essas substâncias, chamadas de rejeitos, que estavam misturadas à lama contida pela barragem. Segundo informações veiculadas pela empresa, essa lama é uma mistura de água, areia e minério de ferro.

Elaborado com base em: MOTA, C. V. Após dois anos, impacto ambiental do desastre em Mariana ainda não é totalmente conhecido. *BBC Brasil*, 5 nov. 2017. Disponível em: <http://mod.lk/ep1bm>. Acesso em: jul. 2018.

A parte mais densa dos rejeitos soterra o fundo e prejudica a vida dos organismos que vivem ali, como os bentos. A parcela mais fina, que chega a ter a consistência de um gel, diminui a penetração de luz e afeta o processo de fotossíntese do plâncton, ao mesmo tempo em que altera as condições químicas da água. Na imagem, microrganismos do plâncton. (Imagem obtida em microscópio óptico e ampliada cerca de 160 vezes.)

APLICAÇÕES PARA O REJEITO DE MINÉRIO DE FERRO COMO MATÉRIA-PRIMA

 Ladrilhos hidráulicos

 Blocos pré-moldados (para pavimentação intertravada ou blocos de alvenaria)

 Artefatos cerâmicos (blocos estruturais, tijolos de vedação etc.)

 Sais férricos para saneamento básico

 Pigmento para tintas

Bentos: organismos aquáticos que vivem no fundo de rios, lagos e mares.

Fonte: SAMARCO. Aproveitamento de rejeitos. Disponível em: <http://mod.lk/o54et>. Acesso em: jul. 2018.

TROCAR IDEIAS SOBRE O TEMA

1. Quais são as providências que podem ser tomadas para evitar um desastre como o que ocorreu em Mariana?

2. Caso algum acidente ou desastre ocorra, o que pode ser feito para que as consequências sejam minimizadas?

3. Tente lembrar de situações no seu dia a dia que representavam perigo e atitudes suas que preveniram um possível acidente.

   Nessas atividades, é importante **questionar e levantar problemas**:
   - Quais são os possíveis problemas que uma atividade pode gerar?
   - Que maneiras existem para evitar que esses problemas ocorram?
   - Caso esses problemas aconteçam, como eles podem ser remediados?

COMO EU ME SAÍ?

- Pensei em formas de prevenir problemas ou minimizar suas consequências?
- Consegui levantar problemas das situações analisadas?
- Consegui sintetizar as informações apresentadas para avaliar a gravidade do desastre?

COMPREENDER UM TEXTO

ACIDIFICAÇÃO DOS OCEANOS AFETA PRATICAMENTE TODA A VIDA MARINHA, ALERTA RELATÓRIO

O aumento das concentrações de dióxido de carbono (CO_2) na atmosfera está tornando as águas dos oceanos mais ácidas, e esse fenômeno afetará toda a vida marinha. Esse é o alerta dado por um relatório produzido ao longo de oito anos por mais de 250 cientistas [...].

As águas mais ácidas irão prejudicar principalmente os filhotes, gerando impacto direto nas futuras populações de peixes, corais e outras espécies marinhas. Entre os dados, os pesquisadores sugerem, por exemplo, que o número de bacalhaus que alcançarão a fase adulta deve cair para apenas um quarto ou até um doze avos dos níveis atuais.

O documento foi produzido pelo instituto Biological Impacts of Ocean Acidification, com sede na Alemanha, e mostra que os efeitos negativos da acidificação dos mares serão amplificados pelas mudanças climáticas, desenvolvimento das áreas costeiras, poluição, sobrepesca e uso de fertilizantes na agricultura.

A pesca predatória contribui para as consequências negativas da acidificação dos oceanos. Alguns países podem receber embargos comerciais devido a esse tipo de atividade. Na foto, pescadores escolhem peixes em mercado na Tailândia, em 2016. O país precisou rever regras e tomar medidas para combater a pesca ilegal (Tailândia, 2016).

O processo de acidificação ocorre porque o CO_2 se dissolve na água do mar, produzindo ácido carbônico na reação. E este ácido reduz o pH da água. Desde o início da Revolução Industrial, o pH médio das águas superficiais dos oceanos caiu de 8,2 para 8,1. Isso representa um aumento na acidez em aproximadamente 26%.

— A acidificação afeta a vida marinha em todos os grupos, mas em diferentes níveis. Corais de águas mornas são geralmente mais sensíveis que os de água fria. Moluscos e caracóis são mais sensíveis que os crustáceos — explicou Ulf Riebesell, líder das pesquisas [...]. — E nós descobrimos que vidas em estágio inicial são geralmente mais afetadas que organismos adultos.

Os cientistas envolvidos no projeto estudam desde 2009 os efeitos da acidificação sobre criaturas marinhas em diferentes estágios de desenvolvimento, como essas reações reverberam na cadeia alimentar marinha e quais desafios podem ser mitigados pela adaptação evolutiva. Alguns estudos foram realizados em laboratório, enquanto outros foram conduzidos no Mar do Norte, no Báltico, no Ártico e em Papua Nova Guiné.

Uma síntese com mais de 350 publicações científicas revela que quase metade das espécies marinhas testadas reagiram negativamente a um aumento moderado nas concentrações de CO_2 na água. As pesquisas demonstraram que os filhotes de bacalhau do Atlântico, mexilhões, estrelas-do-mar, ouriços-do-mar e borboletas-do-mar são particularmente afetados.

[...]

— Mesmo que um organismo não seja afetado diretamente pela acidificação, ele deve ser afetado indiretamente pelas mudanças no *habitat* e na cadeia alimentar — alertou Riebesell. — E no fim, essas mudanças afetarão muitos serviços que os oceanos nos fornecem.

Fonte: O GLOBO. Acidificação dos oceanos afeta praticamente toda a vida marinha, alerta relatório. *O Globo*, 23 out. 2017. Disponível em: <http://mod.lk/nfokt>. Acesso em: jul. 2018.

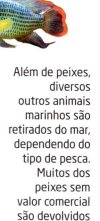

Além de peixes, diversos outros animais marinhos são retirados do mar, dependendo do tipo de pesca. Muitos dos peixes sem valor comercial são devolvidos mortos ou feridos ao mar.

Sobrepesca: é a pesca realizada acima das quantidades estabelecidas pelos órgãos ambientais, que não permite que a reprodução seja suficiente para manter a população de peixes e outros organismos marinhos. Também é chamada de pesca predatória.
Reverberar: refletir.
Mitigados: suavizados.

ATIVIDADES

OBTER INFORMAÇÕES

1. O que está causando o aumento da acidez da água dos oceanos?

2. Quais são os fatores que podem amplificar o efeito da acidificação dos oceanos?

3. Por que todos os organismos que vivem nos oceanos serão afetados pela acidificação?

INTERPRETAR

4. O que acontecerá com o valor do pH da água se os níveis de CO_2 na atmosfera continuarem a subir? Justifique sua resposta.

5. Quais são as consequências econômicas e sociais para o ser humano se as previsões dos cientistas se confirmarem?

UNIDADE 3
ELETRICIDADE E MAGNETISMO

POR QUE ESTUDAR ESTA UNIDADE?

Nesta Unidade, você vai conhecer várias situações nas quais estão envolvidos fenômenos elétricos: alguns produzidos pelo próprio ser humano, como os circuitos elétricos, e outros naturais, como os raios e relâmpagos. Conhecerá também o magnetismo, os ímãs e o campo magnético terrestre. Verá que todos esses fenômenos resultam do comportamento das cargas elétricas.

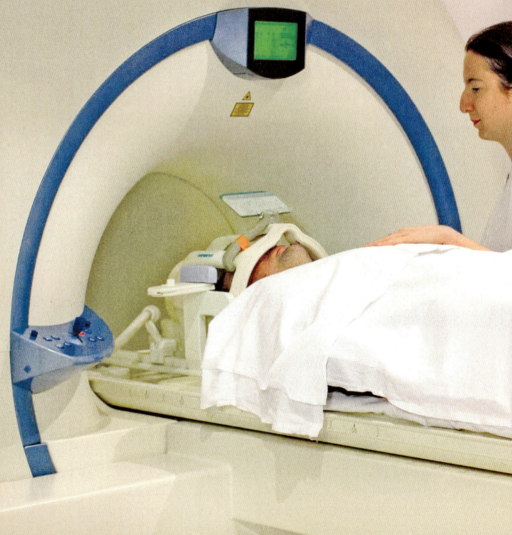

Aparelho de ressonância magnética.

Ventilador.

Computador.

COMEÇANDO A UNIDADE

1. Que tipo de energia é necessária para fazer funcionar os aparelhos mostrados nas imagens?
2. O que eles têm em comum?
3. Você tem alguma preocupação com o consumo de energia elétrica?

ATITUDES PARA A VIDA

- Imaginar, criar e inovar
- Pensar com flexibilidade

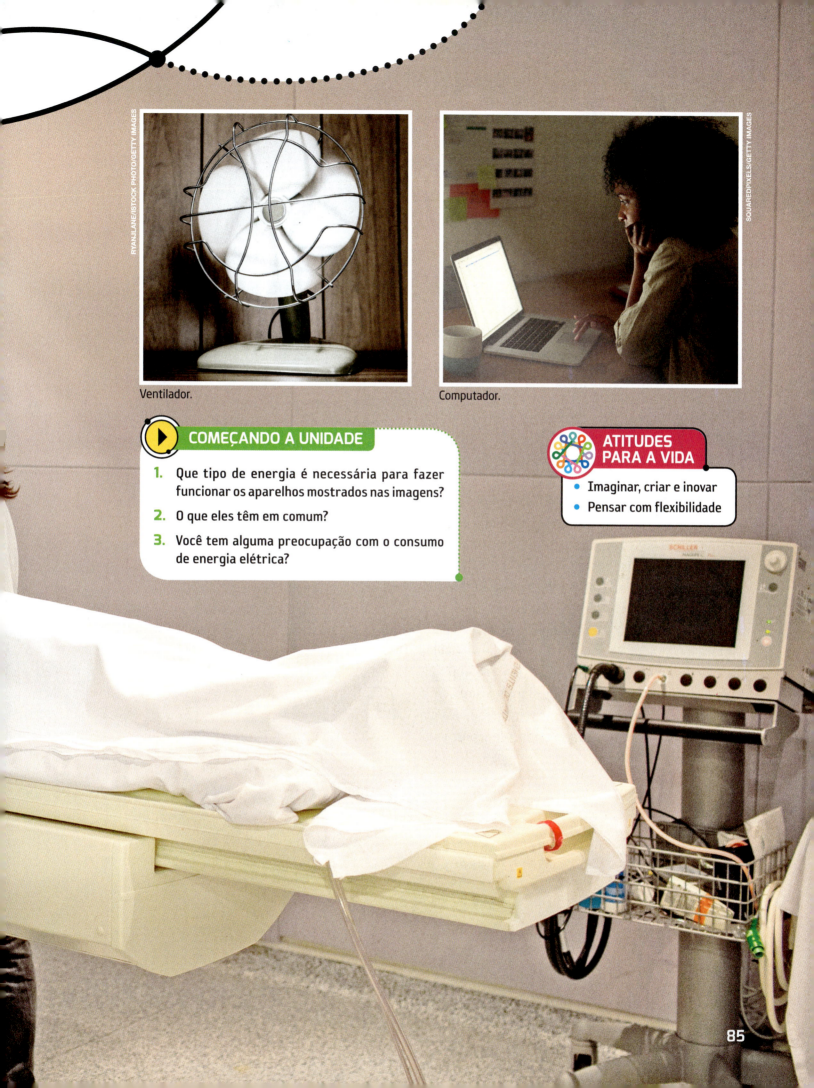

TEMA 1

OS FENÔMENOS ELÉTRICOS E MAGNÉTICOS

Os fenômenos elétricos e magnéticos decorrem das cargas elétricas na matéria.

O ser humano interage desde sempre com fenômenos elétricos e magnéticos, sejam os impulsos elétricos no interior das células do corpo humano, sejam os raios e relâmpagos durante tempestades, sejam as auroras polares. O início dos estudos sobre esses fenômenos data de mais de 2 mil anos atrás e passou pelos registros escritos de Tales de Mileto (624-546 a.C.), estudioso grego que viveu há cerca de 2.500 anos. Nos textos desse filósofo encontram-se relatos de curiosos efeitos que alguns objetos exercem sobre outros; por exemplo: a resina vegetal conhecida como âmbar, que atraía pequenos pedaços de palha depois de ter sido friccionada com pelo de carneiro, e a magnetita, uma rocha que pode atrair objetos feitos de ferro. No primeiro caso estamos lidando com fenômenos elétricos; no segundo, com fenômenos magnéticos. Esses dois tipos de fenômeno estão relacionados ao comportamento de partículas como prótons, elétrons e nêutrons. O nome **eletricidade** vem do grego *elektron*, que significa âmbar, e o nome **magnetismo** provavelmente vem da região onde as primeiras rochas de magnetita foram encontradas, em Magnésia, na Grécia.

ELETRICIDADE E MATÉRIA

Nos átomos existem prótons, nêutrons e elétrons. Estudando o comportamento dos prótons e dos elétrons, partículas que possuem **carga elétrica**, encontramos explicações para os fenômenos que envolvem a eletricidade.

Por convenção, dizemos que os prótons têm carga elétrica **positiva** (+) e os elétrons têm carga elétrica **negativa** (−). A interação entre cargas elétricas é descrita por uma **força elétrica**, que pode ser de **repulsão**, se as cargas forem do mesmo tipo (representadas por sinais iguais), ou de **atração**, se as cargas forem diferentes (representadas por sinais contrários).

Os prótons e os nêutrons estão localizados no núcleo dos átomos, onde se encontra a maior parte da massa. Os elétrons estão localizados em torno do núcleo, em constante movimento, na região denominada **eletrosfera**.

Pedaço de âmbar. Pedaço de magnetita.

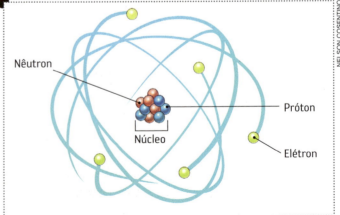

REPRESENTAÇÃO DO ÁTOMO

Os prótons e os nêutrons encontram-se na região central do átomo, denominada núcleo; os elétrons ficam em torno do núcleo, constituindo a eletrosfera. (Imagem sem escala; cores-fantasia.)

Fonte: BUTHELEZI, T. et al. *Chemistry*: matter and change. Ohio: Glencoe/ Mc Graw Hill, 2008.

CORPOS NEUTROS E ELETRICAMENTE CARREGADOS

Um corpo é considerado eletricamente neutro quando apresenta o mesmo número de prótons e elétrons. Esse corpo inicialmente neutro pode se tornar eletricamente carregado por um processo denominado **eletrização**, em que sua quantidade de elétrons é alterada e o número de prótons não se altera. Isso pode ocorrer de duas formas:

- Quando um corpo neutro **perde elétrons**, há excesso de cargas positivas e dizemos que ele está carregado **positivamente**.

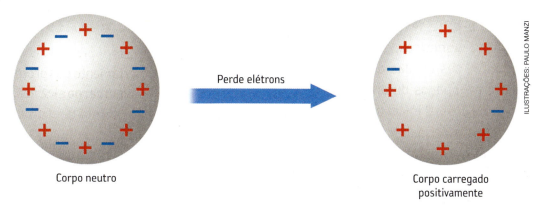

(Imagem sem escala; cores-fantasia.)

- Quando um corpo neutro **recebe elétrons**, há excesso de cargas negativas e dizemos que ele está carregado **negativamente**.

(Imagem sem escala; cores-fantasia.)

DE OLHO NO TEMA

1. Quando um objeto é considerado eletricamente neutro? Como deixá-lo carregado positivamente?

2. Em alguns dias, principalmente nos mais secos, podemos levar pequenos choques quando encostamos em objetos de metal ou até mesmo em outras pessoas. Sabendo que o choque elétrico tem a ver com a passagem de carga elétrica pelo corpo humano, como você explicaria esse fato?

TEMA 2 — A CORRENTE E OS DISPOSITIVOS ELÉTRICOS

A corrente elétrica é constituída por cargas elétricas em movimento ordenado.

CONDUTORES E ISOLANTES ELÉTRICOS

Os corpos podem ganhar ou perder elétrons e ficar eletricamente carregados. A facilidade com que os corpos perdem ou recebem elétrons depende de diversas características. Uma das mais importantes é o tipo de material que compõe esse corpo, isto é, de que tipo de átomo ele é constituído.

Nos átomos de materiais metálicos, alguns elétrons são atraídos fracamente pelo núcleo e podem se movimentar pelo material, passando de um átomo para outro; são os chamados elétrons livres. Por essa razão, materiais metálicos como ouro, cobre, ferro, alumínio são bons **condutores elétricos**.

No entanto, existem materiais que praticamente não permitem a troca de elétrons. São os **isolantes elétricos**. Nesses materiais, o deslocamento dos elétrons é dificultado por eles estarem fortemente atraídos aos núcleos dos átomos. É o que ocorre, por exemplo, em materiais como plástico, borracha, vidro e cortiça.

FIOS CONDUTORES

Fios elétricos são utilizados nas ligações para distribuição da energia elétrica.

Os fios elétricos são formados somente por um fio sólido, de material condutor, com diâmetro constante. Os cabos são formados por vários fios elétricos finos. Comparando um fio e um cabo com mesmo diâmetro, os fios tendem a ser mais rígidos e os cabos são mais maleáveis.

Cabos elétricos são um exemplo da utilização de materiais condutores e isolantes. Em instalações elétricas residenciais, são utilizados cabos com fios de cobre. O cabo é recoberto por uma camada de material isolante (geralmente plástico), o que permite seu manuseio e sua utilização de forma segura.

No caso das linhas de transmissão ou distribuição, isto é, sistemas que ligam as usinas geradoras de energia elétrica até nossas residências, os cabos são feitos de alumínio ou de misturas de alumínio e aço. Os fios desses cabos precisam ser mais resistentes porque, além de transmitirem grandes quantidades de energia, eles precisam suportar o próprio peso e resistir a ventos e tempestades.

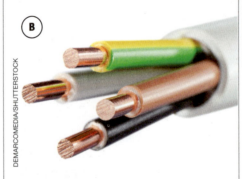

(**A**) Cabo elétrico composto por vários fios de cobre e (**B**) fio elétrico composto por um único fio de cobre. Ambos possuem uma capa de plástico que funciona como isolante elétrico.

Os cabos das linhas de transmissão são suportados por altas torres e transmitem a energia elétrica gerada nas usinas (São Roque, MG, 2017).

CORRENTE ELÉTRICA

Os elétrons livres dos condutores elétricos movimentam-se em todas as direções. Em certas condições, esses elétrons podem ser colocados em **movimento ordenado**, isto é, todos seguem para uma mesma direção. Isso ocorre, por exemplo, quando as extremidades de um fio condutor são ligadas a uma tomada ou às extremidades de uma pilha. Esse movimento ordenado dos elétrons constitui a **corrente elétrica**.

MOVIMENTOS DE ELÉTRONS

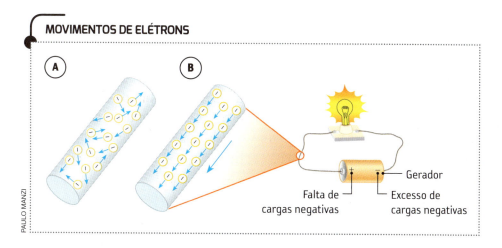

(**A**) Representação do movimento desordenado dos elétrons livres em um fio condutor. (**B**) Ligando-se o fio condutor a uma pilha, por exemplo, os elétrons livres passam a se movimentar de modo ordenado. (Imagem sem escala; cores-fantasia.)

A PILHA E A TENSÃO ELÉTRICA

Em 1800, o italiano Alessandro Volta (1745-1827) construiu um equipamento capaz de produzir corrente elétrica continuamente. Esse aparelho ficou conhecido como pilha de Volta.

A pilha é um exemplo de **gerador elétrico**, isto é, um dispositivo capaz de transformar diferentes tipos de energia em energia elétrica, o que permite manter uma corrente elétrica em um condutor (um fio, por exemplo).

A invenção de Volta foi um dos primeiros geradores elétricos. A montagem do italiano era constituída por discos de zinco e cobre, colocados uns sobre os outros alternadamente e separados por pedaços de tecido embebidos em uma solução. Reações químicas entre os metais e a solução fazem com que os discos de zinco fiquem com excesso de elétrons e os discos de cobre, com falta de elétrons. Como a corrente elétrica é o fluxo de cargas, quando um fio condutor é ligado às extremidades da pilha, os elétrons que estão nos discos de zinco fluem de maneira ordenada para os discos de cobre, estabelecendo uma movimentação das cargas elétricas.

A pilha de Volta deu origem às pilhas que conhecemos atualmente e a outros dispositivos similares, como as baterias de telefones celulares e de relógios. Todos eles são produtores de energia que transformam energia química em energia elétrica. Outros exemplos de geradores são as usinas produtoras de energia, que transformam energia cinética, térmica ou nuclear em energia elétrica.

(**A**) Réplica da pilha de Volta exposta no The Royal Institution (Reino Unido, 2009). (**B**) Nas pilhas atuais ocorrem reações químicas que fazem o envoltório de zinco liberar elétrons, que então fluem para o bastão de grafite. (Imagem sem escala; cores-fantasia.)

De maneira geral, a função de um gerador elétrico é manter uma **tensão elétrica** entre dois pontos de um condutor, ou seja, uma diferença na capacidade de atrair ou repelir elétrons entre esses pontos. É essa tensão que provoca o movimento ordenado das cargas elétricas. O valor da tensão elétrica é medido em volts (V), em homenagem a Alessandro Volta.

No caso das pilhas, o movimento de cargas produzido pela reação química entre os materiais é o que gera a tensão elétrica. Observamos, nos rótulos das pilhas, indicações do polo positivo (+) e do polo negativo (−) nas suas extremidades. Essas inscrições mostram o sentido do fluxo de elétrons, que vai do polo negativo para o polo positivo.

RESISTÊNCIA ELÉTRICA

A corrente elétrica não circula com a mesma facilidade por todos os condutores. Dependendo de algumas características do condutor, o fluxo de elétrons pode ser dificultado ou facilitado.

A **resistência elétrica** é a medida da dificuldade que um material oferece à passagem da corrente. Assim, quanto maior o valor da resistência elétrica, maior a dificuldade que a corrente elétrica encontrará para percorrer o condutor. Até mesmo os metais, considerados bons condutores, apresentam alguma dificuldade para a passagem da corrente elétrica.

A resistência elétrica de um condutor depende, basicamente, de três características: comprimento, diâmetro e material de que é feito.

Resistor utilizado em circuitos elétricos. Um mesmo circuito pode ter diversos resistores.

Em geral, chamamos de **resistor** os dispositivos utilizados para controlar a intensidade da corrente elétrica que percorre um caminho determinado por um condutor elétrico.

DE OLHO NO TEMA

1. Como é o movimento dos elétrons livres no interior de um fio elétrico que não está ligado a um gerador? E quando ligado a um gerador?
2. Como se dá uma tensão elétrica entre dois pontos de um condutor? O que acontece em um fio condutor quando essa tensão elétrica é mantida?
3. Como devem ser os fios condutores de um sistema com baixa resistência elétrica?

COMPARAÇÃO DA RESISTÊNCIA DE FIOS CONDUTORES

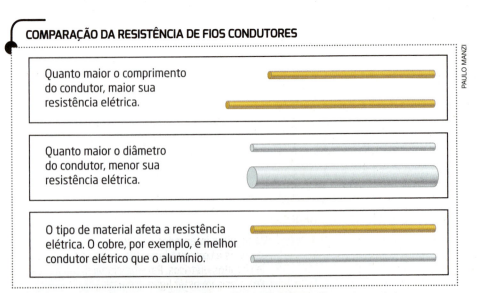

Quanto maior o comprimento do condutor, maior sua resistência elétrica.

Quanto maior o diâmetro do condutor, menor sua resistência elétrica.

O tipo de material afeta a resistência elétrica. O cobre, por exemplo, é melhor condutor elétrico que o alumínio.

Fatores que influenciam a resistência elétrica de um condutor. (Cores-fantasia.)

TEMA 3

CIRCUITOS ELÉTRICOS

> O circuito elétrico é um percurso fechado em que uma corrente elétrica, produzida por um gerador, passa por outros componentes elétricos.

Os circuitos elétricos estão presentes em muitos objetos do cotidiano, seja nos componentes eletrônicos de celulares e computadores, seja nas instalações elétricas residenciais. Em um circuito elétrico montado de maneira adequada e em bom funcionamento, a corrente elétrica mantida por um gerador passa por seus componentes e os coloca em funcionamento.

Em termos mais simples, um circuito elétrico é um conjunto de componentes pelos quais passa a corrente elétrica. Os circuitos elétricos mais simples são formados por:

- **gerador** (G): dispositivo que mantém a tensão elétrica entre os seus terminais e permite a produção de corrente elétrica;
- **condutores**: fios ou cabos que permitem o deslocamento dos elétrons e a conexão de todos os componentes do circuito;
- **resistor** (R): componente que controla a passagem da corrente elétrica e transforma a energia elétrica em outro tipo de energia.
- **interruptor** ou **chave** (Ch): dispositivo que abre ou fecha o circuito, permitindo ou não a passagem da corrente elétrica.

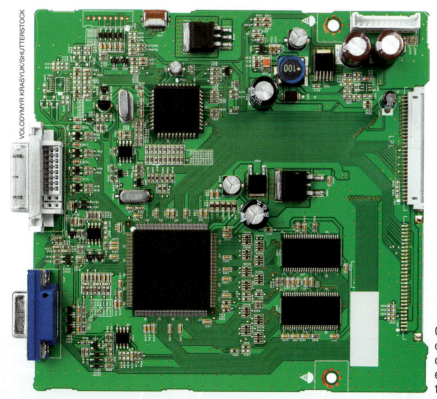

Os circuitos integrados presentes em celulares e computadores são exemplos de circuitos elétricos. Para funcionar, eles precisam estar ligados a uma tomada ou bateria.

Um exemplo de circuito elétrico simples é formado por uma pilha, um soquete com uma lâmpada, três pedaços de fio condutor e uma chave, como esquematizado abaixo. A pilha transforma a energia envolvida nas reações químicas em energia elétrica quando a chave é fechada, fazendo com que os elétrons percorram o fio condutor. Quando a corrente elétrica passa pela lâmpada, ela é convertida em outros tipos de energia, como a luminosa.

CIRCUITO ELÉTRICO

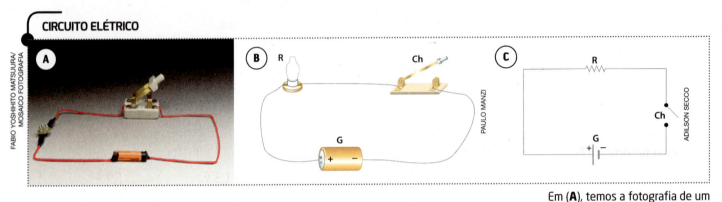

Em (**A**), temos a fotografia de um circuito elétrico simples; em (**B**), uma representação ilustrada; e, em (**C**), a representação simbólica do circuito mostrado.

Quando todos os componentes que formam o circuito elétrico estão conectados, dizemos que esse circuito está **fechado**, ou seja, ele permite a passagem da corrente elétrica. Porém, se um dos componentes não estiver conectado, o circuito está **aberto**, e não há passagem de corrente elétrica porque o movimento dos elétrons está interrompido. Geralmente, os circuitos elétricos têm um interruptor ou chave, que permite fechar ou abrir o circuito.

É importante destacar que quando os elétrons passam pelos resistores ou outros dispositivos que usam energia elétrica eles não desaparecem nem são consumidos. O que ocorre é que eles perdem parte de sua energia nesses dispositivos. Quando os elétrons passam por uma pilha, eles ganham energia e continuam circulando pelos fios até o esgotamento da pilha.

DESLOCAMENTO DE ELÉTRONS EM UM CIRCUITO

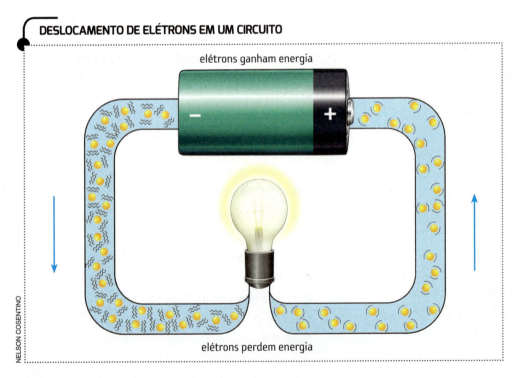

Ao passar pela lâmpada, os elétrons perdem energia. (Imagem sem escala; cores-fantasia.)

CIRCUITO ELÉTRICO EM SÉRIE OU EM PARALELO

Os componentes que constituem um circuito podem estar ligados em série ou em paralelo.

- O circuito elétrico conectado **em série** é aquele cujos componentes estão organizados sequencialmente, como mostrado na figura **A**. A corrente que passa por todos os componentes é a mesma. Existe apenas um caminho para a corrente elétrica.

- Em um circuito conectado **em paralelo**, dois ou mais componentes estão ligados entre dois pontos em comum. Na figura **B**, esses pontos em comum são os polos do gerador. Nesse caso, a corrente que passa por um de seus componentes pode não ser a mesma que passa pelos outros.

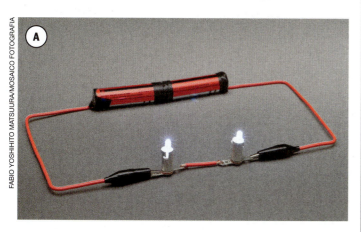

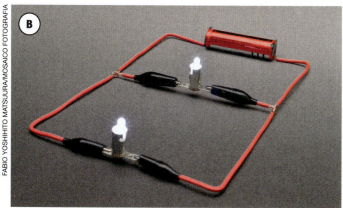

Circuito com lâmpadas conectadas em série (**A**) e em paralelo (**B**).

No circuito em série acima, se uma lâmpada for retirada, ou queimar, a outra apagará, pois a passagem da corrente elétrica é interrompida. Já no circuito em paralelo, se uma lâmpada queimar ou for retirada, a outra permanecerá acesa.

ENTRANDO NA REDE

No endereço **http://mod.lk/hxkmz** você encontrará um simulador virtual para a construção de circuitos elétricos com resistores, lâmpadas, baterias e aparelhos de laboratório para medição de corrente elétrica e tensão.

Acesso em: jul. 2018.

VAMOS FAZER

Os contatos da pilha

Material

- Uma lâmpada de 1,5 V
- Uma pilha de 1,5 V
- Um pedaço de fio condutor com 20 cm de comprimento

Procedimento

- Associe os componentes listados de forma que se acenda a lâmpada.

Registre em seu caderno

- De quantas maneiras diferentes você consegue associar os três componentes de forma que seja possível acender a lâmpada? Desenhe os esquemas em seu caderno.

ATENÇÃO!

Para realizar qualquer atividade prática de eletricidade você deve ter a autorização e a supervisão de seu professor.

DE OLHO NO TEMA

1. Descreva um circuito elétrico simples.
2. Qual é o principal gerador elétrico utilizado em sua casa?
3. Identifique alguns resistores elétricos utilizados em sua casa.
4. Como devem ser as ligações elétricas de uma residência: em série ou paralelo? Justifique sua resposta.

ATIVIDADES — TEMAS 1 A 3

ORGANIZAR O CONHECIMENTO

1. Responda às questões.

    a) Em que condições podemos dizer que um corpo está eletricamente neutro?

    b) Por que os metais são bons condutores de corrente elétrica?

    c) O que é corrente elétrica?

2. As lâmpadas do tipo "pisca-pisca", comumente empregadas em enfeites de Natal, são associações de pequenas lâmpadas que acendem e apagam alternadamente quando ligadas na tomada. Esses circuitos geralmente apresentam associações mistas, isto é, parte do circuito é montada em série e outra parte é montada em paralelo. O que poderia acontecer caso a associação das lâmpadas fosse somente em série?

ANALISAR

3. Os vaga-lumes são insetos bioluminescentes, isto é, eles são capazes de gerar emissões de luz. Fazendo uma comparação do inseto com um circuito elétrico, qual componente ele seria?

4. Você deseja construir um circuito elétrico para acender uma lâmpada. Para obter maior intensidade luminosa, qual dos fios a seguir você utilizaria? Justifique sua escolha.

	Material	Comprimento	Diâmetro
Fio 1	Cobre	10 m	4 mm
Fio 2	Alumínio	10 m	2 mm
Fio 3	Cobre	100 m	2 mm
Fio 4	Alumínio	200 m	4 mm

5. Observe o circuito elétrico e responda às questões.

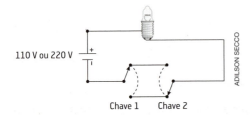

   a) Considerando que a posição de uma das duas chaves foi mudada, o que acontece quando se mudar a posição da segunda chave? Explique.

   b) Como esse circuito poderia ser modificado para ter mais uma lâmpada ligada a ele em série? E em paralelo?

6. (Enem) Um estudante, precisando instalar um computador, um monitor e uma lâmpada em seu quarto, verificou que precisaria fazer a instalação de duas tomadas e um interruptor na rede elétrica. Decidiu esboçar com antecedência o esquema elétrico.

   "O circuito deve ser tal que as tomadas e a lâmpada devem estar submetidas à tensão nominal da rede elétrica e a lâmpada deve poder ser ligada ou desligada por um interruptor sem afetar os outros dispositivos" – pensou. Símbolos adotados:

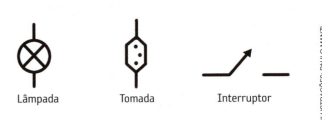

Qual dos circuitos esboçados atende às exigências?

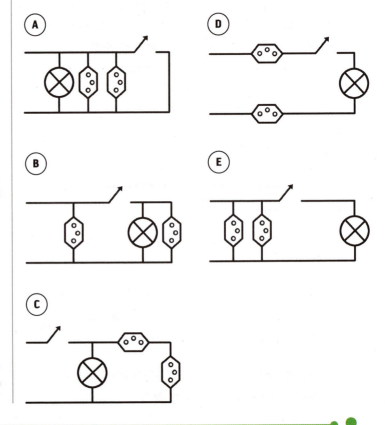

EXPLORE
MONTANDO CIRCUITOS ELÉTRICOS

Iniciaremos a atividade com a montagem de um circuito para testar materiais condutores e isolantes. Depois, será feita a montagem de uma chave interruptora.

Material

- Duas pilhas iguais de 1,5 V (tamanho C ou D)
- Uma lâmpada de 1,5 V
- Um soquete para lâmpada
- Alicate
- Fita isolante
- Fio condutor (30 cm)
- Materiais diversos: clipe de papel, pedaço de grafite, papelão, tachas, tesoura com pontas arredondadas, palito de madeira, borracha, moeda, entre outros

Procedimento para a montagem do circuito testador

1. Formem grupos e montem um circuito elétrico adequado para testar se determinados materiais são isolantes ou condutores.
2. Pensem no papel dos componentes do circuito – fios condutores, gerador e resistor – e como fazer facilmente a inclusão do material a ser testado.
3. Testem diversos materiais e encontrem ao menos três condutores e três isolantes.

Procedimento para a montagem da chave interruptora

1. A tarefa agora é montar e incluir uma chave interruptora no circuito testador. Você e seus colegas devem projetar uma chave interruptora que permita ligar e desligar a lâmpada pelo acionamento da chave.
2. A chave precisa ser robusta e de fácil funcionamento, isto é, ela deve ser construída de maneira que seja possível ser usada diversas vezes.

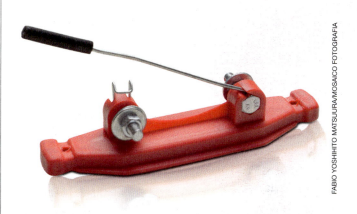

Exemplo de chave interruptora aberta.

ATIVIDADES

1. Façam um esquema do circuito testador e descrevam o seu funcionamento.
2. Listem quais materiais são condutores e quais são isolantes.
3. Façam um esquema do circuito testador com a chave interruptora. Descrevam o funcionamento do circuito com a chave interruptora.
4. Que materiais vocês utilizaram para montar a chave interruptora? Por quê?

ATENÇÃO!

Para realizar qualquer atividade prática envolvendo eletricidade, você deve ter a autorização e a supervisão de seu professor.

ATITUDES PARA A VIDA

- Imaginar, criar e inovar

  Usar os mesmos materiais de maneiras diferentes para realizar diferentes tarefas é uma boa maneira de exercitar a criatividade e inovar.

TEMA 4

O CONSUMO DE ENERGIA ELÉTRICA

A energia elétrica pode ser transformada em outros tipos de energia por diferentes equipamentos.

Os resistores podem transformar a energia elétrica em calor.

Os motores podem transformar a energia elétrica em movimento.

Os aparelhos de comunicação e informação podem transformar a energia elétrica em luz e som.

EQUIPAMENTOS E APARELHOS ELÉTRICOS

A energia não tem uma fonte inesgotável, e toda energia utilizada em nossas atividades diárias é resultado de algum tipo de transformação. No Brasil, a energia elétrica é obtida principalmente a partir da energia cinética da água ou da energia proveniente da queima de combustíveis, como gás natural, biomassa e derivados do petróleo. Após chegar às residências, utilizamos a energia elétrica para as mais diversas atividades por meio dos aparelhos eletroeletrônicos. Neles, a energia elétrica pode ser transformada em diversos tipos de energia, como térmica, cinética, luminosa e sonora.

O EFEITO JOULE

Qualquer resistor sofre aquecimento quando é percorrido por corrente elétrica. Em alguns casos, esse aquecimento é desejável (em equipamentos que aquecem água ou ar, como chuveiros, secadores e aquecedores, por exemplo). Em outros, é indesejável, como nos circuitos de computadores, porque deixa seu processamento mais lento e pode danificar alguns componentes.

RECONHECENDO UM RESISTOR

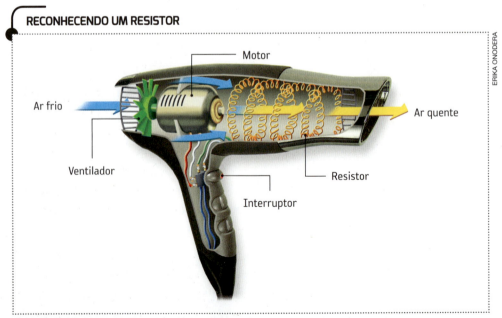

Dentro do secador há um resistor em forma de mola espiral que, ao ser atravessado por uma corrente elétrica, esquenta e aquece o ar que sai do aparelho. (Imagem sem escala; cores-fantasia.)

O físico britânico James Joule (1818-1889) desenvolveu estudos que possibilitaram compreender as relações entre a corrente elétrica que atravessa um resistor e o calor dissipado. Durante a passagem da corrente elétrica, os elétrons colidem com os átomos do próprio resistor. Nessa colisão, parte da energia cinética dos elétrons é transferida para os átomos e provoca o aumento de sua vibração. Consequentemente, ocorre o aumento da temperatura do resistor. Esse aumento de temperatura é conhecido como **efeito Joule**. De acordo com ele, podemos afirmar que parte da energia elétrica é transformada em energia térmica.

POTÊNCIA E CONSUMO DE ENERGIA ELÉTRICA

A eficiência dos aparelhos eletroeletrônicos pode ser medida por sua **potência elétrica**, definida como energia elétrica consumida por unidade de tempo. No Sistema Internacional de Unidades (SI), a potência é medida em watt (W), mas é comum encontrar a unidade *quilowatt* (kW), que equivale a 1.000 watts. A potência elétrica de cada aparelho é indicada na sua parte externa, em geral, ao lado da tensão elétrica à qual eles devem ser ligados.

Fonte elétrica com potência de 1.500 W. Como esse aparelho é universal, ele pode ser ligado em qualquer tensão elétrica.

Em nossas residências, os medidores conhecidos como "relógios de luz" medem o **consumo de energia elétrica** e o expressam em quilowatt-hora (kWh). Esse consumo equivale à multiplicação da potência do aparelho pela quantidade de horas que ele permanece ligado.

Por exemplo, suponha um chuveiro elétrico de potência (P) 6.000 W que é utilizado durante duas horas por dia.

Assim, para saber a quantidade de energia (E) consumida pelo chuveiro em um dia, multiplicamos a potência pelo período de tempo em que o aparelho é utilizado (Δt):

$$E = P \cdot \Delta t$$

$E = 6 \text{ kW} \cdot 2 \text{ h} = 12 \text{ kWh}$

Se quisermos calcular o consumo de energia mensal desse chuveiro, basta multiplicarmos o consumo diário por 30 dias: 12 kWh · 30 dias = 360 kWh consumidos em um mês.

A medição feita pelo "relógio de luz" equivale à soma da energia de todos os aparelhos elétricos, eletrônicos e lâmpadas de uma residência. Uma concessionária faz a medição do consumo de energia elétrica e calcula, a cada mês, quanto o imóvel deve pagar pela conta de luz.

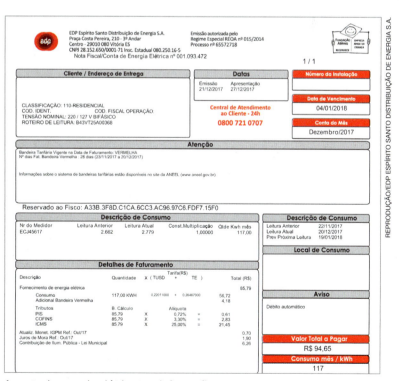

A conta de energia elétrica traz informações como o consumo de energia em kWh, a tarifa (preço de cada kWh), os impostos e o valor total a ser pago.

97

COLETIVO CIÊNCIAS

Movidos a eletricidade

A primeira patente de [Thomas] Edison [1847-1931], aos 21 anos de idade, foi um retumbante fracasso. Tratava-se de uma máquina de contar votos que ele ofereceu às assembleias legislativas. Foi ridicularizado, pois os legisladores não estavam nem um pouco interessados em contagem rápida de votos.

A primeira patente registrada por [Nikola] Tesla [1856-1943] nos Estados Unidos da América, em 1885, foi uma lâmpada elétrica a arco, precursora das lâmpadas fluorescentes atuais. No interior do bulbo, dois eletrodos, imersos em determinado gás, produzem uma descarga elétrica que excita o gás e o faz emitir luz. [...]

Diferentes traços de personalidade e de capacidade intelectual de Edison e Tesla são ressaltados conforme as tendências de seus diversos biógrafos. Edison pode ser visto como um inventor empreendedor ou como um homem sem escrúpulo, que joga a ética na lata do lixo para defender o valor comercial das suas invenções.

[...]

Por outro lado, Tesla é marcado pelo seu ímpeto visionário, pela sua inabilidade comercial e pelo seu exagerado exibicionismo, característica esta que o levava a protagonizar cenas quase circenses na apresentação dos seus inventos.

Inequivocamente, esses dois homens contribuíram, e muito, para a colocação da eletricidade no patamar industrial com repercussão global, iniciando a era dos laboratórios industriais em escala similar ao que se vê hoje. [...]

Fonte: SANTOS, C. A. dos. O empreendedor Edison ou o visionário Tesla? *Instituto Ciência Hoje*, 4 nov. 2011. Disponível em: <http://mod.lk/p4zom>. Acesso em: jul. 2018.

Thomas Edson (à esquerda) e Nikola Tesla (à direita).

SAIBA MAIS!

Adaptadores de tomada

Chamado de benjamim, esse adaptador é utilizado para conectar diversos aparelhos em um único ponto de tomada.

Uma tomada tem a capacidade de conduzir determinado valor de corrente elétrica. Se a tomada transporta mais corrente do que suporta, o efeito Joule naquele ponto da rede elétrica causa o aquecimento do adaptador.

O uso inadequado dos adaptadores, ligados a aparelhos que necessitam de corrente elétrica maior do que o ponto de tomada suporta, pode provocar um superaquecimento e originar incêndios e curtos-circuitos.

Adaptador de tomada, conhecido como benjamim.

DE OLHO NO TEMA

1. Como os aparelhos eletroeletrônicos podem ser classificados e que transformação de energia ocorre em cada tipo de aparelho?

2. O que é o efeito Joule? Cite alguns aparelhos da sua casa que utilizam esse efeito para seu funcionamento.

3. Escolha um aparelho eletrônico que é utilizado diariamente em sua casa. Calcule o consumo de energia mensal dele.

TEMA 5 — MAGNETISMO

> O magnetismo é uma propriedade que pode ser percebida pela atração dos ímãs por certos materiais.

MAGNETISMO NATURAL E MAGNETISMO ARTIFICIAL

Você já manipulou um ímã? É surpreendente sua capacidade de atrair alguns metais de maneira espontânea. Além disso, você já viu um ímã repelir outro ímã, isto é, um empurrar o outro sem contato direto?

Dizemos que esses materiais têm **magnetismo natural**, ou seja, uma força de atração ou repulsão que atua a distância. Existem ainda materiais que adquirem a capacidade de atrair alguns metais depois de, por exemplo, serem friccionados com um ímã natural. Nesse caso, o material passa a ter **magnetismo artificial**.

O ferro, o níquel e o cobalto são exemplos de metais atraídos naturalmente por ímãs.

ÍMÃS

Os ímãs são materiais que atraem alguns tipos de metais ou ligas metálicas. Todo ímã apresenta, em suas extremidades, o **polo norte (N)** e o **polo sul (S)**. Nessas regiões do ímã, os fenômenos magnéticos manifestam-se com maior intensidade. A força magnética entre dois ímãs pode ser de atração ou de repulsão, dependendo de quais polos interagem mais intensamente. Ao aproximarmos os mesmos polos de dois ímãs, eles se repelem. Quando aproximamos polos diferentes, eles se atraem.

ATRAÇÃO E REPULSÃO DE ÍMÃS

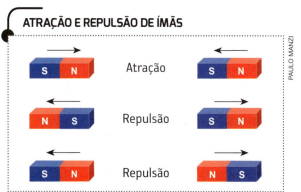

Polos de mesmo nome se repelem e polos de nomes diferentes se atraem. (Imagem sem escala; cores-fantasia.)

Outra característica interessante dos polos de um ímã é o fato de eles sempre existirem aos pares. Ao dividir um ímã em duas ou mais partes, cada novo pedaço terá um polo norte e um polo sul. Independentemente do tamanho do pedaço, teremos sempre um novo ímã com dois polos diferentes.

DIVISÕES DE UM ÍMÃ

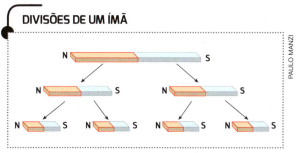

É impossível separar os polos dos ímãs, pois cada parte sempre terá dois polos diferentes, independentemente do tamanho. (Imagens sem escala; cores-fantasia.)

IMANTAÇÃO

Caso uma agulha de aço, por exemplo, seja esfregada repetidamente em um ímã sempre no mesmo sentido, a agulha passa a apresentar propriedades magnéticas: como atrair alguns objetos metálicos. Esse fenômeno é chamado de **imantação**.

Antes da imantação, as partículas com propriedades magnéticas da agulha (representadas por pequenos ímãs na imagem abaixo) estão desorganizadas, com orientações aleatórias. Por isso, a agulha não se comporta naturalmente como um ímã. Depois de imantada, ela tem essas partículas rearranjadas, apresentando uma orientação comum, e passa a se comportar como um ímã.

REPRESENTAÇÃO DA IMANTAÇÃO DE UMA AGULHA

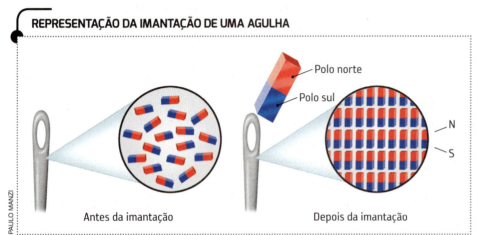

Depois de imantada, a agulha tem suas partículas reorganizadas em uma orientação comum, apresentando assim propriedades magnéticas. (Imagem sem escala; cores-fantasia.)

Elaborado com base em: HEWITT, P. G. *Física conceitual*. Porto Alegre: Bookman, 2015.

CAMPO MAGNÉTICO E LINHAS DE CAMPO

O espaço onde se manifestam os efeitos magnéticos produzidos por um ímã é chamado de **campo magnético**. Quanto mais próximo do ímã, maior é a intensidade do campo magnético gerado por ele. Essa intensidade diminui à medida que a distância até o ímã aumenta. A partir de certa distância, a intensidade do campo magnético criado pelo ímã é praticamente nula.

Se colocarmos um ímã sob uma folha de papel e cuidadosamente espalharmos limalha de ferro (pó ou pequenas lascas de ferro) sobre ela, poderemos visualizar a forma do campo magnético de um ímã, pois as partículas da limalha se alinharão em determinada configuração. Às linhas formadas por essas partículas damos o nome de linhas de campo, uma representação do campo magnético que, por convenção, tem origem no polo norte e termina no polo sul.

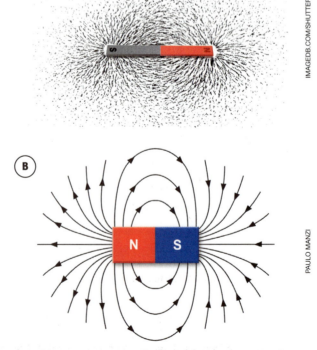

(**A**) O formato do campo magnético pode ser visualizado pela orientação das limalhas de ferro e (**B**) representado geometricamente por linhas imaginárias, chamadas linhas de campo. (Imagem sem escala; cores-fantasia.)

CAMPO MAGNÉTICO TERRESTRE

A Terra apresenta magnetismo natural, comportando-se como um gigantesco ímã. Assim, o planeta apresenta campo magnético próprio, cujos polos magnéticos ficam próximos aos polos geográficos. É por isso que a agulha de uma bússola se alinha aproximadamente com a direção norte-sul dos polos geográficos.

Convencionou-se que o polo norte de um ímã é aquela extremidade que, quando a agulha do ímã pode girar livremente, aponta para o norte geográfico da Terra. Como sabemos que os polos diferentes se atraem, o polo norte do ímã alinha-se com o polo sul magnético. Note na figura a seguir que o polo sul magnético fica próximo ao polo norte geográfico, e que o polo norte magnético fica próximo ao polo sul geográfico. Esses polos magnéticos mudam muito lentamente de posição e invertem-se periodicamente.

Ainda não se sabe exatamente o que gera o campo magnético ao redor de nosso planeta. Segundo algumas hipóteses, há no interior do planeta um núcleo de ferro e de níquel líquidos que se encontra em constante movimento. Esses metais em movimento originariam o campo magnético.

BÚSSOLAS

Uma importante aplicação dos ímãs é a bússola. Nesse instrumento, um pequeno ímã – a agulha magnética – é posicionado de modo que possa girar livremente em torno de um eixo central. Por causa do campo magnético da Terra, a agulha sempre se orienta na mesma direção. As bússolas são fundamentais para a navegação, pois, combinadas aos mapas, podem indicar com relativa precisão a direção a ser seguida.

Bússola com as iniciais dos pontos cardeais (N de Norte, S de Sul, L de Leste e O de Oeste) e colaterais (NE de Nordeste, SE de Sudeste, SO de Sudoeste e NO de Noroeste).

DE OLHO NO TEMA

1. Como os ímãs interagem com outros ímãs?
2. De que maneira as bússolas podem ter seu funcionamento prejudicado?

POLOS E CAMPO MAGNÉTICO DA TERRA

(A) Norte geográfico; Polo sul magnético; Eixo de rotação da Terra; Equador magnético; Equador geográfico; Polo norte magnético; Sul geográfico.

(B) Representação artística de algumas linhas de campo do campo magnético terrestre.

Polos geográficos e magnéticos da Terra. (**A**) A agulha de uma bússola alinha-se sempre na direção norte-sul do campo magnético terrestre. (**B**) Representação artística de algumas linhas de campo do campo magnético terrestre. (Imagens sem escala; cores-fantasia.)
Fontes: Zitzewitz, P. W. et al. *Physics: principles and problems.* Ohio: Glencoe/Mc-Graw Hill, 2009; HEWITT, P. G. *Física conceitual.* Porto Alegre: Bookman, 2015.

Trilha de estudo

Vai estudar? Nosso assistente virtual no *app* pode ajudar!
<http://mod.lk/tr9u03>

ATIVIDADES — TEMAS 4 E 5

ORGANIZAR O CONHECIMENTO

1. Faça uma lista dos aparelhos elétricos que você usa rotineiramente e classifique-os em relação à transformação de energia que ocorre neles.

2. Reescreva as frases a seguir corrigindo as afirmações falsas.
   a) Polos magnéticos de mesmo nome se repelem e de nomes diferentes se atraem.
   b) Quando se quebra um ímã em forma de barra bem na metade, obtêm-se dois pedaços: um com o polo norte e outro com o polo sul.
   c) O polo norte de um ímã, que pode girar livremente, alinha-se aproximadamente com o polo norte geográfico da Terra, pois nessa região encontra-se também o polo norte magnético.

3. O que poderia explicar a existência do campo magnético ao redor do planeta Terra?

ANALISAR

4. O esquema abaixo apresenta algumas partes de um chuveiro elétrico. Descreva o seu funcionamento, passo a passo, considerando a fiação elétrica o gerador do circuito.

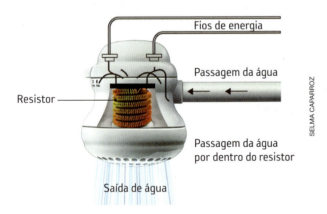

(Imagem sem escala; cores-fantasia.)

5. Em algumas residências, podem-se encontrar algumas tomadas em que são ligados, simultaneamente, diversos aparelhos por meio de adaptadores chamados benjamins. Explique por que essa não é uma boa prática para o uso de energia elétrica de maneira consciente.

6. Como se pode constatar a existência de um campo magnético em uma região do espaço?

7. Dois ímãs estão presos ao teto por meio de barbantes e são colocados nas proximidades de uma barra de ferro, como mostra a figura abaixo. Um dos ímãs tem seu polo norte voltado para a barra de ferro, e o outro tem seu polo sul. Em cada uma das situações, qual será o comportamento do ímã?

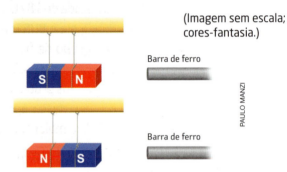

(Imagem sem escala; cores-fantasia.)

8. Quatro ímãs são colocados sobre uma mesa e separados dois a dois por uma pequena distância. Os ímãs da primeira dupla são arranjados com o polo norte de um voltado para o polo norte do outro, e os ímãs do segundo conjunto, com o polo norte de um voltado para o polo sul do outro. Ao espalhar limalha de ferro sobre todos eles, obtêm-se duas fotografias.

Faça um desenho com a representação das linhas de campo em cada um dos casos e interprete as configurações segundo as forças de interação entre os ímãs.

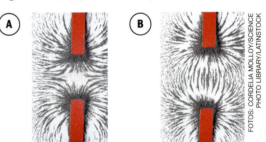

9. Uma bússola é colocada nos pontos A e B nas proximidades de um ímã, tal como representado na figura abaixo.

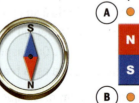

(Imagem sem escala; cores-fantasia.)

Explique e desenhe como será a orientação da bússola nos pontos A e B.

PENSAR CIÊNCIA

Os caminhos de uma invenção

Thomas Edison foi um reconhecido inventor e empresário estadunidense. Ao seu nome estão atribuídas mais de 2 mil patentes, como os precursores da vitrola e da câmera cinematográfica, a saudação "alô" ao telefone, gravadores de áudio e vídeo, entre inúmeros outros.

Precursor: aquele que anuncia ou antecipa algo novo.

No final da década de 1870, com o dinheiro recebido com a venda de seus inventos, ele montou uma espécie de fábrica-laboratório, que reunia um grupo de funcionários como físicos, engenheiros, mecânicos e até advogados. Com um incrível trabalho em equipe, a resolução de diversos problemas e novas descobertas foram feitas no laboratório. Foi nessa época que Edison e seus funcionários desenvolveram sua maior "invenção": a lâmpada elétrica.

As lâmpadas elétricas já existiam havia mais de 50 anos; no entanto, além de caras, eram frágeis, de baixa eficiência e com vida útil curta. Para resolver esses problemas, eles decidiram construir uma proteção para o filamento condutor de corrente elétrica. Eles desenvolveram um bulbo de vidro para colocar o filamento de platina, metal que se tornaria incandescente com a passagem da corrente elétrica, e uma bomba de vácuo, que, ao retirar o ar de dentro do bulbo, impediria a combustão do material.

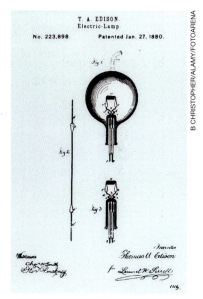

Patente da lâmpada elétrica de Edison, registrada em 1880, nos Estados Unidos.

Com esse aperfeiçoamento foi possível o uso de outros materiais para a confecção do filamento, e durante pouco mais de um ano seguiram-se mais de mil testes entre materiais de origem vegetal, como cedro, nogueira, linho, até chegarem ao algodão carbonizado. A lâmpada com filamento de carbono foi acesa no dia 21 de outubro 1879 e permaneceu assim por mais de 40 horas. Posteriormente, o filamento de algodão foi substituído por um de bambu e, em 1910, por um filamento de tungstênio.

ATIVIDADES

1. Diversas frases e pensamentos atribuídos a Thomas Edison fazem referência à sua persistência e criatividade. É dele a frase "Eu não falhei mil vezes. A lâmpada foi uma invenção com mil passos". Que aspecto do trabalho científico pode ser relacionado a essa frase?

2. Edison também disse que "gênio é 1% inspiração e 99% transpiração". Quais características pessoais de um cientista podem ser relacionadas a essa afirmação? Por quê?

ATITUDES PARA A VIDA

O uso racional da energia elétrica

Você sabe qual é o consumo de energia elétrica de sua casa? Quais são os hábitos de seus familiares? Muitas vezes, não nos atentamos aos hábitos de consumo de energia em casa e causamos desperdícios. Alguns aparelhos consomem grande quantidade de energia elétrica. Veja no gráfico o consumo de alguns aparelhos.

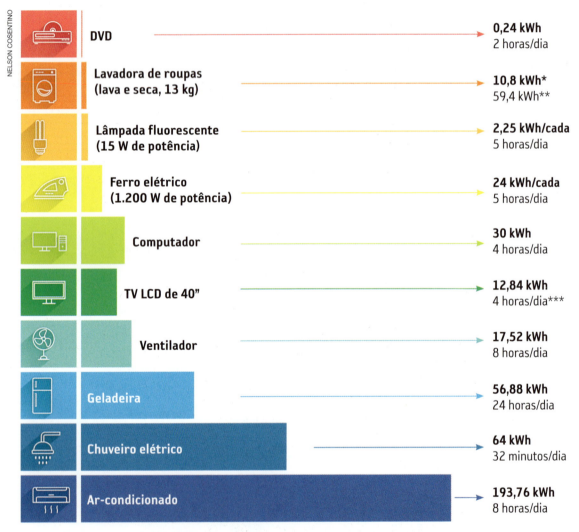

DVD — 0,24 kWh — 2 horas/dia

Lavadora de roupas (lava e seca, 13 kg) — 10,8 kWh* / 59,4 kWh**

Lâmpada fluorescente (15 W de potência) — 2,25 kWh/cada — 5 horas/dia

Ferro elétrico (1.200 W de potência) — 24 kWh/cada — 5 horas/dia

Computador — 30 kWh — 4 horas/dia

TV LCD de 40" — 12,84 kWh — 4 horas/dia***

Ventilador — 17,52 kWh — 8 horas/dia

Geladeira — 56,88 kWh — 24 horas/dia

Chuveiro elétrico — 64 kWh — 32 minutos/dia

Ar-condicionado — 193,76 kWh — 8 horas/dia

Fonte: PROCEL INFO. Disponível em: <http://mod.lk/ebblp>. Acesso em: jul. 2018.

* Uso de água fria, 3 vezes por dia, 3 vezes por semana

** Uso de água quente, 3 vezes por dia, 3 vezes por semana

*** Em *stand by*, acréscimo de 0,14 kWh por mês

Seria possível propor medidas para economizar energia elétrica?

Além de modificar hábitos, você deve observar, no momento da compra, se um equipamento consome muita energia elétrica. Lâmpadas, chuveiros, aquecedores e eletrodomésticos como geladeiras, fogões, aparelhos de ar-condicionado e aquecedores a gás devem, obrigatoriamente, apresentar uma etiqueta como a mostrada ao lado.

Equipamentos com a letra "A" são os mais econômicos. Já os classificados com letra "E" seriam os que gastam mais energia elétrica. Todos os equipamentos classificados com a letra "A" podem usar o selo Procel, que permite ao consumidor reconhecer de forma simples quais são os equipamentos e eletrodomésticos mais eficientes e que consomem menos energia elétrica. O selo Procel foi criado pelo Programa Nacional de Conservação de Energia Elétrica, programa do Governo Federal executado pela Eletrobras e instituído por Decreto Presidencial em 8 de dezembro de 1993.

Além do selo Procel, existem diversos outros selos que indicam, por exemplo, se o aparelho foi feito por indústrias que respeitam a legislação ambiental e utilizam fontes de energia renováveis.

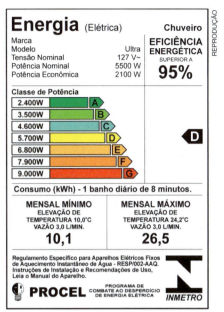

É importante observar etiquetas de aparelhos eletroeletrônicos: elas fornecem diversas informações sobre o consumo de energia elétrica.

TROCAR IDEIAS SOBRE O TEMA

Forme um grupo com mais três colegas. Escolham a residência de um de vocês e façam uma lista com todos os equipamentos elétricos disponíveis. Lembrem-se também dos aparelhos que ficam guardados e não são usados frequentemente.

Para cada aparelho, encontre o valor de sua potência na etiqueta de especificações técnicas. Avalie quanto tempo cada aparelho permanece ligado durante um mês e qual o consumo de cada um deles.

- Analisando as informações obtidas, como é possível reduzir o consumo mensal da residência?

COMPARTILHAR

Elaborem um folheto informativo, mostrando como mudanças de hábitos podem levar à redução do consumo de energia elétrica, bem como as vantagens econômicas e ambientais dessas mudanças. Esse folheto deve estimular as pessoas a **pensar com flexibilidade** para que possam mudar hábitos já enraizados. Depois, compartilhem esse folheto com a comunidade escolar e verifiquem se as pessoas estão dispostas a mudar seus hábitos com as informações fornecidas.

COMO EU ME SAÍ?

- Relacionei mudanças de hábitos com o uso de aparelhos eletroeletrônicos?
- Mostrei argumentos convincentes para que as pessoas que receberem os folhetos repensarem sobre seus hábitos?
- Propus ações indicadas para reduzir o consumo de energia elétrica? Elas são de fácil implementação?

Implementar: pôr em prática.

COMPREENDER UM TEXTO
RELÂMPAGOS, RAIOS E TROVÕES

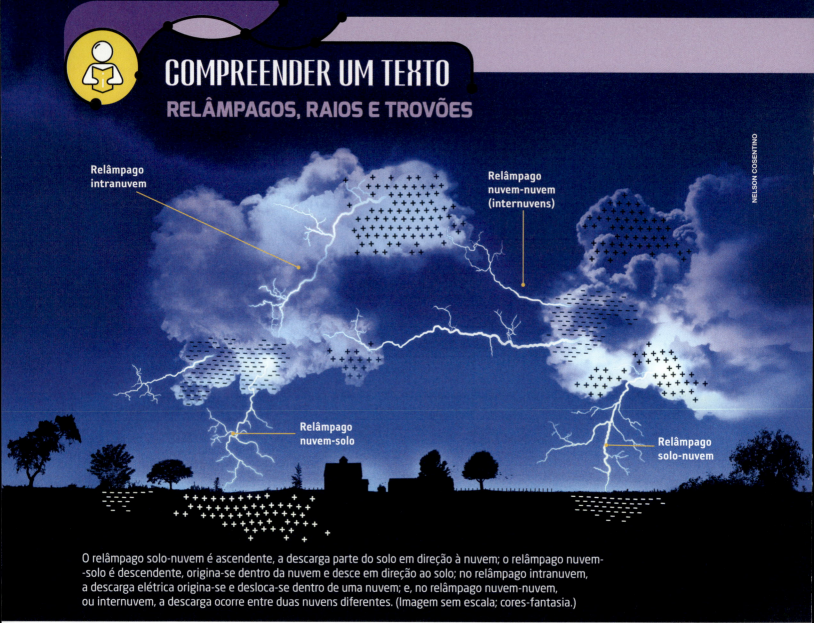

O relâmpago solo-nuvem é ascendente, a descarga parte do solo em direção à nuvem; o relâmpago nuvem-solo é descendente, origina-se dentro da nuvem e desce em direção ao solo; no relâmpago intranuvem, a descarga elétrica origina-se e desloca-se dentro de uma nuvem; e, no relâmpago nuvem-nuvem, ou internuvem, a descarga ocorre entre duas nuvens diferentes. (Imagem sem escala; cores-fantasia.)

Texto 1

Definição

Relâmpago é uma corrente elétrica muito intensa que ocorre na atmosfera com típica duração de meio segundo e típica trajetória com comprimento de 5 a 10 km.

O fenômeno é consequência do rápido movimento de elétrons de um lugar para outro. Os elétrons se movem tão rápido que fazem o ar ao seu redor iluminar-se, resultando em um clarão e um aquecer-se, que geram um som: o trovão. Apesar de estarem normalmente associados a tempestades com chuvas intensas e ventos intensos, os relâmpagos também podem ocorrer em tempestades de neve, tempestades de areia, durante erupções vulcânicas, ou mesmo em nuvens que não sejam de tempestade, embora nesses casos costumem ter extensões e intensidade bem menores. Quando o relâmpago conecta-se ao solo é chamado de raio, podendo ser denominado ascendente, quando inicia no solo e sobe em direção à tempestade, ou descendente, quando inicia na tempestade e desce em direção ao solo.

Fonte: GRUPO DE ELETRICIDADE ATMOSFÉRICA (ELAT). Instituto Nacional de Pesquisas Espaciais (INPE). Disponível em: <http://mod.lk/fjr1y>. Acesso em: jul. 2018.

Raio, relâmpago e trovão

Qual é a hipótese apresentada no vídeo para a formação dos relâmpagos entre nuvens? Disponível em <http://mod.lk/ac9u03>

Texto 2

Os cinco mandamentos do que não fazer durante uma tempestade:

1. Praticar atividades de agropecuária ao ar livre, circunstância que mais mata pessoas [por raios] no Brasil.
2. Ficar próximo a carros, tratores, andando em motos, bicicletas e ao lado de transportes em geral.
3. Ficar em campo aberto, como em praias, campos de futebol ou embaixo de árvores e perto de cercas.
4. Ficar perto de objetos que conduzem eletricidade (como telefone com fio ou celular conectado ao carregador) e objetos metálicos grandes.
5. Ficar em um abrigo aberto, como uma sacada, varanda, toldo, deque etc.

Opção segura de abrigo:

- Busque um veículo fechado como abrigo e fique dentro dele, com as portas e janelas fechadas, sem encostar-se à lataria até a tempestade passar...

Fonte: GRUPO DE ELETRICIDADE ATMOSFÉRICA (ELAT) do Instituto Nacional de Pesquisas Espaciais (INPE). *Cartilha de proteção contra raios*. Disponível em: <http://mod.lk/ujjcy>. Acesso em: jul. 2018.

Relâmpagos nuvem-solo (Londrina, PR, 2015).

Relâmpago nuvem-nuvem (Santana do Livramento, RS, 2017).

ATIVIDADES

OBTER INFORMAÇÕES

1. O que são relâmpagos e raios?
2. O esquema da página anterior mostra quatro tipos de relâmpago. Quais são eles e como se comportam?
3. Há alguma característica comum nos mandamentos do que não fazer durante uma tempestade?
4. Relâmpagos só ocorrem durante tempestades?

PESQUISAR

5. O texto não menciona a causa dos relâmpagos, isto é, qual é o mecanismo físico que provoca sua ocorrência. Discuta com os colegas uma possível explicação para os relâmpagos ou faça uma pesquisa em livros ou *sites* da internet para responder a essa questão.

COMPARTILHAR

6. Existem algumas maneiras de nos proteger e proteger os equipamentos eletrônicos de nossas casas durante uma tempestade com muitos raios. Pesquise algumas dessas formas de proteção contra raios, escolha uma delas e, com o restante da classe, façam um folheto de divulgação. Esse folheto deve conter uma mensagem chamativa sobre a medida de proteção e conter uma breve explicação científica. Divulguem o material em sua escola e comunidade para conscientização da população local. Digitalize esse material e compartilhe-o nas redes sociais!

UNIDADE 4

DINÂMICA

POR QUE ESTUDAR ESTA UNIDADE?

O estudo das leis de Newton e de outras forças presentes em várias situações do dia a dia amplia nossa visão sobre a realidade. A compreensão dos princípios dos movimentos permite a interpretação do cotidiano de maneira mais sistemática sob o olhar da Ciência.

Entenderemos melhor as explicações formuladas para situações como o deslocamento do nosso corpo para a frente durante a frenagem de um veículo; o papel que o óleo lubrificante desempenha no motor de um automóvel; a possibilidade de realizar uma força para trás e ainda assim nos movimentarmos para a frente, entre várias outras situações. Apesar de serem exemplos simples, esses estudos ajudam a planejar e projetar equipamentos e eventos complexos, como viagens espaciais.

COMEÇANDO A UNIDADE

1. Por que escorregamos no chão sujo com óleo?
2. O que explica o fato de o cinto de segurança ser um item indispensável nos meios de transporte?
3. Do ponto de vista científico, o que nos ajuda a segurar os objetos no dia a dia?

ATITUDES PARA A VIDA

- Aplicar conhecimentos prévios a novas situações
- Pensar de maneira interdependente

O movimento do foguete durante o seu lançamento baseia-se na terceira lei de Newton (ou lei da ação e reação). Os propulsores realizam uma força para baixo sobre os gases formados na queima do combustível. Os gases, por sua vez, realizam uma força de reação no foguete, movimentando-o para cima. Na foto, lançamento de foguete ocorrido nos Estados Unidos, em 2018.

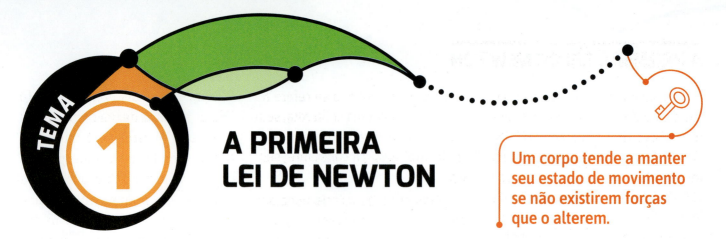

TEMA 1 — A PRIMEIRA LEI DE NEWTON

Um corpo tende a manter seu estado de movimento se não existirem forças que o alterem.

INÉRCIA

Em geral, associamos o movimento de qualquer corpo à existência de forças que agem sobre ele. Um automóvel inicia seu movimento em razão da força aplicada pelo motor que faz as rodas girarem. Se essa força deixar de agir, o carro para imediatamente? O movimento de um objeto qualquer requer, necessariamente, a presença de uma força para acontecer?

Para responder a essas questões, vamos analisar a seguinte situação: suponha que um automóvel esteja rodando em uma estrada plana com velocidade de 100 km/h quando seu motor deixa de funcionar repentinamente. Sabemos que o automóvel não vai parar imediatamente: ele percorre certa distância enquanto sua velocidade vai diminuindo gradativamente até tornar-se nula.

O automóvel atinge o repouso após algum tempo por causa da ação de forças que geram resistência ao movimento, principalmente o atrito dos pneus com o chão. Se diminuíssemos a aspereza da pista e a resistência do ar que cerca o carro fosse menor, ele percorreria uma distância maior antes de parar. Se todas as resistências ao movimento fossem eliminadas, esse carro se deslocaria indefinidamente após o motor parar, sempre em linha reta e mantendo velocidade constante de 100 km/h.

Esses fatos estão relacionados à **inércia**, que é a propriedade de um corpo de manter seu estado de repouso ou de movimento retilíneo uniforme, a não ser que uma força atue para modificar esse estado. Se um corpo, como uma esfera, descer um plano inclinado e chegar ao plano horizontal, em algum momento atingirá o repouso após percorrer certa distância na direção horizontal. Se a superfície em que a esfera desliza fosse polida, a distância percorrida pelo corpo aumentaria. Se fosse possível eliminar todas as forças de resistência ao movimento, a esfera continuaria se deslocando infinitamente, sem aumentar nem diminuir sua velocidade.

DESLOCAMENTO DE UMA ESFERA

Se não houvesse atrito da bolinha com o piso ou com o ar, ela se moveria indefinidamente. Na prática, não é possível eliminar totalmente as forças de resistência ao movimento.

As forças que se opõem ao movimento fazem com que a velocidade do automóvel diminua gradativamente até que ele pare.

→ Direção e sentido da velocidade do carro

← Direção e sentido das forças que se opõem ao movimento

110

A PRIMEIRA LEI DE NEWTON

Das formulações iniciais de Galileu, contando com importantes contribuições de René Descartes (1596-1650), foi enunciado o **princípio da inércia**. Mais tarde, Isaac Newton (1643-1727) refinou a noção de inércia, fazendo com que esse princípio fosse conhecido por **primeiro princípio da Dinâmica** ou **primeira lei de Newton, cujo enunciado é**:

Primeira lei de Newton: todo corpo permanece em repouso ou em movimento retilíneo uniforme, a não ser que sofra a ação de uma força resultante não nula.

Nessa lei, retilíneo se refere ao movimento em uma linha reta, sem mudança de direção e sentido, e uniforme significa constante, sem alteração.

O conceito de inércia pode ser aplicado quando estamos dentro de um ônibus em movimento. Sentimos que somos "empurrados" para a frente sempre que o ônibus freia. Isso ocorre porque tendemos a manter o movimento e a velocidade na qual o veículo se movia.

Cada corpo possui uma resistência para alterar seu estado de movimento ou de repouso. Quanto maior a massa de um corpo, maior será sua resistência à mudança. Por exemplo, para uma pessoa empurrar um caixote por alguns metros, ela precisa aplicar uma força sobre esse caixote. Se for colocado sobre ele um segundo caixote, será preciso realizar uma força maior para produzir o mesmo movimento, já que a massa do corpo a ser movido aumentou. Consequentemente, aumenta sua resistência para sair do repouso.

APLICAÇÃO DA PRIMEIRA LEI DE NEWTON

O poste fixo no solo serve de referência para identificar a posição do passageiro antes (**A**) e depois (**B**) de o ônibus entrar em movimento. Por causa da inércia, o corpo do passageiro tende a permanecer em repouso em relação ao ônibus partindo. Entretanto, quando o ônibus freia (**C**), o corpo do passageiro é projetado para a frente, pois ele tende a manter-se em movimento. (Imagem sem escala; cores-fantasia.)

INFLUÊNCIA DA MASSA NA FORÇA EXERCIDA

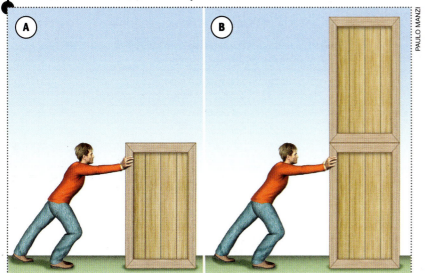

É necessária uma força de menor intensidade para deslocar o caixote em (**A**), pois sua inércia é menor do que na figura (**B**). (Imagem sem escala; cores-fantasia.)

DE OLHO NO TEMA

1. Quando um objeto é arremessado para a frente, arrastando-se pelo chão, ele para depois de certa distância. Por que nesse tipo de situação verificamos o princípio da inércia?

2. Explique a necessidade do uso de cinto de segurança em veículos com base na primeira lei de Newton.

TEMA 2 — A SEGUNDA LEI DE NEWTON

Aceleração, forças e massa de um corpo estão relacionadas entre si.

Para mover um carrinho de supermercado parado e vazio, é preciso aplicar uma força sobre ele. Tal força provocará uma variação em sua velocidade, conferindo ao corpo uma aceleração. Se forem colocados objetos nesse carrinho, será necessário aplicar uma força maior para que seu movimento mantenha a mesma aceleração de quando estava vazio. Isto é, para provocar a mesma variação de velocidade em corpos com massas diferentes, devemos aplicar sobre eles forças de diferentes intensidades.

Se considerarmos dois carrinhos iguais, com os mesmos objetos, aquele que sofrer a ação de uma força de maior intensidade terá a maior aceleração.

A relação entre a massa de um corpo, sua aceleração e as forças aplicadas sobre ele é expressa pelo **princípio fundamental da Dinâmica**, também conhecido como **segundo princípio da Dinâmica** ou **segunda lei de Newton, que pode ser enunciada como:**

Segunda lei de Newton: a aceleração produzida em um corpo é diretamente proporcional à intensidade da força resultante e inversamente proporcional à massa do corpo.

Podemos interpretar essas informações da seguinte maneira: quanto maior for a força resultante, ou seja, a soma de todas as forças aplicadas sobre o objeto, maior será sua aceleração, ou seja, observaremos uma maior variação em sua velocidade quando aumentarmos a intensidade da força resultante (considerando sua orientação e sentido). Por outro lado, se a massa do corpo crescer gradativamente, sua aceleração diminuirá cada vez mais se mantivermos a mesma força resultante.

Essas considerações podem ser expressas com base em uma relação matemática. Conhecendo o valor de duas das três variáveis – força (**F**), massa (**m**) e aceleração (**a**) –, é possível calcular a terceira utilizando a fórmula a seguir:

$$F = m \cdot a$$

Com base na equação acima, podemos obter a intensidade da força peso P sobre um corpo. O peso é a força que atua sobre um corpo em queda livre em razão da interação gravitacional do planeta Terra com os objetos ao seu redor. A aceleração, portanto, corresponde à da gravidade, representada por g. Temos, então:

$$P = m \cdot g$$

RELAÇÃO ENTRE MASSA, FORÇA E ACELERAÇÃO

Para que um carrinho de supermercado cheio sofra a mesma aceleração que um carrinho vazio, deverá ser aplicada sobre ele uma força de maior intensidade, como indica o comprimento dos vetores em cada caso.

Se os carrinhos têm a mesma massa, a aceleração será maior naquele que for submetido à maior força, como indica o comprimento dos vetores em cada caso.

EXERCÍCIO RESOLVIDO

Qual é a intensidade da força?

Um carro de Fórmula 1, com massa de 500 kg, arranca com aceleração de 8 m/s². Qual é a intensidade do peso (P) do carro? Qual é a intensidade da força (F) exercida pelo motor do carro?

Dados: $m = 500$ kg; $a = 8$ m/s²; $g = 10$ m/s². Despreze as forças de resistência.

Resposta:

$P = m \cdot g = 500$ kg $\cdot$ 10 m/s² $= 5.000$ N

$F = m \cdot a = 500$ kg $\cdot$ 8 m/s² $= 4.000$ N

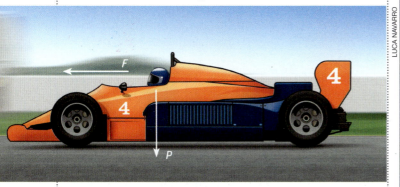

Direções e sentidos das forças F e P atuantes no carro, de acordo com o exercício.

Observe que, no exemplo acima, a intensidade da força peso do carro é 5.000 N e que essa força pode ser considerada constante, para esse carro, nas proximidades da superfície do planeta Terra. Já o motor do carro exerce uma força de intensidade de 4.000 N. Vale lembrar que as forças P e F não atuam na mesma direção.

DE OLHO NO TEMA

1. Imagine uma pessoa empurrando uma cadeira com rodinhas vazia. Em determinado momento, alguém resolve sentar nessa cadeira e a pessoa que a empurra mantém a mesma força para deslocá-la. Que tipo de mudança devemos observar no movimento comparando as duas situações?

2. Calcule a força peso que atua em um pacote com massa de 500 gramas, abandonado do alto de um prédio. Considere: $g = 10$ m/s², despreze as forças de resistência e apresente sua resposta nas unidades de medida do SI.

SAIBA MAIS!

Como medir uma força

A deformação sofrida por uma mola varia de acordo com a massa dos corpos que estão pendurados nela: quanto maior a massa, maior a intensidade da força peso e, consequentemente, maior a deformação.

Essa característica das molas é utilizada em um dos instrumentos usados para medir forças, o **dinamômetro**. Esse aparelho é composto de uma mola e de uma escala graduada, que indica a intensidade da força. Quando se coloca um objeto no gancho, a mola se deforma de acordo com a força peso, cuja intensidade é indicada na escala.

Pendurando o peso no gancho, a mola que está dentro do dinamômetro é puxada para baixo.

COLETIVO CIÊNCIAS

Sobre os ombros de gigantes

"Se pude enxergar a tão grande distância, foi subindo nos ombros de gigantes."

Sir Isaac Newton, 1676

Essa frase foi escrita por Newton em uma carta enviada ao cientista natural inglês Robert Hooke (1635-1703) durante uma discussão epistolar entre os dois.

Embora Isaac Newton seja considerado uma pessoa de inteligência excepcional, é inegável que ele não teria feito as conquistas que fez se trabalhasse sozinho. Quando diz que subiu nos ombros de gigantes para enxergar mais longe, Newton admite que suas descobertas só se tornaram possíveis porque ele se baseou nos conhecimentos de outros pesquisadores, tanto anteriores a ele quanto seus contemporâneos, com quem se comunicava regularmente.

Epistolar: por meio de cartas.

TEMA 3 — A TERCEIRA LEI DE NEWTON

Ação e reação é um par de forças de mesma intensidade e direção, mas de sentidos opostos.

Se, ao caminharmos, batemos o pé em uma pedra, sentimos dor. Nessa situação, ao exercermos uma força sobre o objeto, recebemos uma força de igual intensidade e mesma direção, mas em sentido oposto ao da força aplicada no objeto.

Diversas situações do dia a dia demonstram a ocorrência desse princípio. Ao nadar, uma pessoa realiza um movimento para trás com os braços e, no entanto, se desloca para a frente. Isso acontece porque a água aplica uma força sobre o nadador que o faz se movimentar no sentido contrário ao da força realizada por ele.

 Janela de lançamento

Como é órbita e o plano orbital da Estação Espacial Internacional (ISS)? Disponível em <http://mod.lk/ac9u04>

Para se deslocar, um nadador deve exercer uma força horizontal sobre a água, empurrando-a para trás e, com isso, conseguindo se deslocar para a frente.

Observando fenômenos desse tipo, Isaac Newton postulou que, sempre que um corpo A aplica uma força sobre um corpo B, o corpo A recebe uma força de reação de intensidade e direção iguais, mas de sentido oposto. Assim, uma das forças é chamada **ação**, e a outra, **reação**, configurando um par de forças ação-reação. É importante destacar que essas forças ocorrem de forma simultânea, ou seja, a reação surge no mesmo instante em que a ação passa a atuar.

Se você precisar fixar um prego em uma parede com a ajuda de um martelo, seu movimento fará o martelo realizar uma força sobre o prego, mas o prego também exercerá uma força sobre o martelo. Repare que as forças de ação e de reação **não** atuam sobre o mesmo corpo.

 Postular: considerar que algo é um fato, sem a necessidade de uma demonstração.

Ao bater no prego, o martelo sofre uma reação produzida pelo prego. As forças de ação e reação sempre atuam em corpos distintos. ($\vec{F}_{PM}$ é a força que o prego exerce no martelo, e $\vec{F}_{MP}$ a que o martelo exerce no prego).

Desse estudo resultou o princípio da ação e reação, também conhecido como terceiro princípio da Dinâmica ou terceira lei de Newton, que pode ser enunciada como:

Terceira lei de Newton: a toda força de ação corresponde uma força de reação de mesma intensidade, mesma direção, mas sentido contrário.

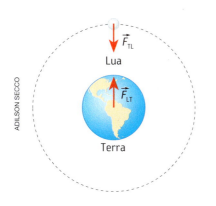

A Terra e a Lua atraem-se mutuamente com forças de mesma intensidade e direção, mas com sentidos contrários ($\vec{F}_{TL}$ e $\vec{F}_{LT}$). (Imagem sem escala; cores-fantasia.)

Quando caminhamos, aplicamos uma força de ação sobre o solo. A reação dessa força é outra força que, aplicada nos nossos pés, nos impulsiona para a frente.

A bola é deformada pela força gerada pelo seu impacto com a cabeça do jogador. Há uma força ($\vec{F}_{JB}$) sendo aplicada pelo jogador sobre a bola e outra ($\vec{F}_{BJ}$) força sendo aplicada pela bola sobre a cabeça do jogador.

O lançamento de um foguete é um exemplo de aplicação do terceiro princípio da Dinâmica. No momento do lançamento, o combustível é queimado, liberando grande quantidade de gases e de energia. Ao se expandirem, esses gases exercem uma força de enorme intensidade para baixo. Como a força de reação, que atua no foguete, tem a mesma intensidade e direção, mas sentido contrário, o foguete é impulsionado para cima.

Lançamento do foguete Soyuz TMA-8, veículo com destino à estação espacial internacional, em 2006, que tinha entre sua tripulação o astronauta brasileiro Marcos Pontes (n. 1963).

DE OLHO NO TEMA

1. Indique duas situações do seu cotidiano em que é possível destacar forças de ação e reação. Faça desenhos (vetores) para representar as forças envolvidas em cada caso.

2. Represente em um desenho as características da força peso sobre uma pessoa e a força de reação nessa situação.

ATIVIDADES — TEMAS 1 A 3

ORGANIZAR O CONHECIMENTO

1. Elabore uma explicação para o seguinte fenômeno: coloca-se um cartão sobre a boca de um copo e uma moeda sobre o cartão. Puxando-se rapidamente o cartão, a moeda cai dentro do copo.

2. Na situação em que alguém empurra um carrinho de compras, suponha que a força horizontal resultante necessária para deslocá-lo apresente intensidade de 30 N. Calcule a aceleração do movimento considerando que a massa total do carrinho e das compras seja igual a 20 kg.

3. Na brincadeira de cabo de guerra, duas equipes competem com o objetivo de fazer com que os integrantes do outro grupo ultrapassem marcações no solo.

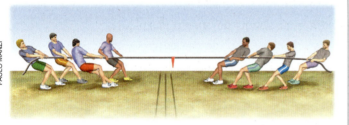

(Imagem sem escala; cores-fantasia.)

a) Faça um esboço da situação e desenhe as forças que cada integrante realiza.
b) Represente a força total de cada equipe e a força resultante da disputa, indicando intensidade, direção e sentido.
c) Indique algum aspecto ou alguma estratégia de jogo que deve ser levada em conta ao montar dois times que disputarão o cabo de guerra. Justifique recorrendo a pelo menos um elemento das leis de Newton.

4. Considere as figuras a seguir e indique em seu caderno a direção e o sentido das forças de ação e reação em cada caso.

a)
b)

ANALISAR

5. Observe a placa ao lado e relacione o seu conteúdo com a primeira lei de Newton.

6. Leia a tirinha a seguir e explique, com base no que você aprendeu nesta Unidade, o que o gato Garfield quis dizer com sua resposta.

7. Em seu caderno, desenhe as forças que atuam sobre cada um dos livros na situação representada na foto. Considere a interação que os objetos possuem com a Terra (peso), com a superfície da mesa ou com a superfície de um dos livros.

8. Para levantar voo, um avião em repouso percorre a pista em 20 s até atingir a velocidade de 40 m/s. Supondo que sua massa total seja de 4.000 kg, determine:
a) a aceleração média até o avião levantar voo.
b) a intensidade da força a que o avião esteve submetido até levantar voo.

EXPLORE

O CARRINHO QUE SE MOVE COM O AR

Para fazer um carrinho de brinquedo se movimentar, devemos empurrá-lo na direção em que queremos que ele se desloque. Nesta atividade prática, tentaremos movimentar o carrinho de maneira diferente.

MATERIAL

- Carrinho de brinquedo (sem fricção)
- Canudo plástico
- Balão
- Fita adesiva

PROCEDIMENTO

1. Fixe o canudo plástico no bico do balão usando a fita adesiva. É importante não deixar escapar ar entre o canudo e o balão quando ele estiver cheio.
2. Prenda o canudo com o balão sobre o carrinho utilizando a fita adesiva.
3. Encha a bexiga com ar e, quando acabar, segure firme a ponta do canudo, impedindo que o ar escape, como na figura abaixo.
4. Leve o carrinho para um lugar com piso regular e sem nenhum obstáculo. Retire o dedo da ponta do canudo e observe.

(Imagem sem escala; cores-fantasia.)

ATIVIDADES

1. Descreva o que ocorreu com o carrinho a partir do momento em que você tirou o dedo da extremidade do canudo.
2. Que fatores podem facilitar ou dificultar o movimento do carrinho?
3. Qual princípio explica o comportamento do carrinho na montagem realizada? Explique seu raciocínio.
4. Cite uma aplicação prática em que um movimento produzido é explicado pela mesma lei da Física que explica o comportamento do carrinho.

TEMA 4

FORÇA DE ATRITO

O atrito é uma força de contato que se estabelece por causa das imperfeições das superfícies que, por menores que sejam, dificultam o deslizamento de um corpo sobre outro, ou de um corpo imerso em um meio como a água ou o ar. O atrito atua no sentido contrário ao movimento que pretende ser estabelecido ou que já se estabeleceu. Sua direção é tangente às superfícies em contato.

O atrito está presente em muitas situações do dia a dia. Quando uma pessoa arremessa um objeto que começa a deslizar pelo piso, nossa experiência diz que sua velocidade diminuirá gradativamente, até o objeto parar. Como vimos na primeira lei de Newton, um movimento só é alterado se uma força for aplicada sobre o corpo. Caso contrário, seu estado de repouso ou de movimento deve ser mantido. Dessa forma, no exemplo citado, é a força de atrito a responsável por modificar a velocidade dos objetos, tendo em vista o contato entre o corpo que se movimenta e o piso.

A intensidade do atrito depende de vários fatores, entre os quais as características das superfícies que ficam em contato durante o movimento. Cada material oferecerá maior ou menor atrito de acordo com as características de sua superfície. Se você tentar mudar de lugar um armário sobre um piso de carpete, verá que a força de atrito nessa situação é maior do que a observada ao se deslocar o mesmo móvel sobre um piso de cerâmica, por exemplo. Isso acontece porque a superfície do carpete possui mais irregularidades que a do piso de cerâmica.

> O atrito é uma força que possui sentido oposto ao do movimento dos corpos.

Tangente: que toca as superfícies sem cortá-las.

RELAÇÃO ENTRE MOVIMENTO E ATRITO

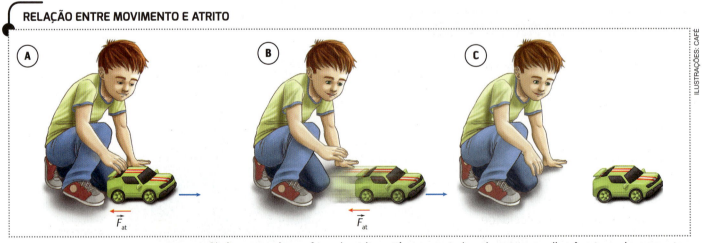

Na imagem acima, a força de atrito está representada pela seta vermelha. A seta azul representa a força realizada pela criança no carrinho. Para que o carrinho entre em movimento, a criança precisa realizar uma força de maior intensidade que o atrito (**A**). Em (**B**), a força de atrito continua atuando durante o movimento, fazendo com que a velocidade diminua gradualmente, até que o carrinho pare (**C**). (Imagem sem escala; cores-fantasia.)

Em várias situações o atrito é um efeito indesejável porque, além de se opor ao movimento, provoca o desgaste e o aquecimento das superfícies que entram em contato. Nesses casos, a força de atrito pode ser reduzida com o uso de lubrificantes, como óleos e graxas, que, quando colocados entre as superfícies em contato, preenchem as irregularidades delas e, consequentemente, reduzem o atrito.

Apesar dos problemas que o atrito pode trazer, ele é essencial para diversas situações do nosso cotidiano. Só é possível caminhar graças ao atrito entre nossos pés e o chão. Percebemos a importância do atrito quando escorregamos em um piso ensaboado, por exemplo. Além disso, sem ele também não seria possível fazermos uma simples tarefa, como segurar um lápis. Se utilizarmos luvas ou algum creme nas mãos acontece uma diminuição no atrito e já não conseguimos ter a mesma firmeza para segurar o objeto.

É também graças ao atrito que os veículos param quando são freados. Os freios de uma bicicleta, por exemplo, podem ser formados por sapatas de borracha que geram o atrito necessário para reduzir o movimento de rotação das rodas, quando pressionadas contra elas.

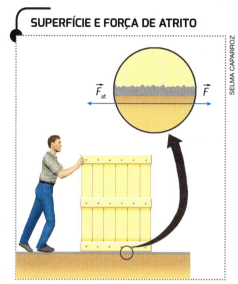

SUPERFÍCIE E FORÇA DE ATRITO

A força de atrito $\vec{F}_{at}$ opõe-se ao deslizamento ou ao rolamento de uma superfície sobre outra. Quanto mais rugosa for a superfície, maior é a força necessária para movimentar o corpo. (Imagem sem escala; cores-fantasia.)

A velocidade da bicicleta é reduzida quando as sapatas de borracha pressionam o aro da roda, produzindo atrito.

Óleos derivados do petróleo podem ser usados como lubrificantes de motores, reduzindo o desgaste das partes móveis.

RESISTÊNCIA DO AR E DA ÁGUA

O atrito não surge apenas entre superfícies sólidas; ele ocorre também quando um corpo se move em meio gasoso ou líquido.

Os corpos que se movimentam no ar sofrem a ação da resistência do ar. Essa ação não depende da massa dos corpos, mas sim de sua velocidade e de seu formato. Quanto maior a velocidade do corpo e sua área de contato com o ar, maior é a resistência oferecida pelo ar ao movimento.

Atletas saltam de grandes alturas com roupas especiais que aumentam a resistência do ar, o que lhes permite planar por algum tempo.

Para diminuir o atrito com o ar, carros de corrida, aviões e foguetes são construídos com formatos especiais, chamados de aerodinâmicos. O mesmo raciocínio pode ser aplicado ao movimento de um corpo na água: alguns animais aquáticos, como tubarões e golfinhos, possuem formato hidrodinâmico, que reduz a resistência da água ao movimento. Submarinos e a parte inferior dos barcos são construídos com formatos especiais que diminuem o atrito com a água.

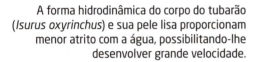

A forma hidrodinâmica do corpo do tubarão (*Isurus oxyrinchus*) e sua pele lisa proporcionam menor atrito com a água, possibilitando-lhe desenvolver grande velocidade.

VAMOS FAZER

Tempo de queda

Material

- Uma folha de papel

Procedimento

1. Divida a folha em duas partes iguais e amasse uma dessas metades, formando uma bolinha bem apertada.
2. Suba em uma cadeira e solte, ao mesmo tempo e da mesma altura, a metade não amassada da folha e a bola de papel. Qual delas alcançou o solo primeiro? Anote.
3. Pegue a metade não amassada da folha de papel e dobre-a em dois. Repita o passo 2, utilizando a bola de papel e a folha dobrada, e anote qual dos objetos chegou primeiro ao solo.
4. Dobre a folha ao meio novamente e repita o teste, anotando o resultado. Você deverá repetir esse procedimento mais duas vezes, totalizando quatro dobras no papel.

Atividades

1. Fale sobre a diferença de tempo de queda dos objetos em cada teste.
2. Considerando o que você sabe sobre atrito, qual é a relação entre a força de resistência do ar e o tempo de queda dos objetos?

DE OLHO NO TEMA

1. Indique dois procedimentos para reduzir o atrito entre as superfícies.
2. Você acha que existe alguma situação em que a força de resistência do ar pode ser desconsiderada?

TEMA 5

FORÇA ELÁSTICA, FORÇA NORMAL E EQUILÍBRIO

Existem diversas forças na natureza, como a normal e a elástica.

FORÇA ELÁSTICA

Molas ou materiais elásticos estão presentes em diferentes objetos do cotidiano, como na suspensão dos veículos ou em dispositivos criados para o fechamento automático de portas. Calçados também podem ter em seu solado materiais elásticos eficientes para absorver o impacto do caminhar. A prática de algumas modalidades esportivas requer materiais que possuam propriedades elásticas, como o salto com vara e o tiro com arco.

A mola de suspensão absorve o impacto do veículo ao passar em um buraco, por exemplo, e garante maior conforto e segurança aos passageiros.

No tiro com arco, a corda elástica é puxada pelo atleta no sentido contrário (indicado pela seta) ao do deslocamento que a flecha deve realizar.

O que caracteriza molas e elásticos é sua capacidade de se deformar quando submetidos a uma força e voltar ao estado original. Quando o objeto volta a ter o seu comprimento inicial após a interrupção da força, dizemos que a deformação sofrida é elástica.

Ao aplicarmos uma força sobre molas ou elásticos, comprimindo-os ou esticando-os, recebemos uma força de mesma intensidade e direção, mas no sentido oposto, de acordo com a terceira lei de Newton. A intensidade da força elástica é proporcional à deformação provocada e às características da mola.

FORÇA ELÁSTICA

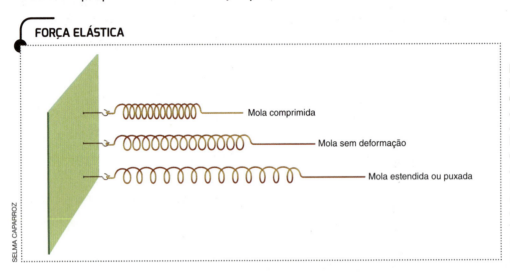

Nas situações indicadas, a força elástica durante a compressão atuará na direção horizontal, da esquerda para a direita. No caso da mola estendida ou puxada, a força elástica é orientada para a esquerda.

FORÇA NORMAL

Você já parou para pensar no motivo pelo qual não "atravessamos" o assento de uma cadeira ao sentarmos sobre ela? E por que conseguimos apoiar objetos sobre uma mesa sem que eles caiam? O principal motivo por trás dessas situações é que qualquer corpo em contato com uma superfície está sujeito à ação da **força normal**, que é a força exercida por uma superfície sobre um objeto para sustentá-lo. A força normal atua sempre na direção perpendicular, ou seja, formando um ângulo de 90º em relação à superfície de apoio do objeto, conforme mostrado na imagem a seguir.

AÇÃO DA FORÇA NORMAL SOBRE UMA PESSOA SENTADA

Na imagem ao lado, a seta representa a força normal que a cadeira exerce para sustentar a pessoa. Apesar de estar indicada apenas na pessoa, a força normal age em todos os pontos em que um corpo se apoia em uma superfície.

Considere um vaso com massa igual a 2 kg em repouso sobre uma mesa horizontal. Como podemos determinar a intensidade da força normal atuante sobre esse vaso? Nesse caso, para que a mesa sustente o peso do objeto sem ceder, a força normal ($\vec{F}_N$) deve possuir intensidade e direção iguais aos da força peso, porém com sentidos diferentes. Dessa maneira, temos:

$$\vec{P} = \vec{F}_N$$

Como a força peso é dada por $P = m \cdot g$, podemos considerar:

$$F_N = m \cdot g \rightarrow 2 \text{ kg} \cdot 10 \, \frac{m}{s^2} = 20 \text{ N}$$

É importante saber que, apesar de possuírem a mesma direção e sentidos opostos, a força normal e a força peso **não** constituem um par de ação e reação. A força de reação à força peso, nesse caso, é aquela exercida pelo vaso sobre a Terra, e não sobre a superfície onde está apoiado.

CORPOS EM EQUILÍBRIO

Imagine uma caneca sobre uma mesa. Se tomarmos a própria mesa como corpo de referência, podemos afirmar que a caneca se encontra em repouso e, portanto, em equilíbrio. Podemos concluir, então, que não há forças atuando sobre a caneca? Não! Estão atuando a força peso, que a atrai para o solo, e a força normal, originada da interação de contato entre a superfície da mesa e a caneca. A caneca permanece parada porque essas duas forças se anulam: elas têm a mesma intensidade, mas sentidos opostos. Assim, podemos dizer que uma das condições para haver o equilíbrio de um corpo é que a resultante das forças que agem sobre ele seja nula.

CONDIÇÃO DE EQUILÍBRIO

O equilíbrio de um corpo pode ser estável, instável ou indiferente. Quando um corpo está em **equilíbrio estável**, ele pode sofrer um pequeno deslocamento em relação à sua posição de equilíbrio, mas volta a ele em seguida. Se o corpo estiver em **equilíbrio instável**, qualquer pequeno deslocamento vai retirá-lo da posição de equilíbrio. No **equilíbrio indiferente**, no entanto, os deslocamentos não mudam a estabilidade do corpo.

CONDIÇÕES DE EQUILÍBRIO DE UM CORPO

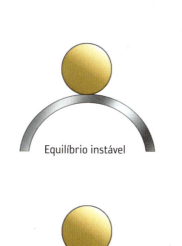

Equilíbrio estável

Equilíbrio instável

Equilíbrio indiferente

A condição de equilíbrio de um corpo depende do que acontece quando ele é deslocado. (Imagem sem escala; cores-fantasia.)

ENTRANDO NA REDE

No endereço **http://mod.lk/b8gac** você encontra um simulador de força elástica e gravitacional no qual podem ser penduradas diversas massas em uma mola, simulando ao mesmo tempo forças gravitacionais diferentes.

Acesso em: jul. 2018.

Trilha de estudo

Vai estudar? Nosso assistente virtual no *app* pode ajudar! <mod.lk/tr9u04>

DE OLHO NO TEMA

1. Descreva o que acontece quando um corpo é colocado na extremidade de uma mola, posicionada na direção vertical. Indique também o que deve ocorrer logo que o corpo for retirado. Faça um desenho que represente as duas situações.

2. Calcule a intensidade da força normal atuante sobre uma pessoa de massa igual a 60 kg sentada sobre uma superfície horizontal e plana.

3. Uma pessoa apoiou um objeto muito pesado sobre uma mesa, fazendo o móvel desabar. Escreva uma explicação científica para o ocorrido.

ATIVIDADES — TEMAS 4 E 5

ORGANIZAR O CONHECIMENTO

1. Considere a situação em que uma pessoa empurra uma caixa vazia sobre um piso. Em seguida, alguns objetos são colocados dentro da caixa. Em que situação a força de atrito será maior? Explique seu raciocínio.

2. O ato de apagarmos algo escrito a lápis com o uso de uma borracha evidencia a presença de qual tipo de força?

3. Cite duas maneiras para diminuir a força de resistência do ar durante um movimento.

ANALISAR

4. Os pneus dos automóveis merecem atenção dos motoristas a fim de evitar situações de risco à segurança de todos. Explique por que é necessário ficar atento ao desgaste sofrido por esse componente.

5. Na tabela ao lado, estão indicados os valores de uma grandeza chamada coeficiente de atrito estático. Ele está associado aos diferentes tipos de materiais e, quanto maior for seu valor, maior é a força de atrito a ser vencida para iniciar um movimento.

Material	Coeficiente de atrito estático
Aço com aço	0,6
Borracha com concreto	1,00
Vidro com vidro	0,90 a 1,00
Madeira com madeira	0,25 a 0,50

    Fonte: RESNICK, R.; HALLIDAY, D.; KRANE, K. S. *apud* PIETROCOLA, M. et al. *Física em contextos*. São Paulo: Editora do Brasil, 2016.

    a) Se desejamos que duas superfícies tenham pouco risco de se deslocarem uma em relação à outra, quais são os materiais mais indicados à serem utilizados?

    b) Na situação em que é importante minimizar o atrito, quais seriam os materiais mais indicados a serem utilizados?

6. As molas são caracterizadas por retornar ao seu comprimento inicial após serem esticadas ou comprimidas. Em que situação isso pode não acontecer? Explique seu raciocínio.

7. No momento em que um paraquedista aciona seu equipamento durante um voo, a velocidade do voo diminui de maneira brusca. Nesse contexto, responda:

    a) O que acontece em termos da análise de forças sobre o corpo do paraquedista quando ocorre a abertura do paraquedas?

    b) Se a força de resistência do ar sobre o paraquedista tiver a mesma intensidade que a força peso, como fica sua velocidade nesse caso?

8. (Enem) Uma pessoa necessita da força de atrito em seus pés para se deslocar sobre uma superfície. Logo, uma pessoa que sobe uma rampa em linha reta será auxiliada pela força de atrito exercida pelo chão em seus pés.
    Em relação ao movimento dessa pessoa, quais são a direção e o sentido da força de atrito mencionada no texto?
    a) Perpendicular ao plano e no mesmo sentido do movimento.
    b) Paralelo ao plano e no sentido contrário ao movimento.
    c) Paralelo ao plano e no mesmo sentido do movimento.
    d) Horizontal e no mesmo sentido do movimento.
    e) Vertical e sentido para cima.

PENSAR CIÊNCIA

Estudamos nesta Unidade as leis de Newton e retomamos em vários momentos suas ideias sobre a força gravitacional. Mas é possível nos aprofundarmos um pouco mais ao conhecermos alguns aspectos do pensamento de Isaac Newton.

De início, devemos nos lembrar de que o contexto histórico de determinada época é um fator importante para determinar as convicções dos cientistas, as quais permeiam a forma como as teorias e os conceitos são construídos. Vamos tomar como exemplo o raciocínio e os elementos utilizados por Newton em sua explicação sobre a gravidade tendo como base o texto a seguir:

A teoria da Gravitação Universal, proposta por Isaac Newton, explica por que os planetas do Sistema Solar permanecem em órbita ao redor do Sol. (Imagem sem escala; cores-fantasia.)

> [...] Os estudos newtonianos sobre a alquimia advinham de antes mesmo da sua preocupação com a gravitação. A tradição alquímica podia sugerir interação a distância, um espaço transmitindo ação entre os corpos, o que se mostrou uma explicação para a gravidade. Newton então desenvolveu a Teoria da Gravitação Universal baseada nesses princípios.
>
> As concepções religiosas de Newton lhes proporcionaram a asserção de que a causa da gravidade é justamente a atuação divina no mundo a todo instante. O Deus de Newton está e age sobre todas as coisas no Universo em todo o tempo [...].
>
> É interessante ressaltar que, apesar de ter formulado a Gravitação pelos fundamentos da alquimia, Newton nunca aceitou que a interação entre os corpos pudesse ter acontecido a distância. Somente os cientistas que seguiam as teorias newtonianas do século XVIII aceitaram e disseminaram a ideia. [...]

Fonte: LEPRIQUE, K. L. P. A.; GOMES, L. C. *A teoria da Gravitação Universal*: abordagem da história da ciência no ensino de Física. Disponível em: <http://mod.lk/kltyo>. Acesso em: jul. 2018.

Alquimia: prática envolvendo a realização de operações químicas, que consistiam em transformar metais em ouro a partir do contato com o fogo; também possui elementos associados ao misticismo, à astrologia e à filosofia.

ATIVIDADES

1. Atualmente, a alquimia (assim como a astrologia) não é considerada uma área da ciência. Como você interpreta o fato de Newton ter proposto as ideias centrais a respeito da gravidade tendo por base seus estudos em alquimia?

2. Em algumas situações, é criada uma oposição entre religião e ciência, de maneira que essas áreas são consideradas incomunicáveis. Qual a sua opinião a respeito disso? Considere em sua reflexão o caso de Newton, cujas convicções religiosas estiveram presentes diretamente na formulação de sua teoria.

3. Por que a gravidade é interpretada hoje como uma força de atuação a distância, mas Newton não defendia essa ideia? Explique seu raciocínio.

ATITUDES PARA A VIDA

Doze razões para usar o cinto de segurança

[...]

No Brasil, o Artigo 65 do Código de Trânsito diz que "É obrigatório o uso do cinto de segurança para condutor e passageiros em todas as vias do território nacional, salvo em situações regulamentadas pelo [Conselho Nacional de Trânsito] [...]".

Independentemente da lei, vejamos algumas razões para usar o cinto:

- O cinto de segurança é imprescindível para proteger os ocupantes do veículo. É um equipamento simples, fácil de usar e que não traz desconforto. Quando ocorre uma colisão, todos corpos soltos continuam na mesma velocidade do veículo até encontrarem algo que os retenha. Se não estiverem de cinto, as pessoas se chocam umas com as outras ou contra o para-brisa, o volante, o painel do carro. Geralmente as consequências são graves. O primeiro papel do cinto de segurança é impedir que as pessoas se choquem contra as paredes do veículo ou se choquem umas contra as outras.

- Usar cinto de segurança diminui o risco de morte em 50%. Essa estatística leva em conta todos os tipos de colisão. A eficácia do cinto varia segundo o tipo de colisão (frontal, lateral, traseira), segundo a velocidade, o tipo de veículo.

- Se a pessoa for arremessada para fora do veículo em uma colisão, sua chance de sobreviver é dividida por cinco. Além do impacto da queda, há o risco de ela se chocar contra o meio-fio ou objetos fixos nas laterais da via. Se cair e ficar na pista, pode ser atropelada por veículos.

- O cinto é eficaz em colisões leves, que são as mais frequentes. Nesses casos o cinto permite sair ileso do acidente. Cerca de 70% das colisões ocorrem com velocidades inferiores a 50 km/h, quando o cinto de segurança é muitíssimo eficaz. Mesmo em altas velocidades a gravidade dos ferimentos diminui consideravelmente com o uso do cinto. Um estudo europeu que considerou 28 mil acidentes mostrou que não houve óbito em colisões ocorridas com velocidades inferiores a 100 km/h e utilizavam o cinto.

- Há inúmeros registros de ocupantes sem cinto que tiveram ferimentos graves ou morreram em colisões em velocidades inferiores a 20 km/h.

- A força de um impacto de uma colisão a 50 km/h corresponde a 35 vezes o peso da pessoa. Uma pessoa de 70 [kg] [...] sofrerá um impacto de 2.450 [kg] [...]. Uma criança de 30 [kg] [...] receberá um impacto de mais de uma tonelada (1.050 kg). Sem cinto ninguém consegue segurar a multiplicação do peso. É o cinto que faz esse [trabalho]. Para lembrar: um choque a 50 km/h corresponde a cair de uma altura de mais de 10 metros!

- Igualmente submetidos às leis da Física, os passageiros do banco de trás também devem usar o cinto de segurança. Mais: sem usar o cinto, os passageiros do banco de trás ameaçam a segurança de quem está nos bancos da frente. 80% das mortes de pessoas dos bancos da frente são causadas por passageiros sem cinto no banco de trás.

O uso do cinto de segurança evita que os corpos sejam projetados para fora do carro.

- O cinto de segurança reduz em 40% o risco de traumatismo cranioencefálico (TCE), que é o mais grave. Metade dos mortos em acidentes de trânsito tem esse tipo de lesão.

- Os argumentos de que se o veículo pegar fogo ou afundar n'água os ocupantes morreriam não se sustentam. Nessas situações, usando o cinto de segurança as pessoas têm grandes chances de sobreviver, pois irão continuar conscientes e poderão se soltar do cinto.

- Usado corretamente, o cinto de segurança protege a vida da mãe e aumenta as chances de sobrevivência do feto. A alça inferior do cinto deve ser apoiada no osso da bacia da mãe.

- Algumas pessoas argumentam que correr risco é uma questão de liberdade pessoal. Porém, os custos decorrentes dos acidentes são distribuídos sobre toda [a] sociedade. Além [de] pessoal, a segurança é também uma questão social.

- Metade dos brasileiros sofrerá pelo menos um acidente de trânsito na vida. O cinto de segurança é como uma vacina, quem estiver protegido se salvará.

[...]

Fonte: LIMA, D. D. Instituto de segurança no trânsito, 11 jul. 2017. Disponível em <http://mod.lk/d2fva>. Acesso em: jul. 2018.

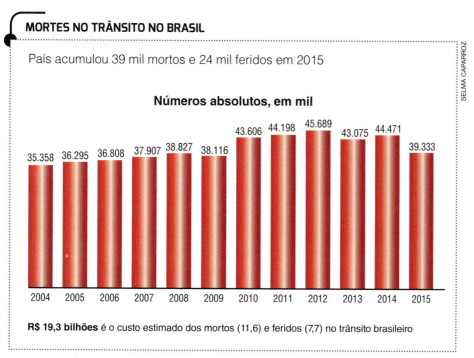

MORTES NO TRÂNSITO NO BRASIL

País acumulou 39 mil mortos e 24 mil feridos em 2015

Números absolutos, em mil

2004	2005	2006	2007	2008	2009	2010	2011	2012	2013	2014	2015
35.358	36.295	36.808	37.907	38.827	38.116	43.606	44.198	45.689	43.075	44.471	39.333

R$ 19,3 bilhões é o custo estimado dos mortos (11,6) e feridos (7,7) no trânsito brasileiro

Fonte: LOBEL, F. Acidentes de trânsito custam R$ 19 bi por ano, e Brasil fica longe de meta. *Folha de S.Paulo*, 2 nov. 2017. Disponível em: <http://mod.lk/0srgd>. Acesso em: jul. 2018.

TROCAR IDEIAS SOBRE O TEMA

Em grupo, discutam os seguintes pontos:

1. Em veículos como ônibus urbanos não existem cintos de segurança para todos os passageiros. Nesse caso, o que pode ser feito para garantir a segurança dos passageiros?

2. Além do uso do cinto de segurança, quais são as outras atitudes que podem ser tomadas a fim de salvar vidas e diminuir o custo associado aos acidentes de trânsito?

3. Por muito tempo, o uso do cinto de segurança foi considerado supérfluo, sendo que até hoje é considerado desnecessário por algumas pessoas. Como é possível convencê-las do contrário?

Para fazer essas questões, **apliquem conhecimentos prévios a novas situações**. Alguns conteúdos abordados nessa Unidade e em outras que foram vistas na escola podem ajudar nessa tarefa.

COMO EU ME SAÍ?

- Consegui relacionar o que aprendi na Unidade para justificar algumas das razões citadas para usar o cinto de segurança?

- Usei conhecimentos que eu já possuía para propor atitudes que diminuam as mortes no trânsito?

COMPREENDER UM TEXTO

BIOMIMETISMO, QUANDO A INDÚSTRIA APRENDE COM A NATUREZA

O que o velcro, um maiô de corpo inteiro e o maior avião de passageiros do mundo têm em comum? A resposta está em um campo crescente de estudos científicos por meio do qual engenheiros, cientistas e arquitetos estão olhando não para o que podemos extrair do mundo natural, mas para o que podemos aprender com ele: o biomimetismo. [...]

O A380 é uma das maiores aeronaves do mundo e a primeira a ser construída com dois andares.

ATITUDES PARA A VIDA

- **Pensar de maneira interdependente**

  Pesquisadores precisam de conhecimento para solucionar seus problemas. No entanto, mesmo pesquisadores com alto nível de conhecimento e competência podem ter dificuldades para encontrar soluções para problemas muito complexos. Recorrer a outras pessoas e se inspirar em situações já existentes para solucionar problemas.

Por que um fabricante de aeronaves estaria interessado em biodiversidade?

Mais de 30% das espécies conhecidas no mundo inteiro estão sob ameaça. [...] O prejuízo potencial para o nosso planeta e as gerações futuras já é desastroso, mas, o que é pior, significa também a perda de fontes vitais de inspiração e inovação. Nos últimos 40 anos, a inovação tecnológica tem reduzido a queima de combustível e as emissões de poluentes das aeronaves em 70% e o ruído em 75%. Hoje, a indústria da aviação contribui com 2% de todas as emissões antropogênicas de CO_2. Ela continua a procurar soluções tecnológicas para ajudar a reduzir esse impacto ainda mais – e a natureza pode fornecer as respostas.

O mundo natural, obviamente, sempre tem sido uma fonte de inspiração para a indústria da aviação, desde que o inventor italiano Leonardo da Vinci começou a desenhar aviões e helicópteros, cerca de 500 anos atrás. Seus desenhos intrigantes foram baseados em observações contínuas do mundo ao seu redor.

[...]

Antropogênicas: feitas pelos seres humanos.

Como as aeronaves imitam a natureza? Um número crescente de inovações aeronáuticas é inspirado por uma vasta gama de estruturas naturais, órgãos e materiais – os padrões experimentados e testados no mundo natural.

[...]

Para dar [um] exemplo, da mesma forma que as aves marinhas sentem as rajadas de vento no ar com seu bico e ajustam o formato das penas de suas asas para suprimir a força de ascensão, sondas [em um modelo de aeronave] detectam rajadas de vento na frente da asa e posicionam as superfícies móveis para um voo mais eficiente.

Que espécie inspirou o A380? [Os] engenheiros aprenderam muito a partir de aves como a águia-das-estepes (*Aquila nipalensis*). As asas da águia não podem ser muito longas ou seu diâmetro da curva (a distância entre os pontos opostos de um círculo) irá levá-la para fora das térmicas, as colunas ascendentes de ar quente, com cerca de 20 metros de largura, em que ela se baseia para voar alto no céu. As asas da águia equilibram perfeitamente a máxima elevação com o mínimo comprimento. Ela pode manipular as penas nas pontas, enrolando-as para cima até que elas estejam quase na vertical, para criar um *winglet* (componente aerodinâmico, em geral com a forma de uma aba vertical ou inclinada, posicionado na extremidade livre da asa de uma aeronave a fim de reduzir o arrasto induzido), uma adaptação natural que atua como uma barreira contra o vórtice de voo altamente eficiente.

Os engenheiros do A380 enfrentaram quase o mesmo problema – só que dessa vez o problema não estava girando dentro de térmicas, mas dentro de aeroportos! Como eles poderiam criar sustentação suficiente para o maior avião de passageiros do mundo de modo a ainda encaixá-lo nos aeroportos, onde a largura da envergadura (e extensão das asas) é limitada a 80 metros? Se fosse construída a partir de um projeto convencional, a envergadura do A380 teria de ser aproximadamente 3 metros mais longa, a fim de criar o impulso necessário para pôr

A águia-das-estepes (*Aquila nipalensis*), cujas asas serviram de inspiração para projetar dispositivos das asas de aeronaves.

a fuselagem no ar. Isso é por causa de pequenas bolsas de ar chamadas de vórtices de ponta de asa, criadas por escapes de ar de alta pressão sob a asa, em torno das extremidades. Elas significam que as extremidades da asa não fornecem nenhuma elevação e, assim, a asa tem de ser maior. Mas, graças a pequenos dispositivos, os *winglets*, que imitam o movimento de elevação das penas da águia, as asas do A380 têm apenas 79,8 metros de largura – mantendo-se, desse modo, 20 centímetros dentro do limite dos aeroportos mais importantes.

[...]

Fonte: PICARD F. Biomimetismo, quando a indústria aprende com a natureza. *Planeta*, n. 459, 1 dez. 2010. Disponível em: <http://mod.lk/1daf1>. Acesso em: jul. 2018.

ATIVIDADES

OBTER INFORMAÇÕES

1. Cite algumas características que os engenheiros buscam aperfeiçoar nos aviões.

2. Como uma ave inspirou a criação do A380?

INTERPRETAR

3. Construir o maior avião do mundo pode esbarrar em problemas que não estão necessariamente ligados ao projeto da aeronave. Cite um problema desse tipo que foi solucionado para o desenvolvimento de aeronaves grandes.

PESQUISAR

4. Como a biodiversidade está relacionada ao biomimetismo?

UNIDADE 5

ONDAS: SOM E LUZ

As sondas Voyager

5 setembro
A Voyager 1 é lançada do Kennedy Space Flight Center, nos Estados Unidos

5 março
Voyager 1 está próxima a Júpiter

12 novembro
Voyager 1 está próxima de Saturno e começa sua jornada para fora do Sistema Solar

14 fevereiro
A última imagem da Voyager 1: um retrato do Sistema Solar

VOYAGER 1

1977 | 1978 | 1979 | 1980 | 1981 | 1982 | 1983 | 1984 | 1985 | 1986 | 1987 | 1988 | 1989 | 1990 | 1991 | 1992 | 1993 | 19

VOYAGER 2

20 agosto
A Voyager 2 é lançada do Kennedy Space Flight Center, nos Estados Unidos

25 agosto
Voyager 2 está próxima de Saturno

24 janeiro
A Voyager 2 é o primeiro aparelho humano a chegar próximo a Urano

25 agosto
A Voyager 2 é o primeiro aparelho humano a chegar próximo a Netuno e começa sua viagem para fora do Sistema Solar

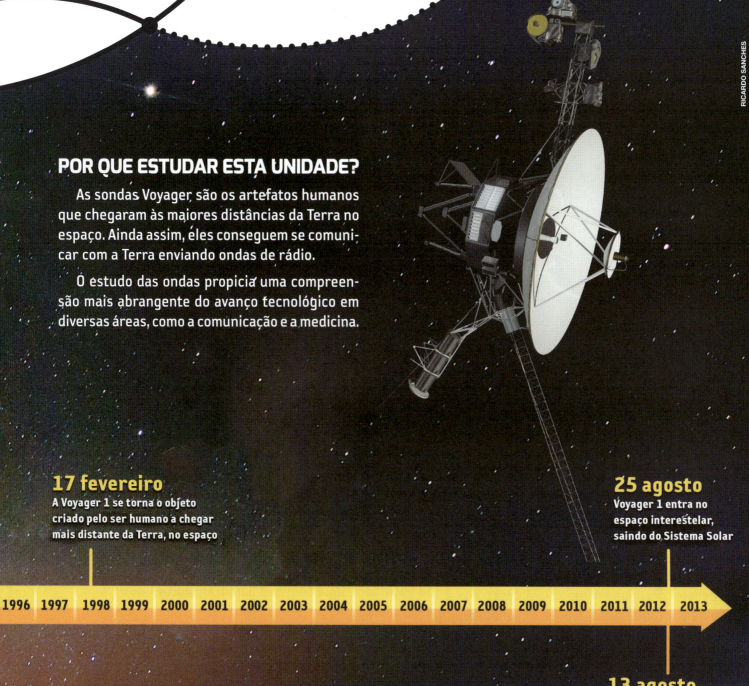

POR QUE ESTUDAR ESTA UNIDADE?

As sondas Voyager são os artefatos humanos que chegaram às maiores distâncias da Terra no espaço. Ainda assim, eles conseguem se comunicar com a Terra enviando ondas de rádio.

O estudo das ondas propicia uma compreensão mais abrangente do avanço tecnológico em diversas áreas, como a comunicação e a medicina.

17 fevereiro
A Voyager 1 se torna o objeto criado pelo ser humano a chegar mais distante da Terra, no espaço

25 agosto
Voyager 1 entra no espaço interestelar, saindo do Sistema Solar

1996 | 1997 | 1998 | 1999 | 2000 | 2001 | 2002 | 2003 | 2004 | 2005 | 2006 | 2007 | 2008 | 2009 | 2010 | 2011 | 2012 | 2013

13 agosto
A Voyager 2 torna-se o objeto espacial a mais tempo em operação

 COMEÇANDO A UNIDADE

1. Como se dá a comunicação a grandes distâncias?
2. Como a luz do Sol chega até a Terra?
3. Qual é a diferença entre luz e som?
4. Por que ouvimos o trovão alguns segundos depois de vermos o raio?

 ATITUDES PARA A VIDA

- Pensar e comunicar-se com clareza
- Persistir

TEMA 1
ONDAS E SUAS CARACTERÍSTICAS

As ondas transportam energia, mas não carregam matéria.

ONDAS

Quando chutamos uma bola, nosso pé transfere energia para ela, que entra em movimento, pois adquiriu energia cinética. Se essa bola atingir um objeto, parte da energia pode ser transferida para ele, derrubando-o ou quebrando-o. Nesse exemplo, a energia e a matéria (a bola) foram transportadas juntas de um ponto a outro.

Será que é possível transportar apenas energia, sem que a matéria seja deslocada? A resposta para essa pergunta é sim, e isso ocorre por meio das **ondas**.

MOVIMENTOS ONDULATÓRIOS

Realize a seguinte atividade: em um ambiente fechado e sem vento, deixe uma bacia ou panela com água em repouso e, com o auxílio de um conta-gotas, pingue uma gota de água no centro da bacia. Você verá algo muito parecido com a imagem abaixo: uma série de círculos concêntricos afastando-se do centro – eles são decorrentes das ondas se propagando.

Nesse exemplo, a gota que sai do conta-gotas gera uma perturbação na água da bacia, promovendo o deslocamento de um **pulso de onda**. Se essa perturbação ocorrer com intervalos de tempo iguais, será formada uma onda periódica, que é a sucessão de pulsos regulares.

Embora a onda se mova do centro para as bordas, a água oscila apenas verticalmente com a passagem da perturbação; não há movimento da água na direção horizontal. Imagine que houvesse uma folha sobre a água na bacia. Conforme a onda passasse, a folha apenas oscilaria para cima e para baixo, mas não se moveria em direção às bordas. Assim, a energia é transferida de uma região a outra da bacia com água sem que haja transporte de matéria.

PROPAGAÇÃO DE ONDAS

A perturbação faz com que a água oscile verticalmente: para cima e para baixo. Não há movimento horizontal. (Imagem sem escala; cores-fantasia.)

ONDA E MATÉRIA

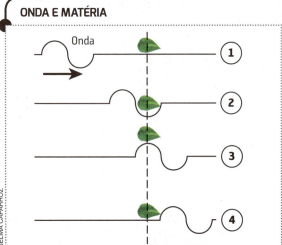

Em (**1**), a onda se desloca para a direita, e em (**2**) alcança a folha. A onda continua seu trajeto, fazendo a folha oscilar para cima (**3**). Após a passagem da onda (**4**), a folha volta para a sua posição inicial. (Imagem sem escala; cores-fantasia.)

Podemos classificar as ondas de duas formas: quanto à sua **natureza** ou quanto à sua forma de **propagação**.

Fonte: ZITZEWITZ, P. W. et al. Physics: principles and problems. Ohio: Glencoe/McGraw-Hill, 2009.

NATUREZA DAS ONDAS

De acordo com sua natureza, as ondas podem ser classificadas em mecânicas ou eletromagnéticas.

- **Ondas mecânicas**: são ondas que se propagam em meios materiais. O som, por exemplo, é uma onda que se propaga no ar, em sólidos e em líquidos. As ondas do mar, por sua vez, propagam-se na superfície da água, enquanto os terremotos geram ondas que se propagam na crosta terrestre. As ondas mecânicas são geradas pela vibração de objetos materiais que, em geral, transmitem essa vibração ao meio.

As cordas de um violão vibram pela ação dos dedos do músico. Cada corda passa essa vibração ao ar, produzindo o som.

- **Ondas eletromagnéticas**: são ondas que, para se propagar, não necessitam de um meio material, podendo se propagar no vácuo. A luz, as ondas de rádio, as micro-ondas, os raios infravermelhos, os raios ultravioleta e os raios X são alguns exemplos de ondas eletromagnéticas.

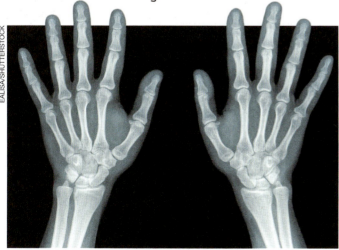

As ondas de raios X são utilizadas para detectar possíveis fraturas nos ossos.

PROPAGAÇÃO E OSCILAÇÃO DAS ONDAS

Podemos classificar as ondas em transversais ou longitudinais, de acordo com a direção de propagação e a direção de oscilação delas.

- **Ondas transversais**: são ondas que possuem a direção da vibração perpendicular à direção de propagação. Considere uma mola com uma extremidade fixa conforme a figura abaixo. Quando a pessoa oscila a extremidade livre dessa mola para cima e para baixo, a onda se propaga na direção horizontal.

ONDAS TRANSVERSAIS

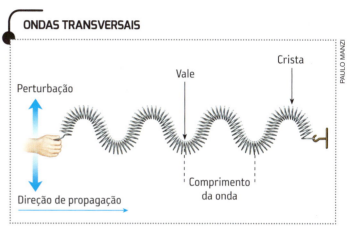

A perturbação na mola (movimento de sobe e desce) é perpendicular à direção de propagação da onda. (Imagem sem escala; cores-fantasia.)

Fonte: ZITZEWITZ, P. W. et al. *Physics*: principles and problems. Ohio: Glencoe/McGraw-Hill, 2009.

- **Ondas longitudinais**: são ondas que possuem a direção de vibração coincidente com a direção de propagação. Considere agora que a mesma mola do exemplo anterior esteja sobre uma superfície e alguém execute movimentos de compressão e distensão sobre ela. Serão criadas regiões de compressão e de expansão na mola, que oscilará na mesma direção da vibração.

ONDAS LONGITUDINAIS

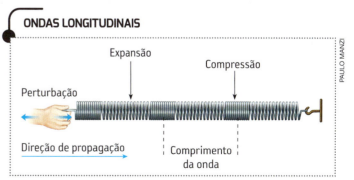

A perturbação na mola (movimento de vaivém) tem a mesma direção que a propagação da onda. (Imagem sem escala; cores-fantasia.)

Fonte: HEWITT, P. G. *Física conceitual*. Porto Alegre: Bookman, 2015.

CARACTERÍSTICAS DAS ONDAS

Para conhecer melhor as ondas, precisamos analisar suas principais características: **amplitude**, **comprimento**, **período** e **frequência**. Para estudarmos essas propriedades, imagine uma corda presa por uma de suas extremidades a um poste e segurada pela outra extremidade por uma garota. Se essa garota oscilar sua mão para cima e para baixo, repetidas vezes e em movimentos regulares, teremos a formação de uma onda. Se em determinado instante de tempo esse movimento for fotografado, teremos uma situação semelhante à da imagem abaixo. Podemos destacar dois pontos importantes na corda: o ponto de perturbação máxima e o ponto de perturbação mínima, que recebem o nome de **crista** e **vale**, respectivamente. Eles ficam à mesma distância da altura na qual a corda está amarrada.

CRISTA E VALE DE UMA ONDA

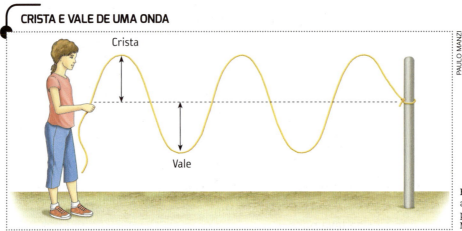

Fonte: ZITZEWITZ, P. W. et al. *Physics:* principles and problems. Ohio: Glencoe/McGraw-Hill, 2009.

Onda se propagando em uma corda, produzindo os pontos de máxima e de mínima perturbação: a crista e o vale. (Imagem sem escala; cores-fantasia.)

De maneira geral, as ondas são perturbações periódicas que se propagam sem o transporte de matéria. Em ondas produzidas em uma corda ou na água, por exemplo, a perturbação que se propaga é a amplitude da corda ou do nível de água.

A **amplitude** equivale à distância entre uma crista ou um vale e o ponto de equilíbrio (a posição que cada ponto da corda assume quando ela não está vibrando). A amplitude indica a **quantidade de energia** que a onda está propagando.

ONDAS COM AMPLITUDES DIFERENTES

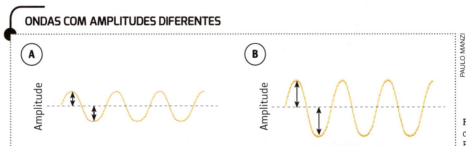

Fonte: HEWITT, P. G. *Física conceitual*. Porto Alegre: Bookman, 2015.

Quanto maior a amplitude, maior a quantidade de energia transportada pela onda. A onda (**A**) transporta menos energia que a (**B**), pois tem menor amplitude. (Imagem sem escala; cores-fantasia.)

134

O **comprimento de onda** é a distância entre duas cristas ou entre dois vales consecutivos.

ONDAS COM COMPRIMENTOS DIFERENTES

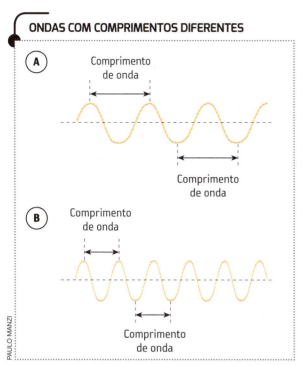

O comprimento de onda é a distância entre quaisquer duas partes idênticas e sucessivas da onda. (Imagem sem escala; cores-fantasia.)

Fonte: HEWITT, P. G. *Física conceitual*. Porto Alegre: Bookman, 2015.

O **período** é o tempo que a onda leva para executar uma oscilação completa. Por exemplo, em determinado instante, um ponto da onda é uma crista (ponto vermelho na figura a seguir); ao completar um período completo, esse ponto será novamente uma crista. No Sistema Internacional de Unidades (SI), a unidade do período é dada em segundos (s).

Por fim, podemos fazer a contagem de quantas oscilações ocorrem em determinada unidade de tempo. Essa informação nos dá a **frequência** da onda. No SI, a unidade de frequência é o hertz (Hz). Uma onda que oscila dez vezes por segundo tem frequência de 10 Hz.

PERÍODO

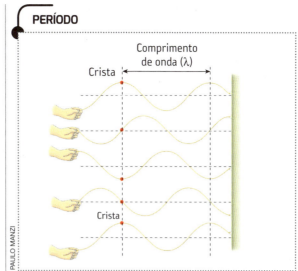

Período é o intervalo de tempo necessário para que ocorra uma oscilação completa (ponto vermelho) ou o deslocamento de um comprimento de onda. (Imagem sem escala; cores-fantasia.)

Fonte: HEWITT, P. G. *Física conceitual*. Porto Alegre: Bookman, 2015.

VELOCIDADE

A velocidade de propagação com que uma crista ou um vale se movem corresponde à velocidade de propagação da onda e depende de fatores como o meio em que ela se encontra. As ondas produzidas em uma corda a partir de um impulso constante, por exemplo, propagam-se sempre com a mesma velocidade, independentemente da amplitude, da frequência ou do comprimento de onda. É possível mudar a velocidade da onda trocando a corda por outra, de diferente espessura ou material, ou alterando sua tensão, isto é, deixando-a mais ou menos esticada.

Existe uma relação entre o comprimento de onda (λ) e a frequência (f) das ondas que se propagam em um mesmo meio, isto é, com a mesma velocidade (v). A unidade da velocidade de onda no SI é em metro por segundo (m/s).

$$v = \lambda \cdot f$$

Repare que o comprimento de onda e a frequência são grandezas inversamente proporcionais. Isso significa que, quanto maior o comprimento de uma onda, menor será sua frequência.

DE OLHO NO TEMA

1. As ondas são fenômenos que transportam matéria e energia?
2. Qual é a principal diferença entre ondas transversais e ondas longitudinais?

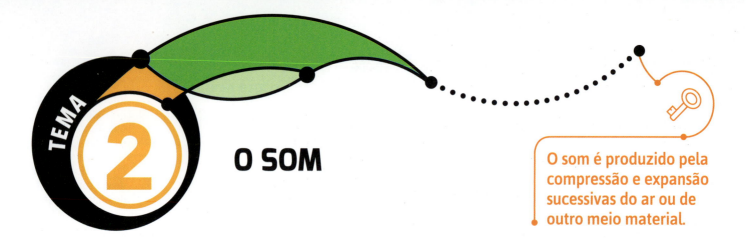

TEMA 2

O SOM

O som é produzido pela compressão e expansão sucessivas do ar ou de outro meio material.

COMO SE PRODUZ O SOM

Todos os sons estão associados à vibração de um meio físico. Quando ouvimos a voz de uma pessoa falando, perturbações no ar se deslocam desde o emissor até nossas orelhas. Acompanhe na figura a seguir o que ocorre quando um som é transmitido por um alto-falante: quando a onda sonora é emitida, a região mais próxima à parte interna do alto-falante (representada por uma mola) vibra, propagando o som para o ar.

A cada vibração, o ar próximo ao alto-falante é comprimido e expandido. A sequência de compressões e rarefações sucessivas do ar se propaga em todas as direções na forma de uma onda longitudinal. Perceba que, para se propagar, o som necessita de um meio material. Assim, o som é classificado como uma **onda mecânica**. Muitas vezes notamos o barulho de explosões e de tiros no espaço em filmes cinematográficos. Esses sons, na verdade, não podem ser escutados no cosmos, pois as ondas sonoras não se propagam no vácuo.

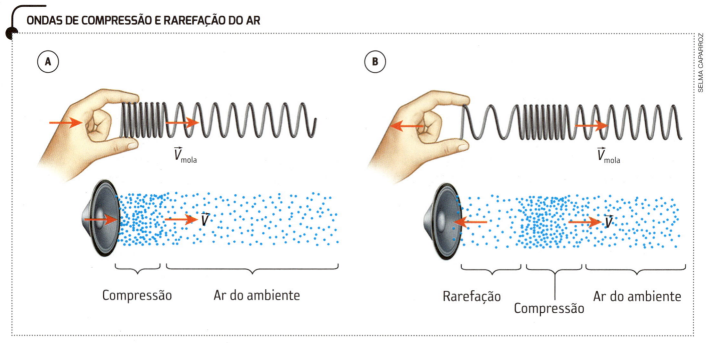

ONDAS DE COMPRESSÃO E RAREFAÇÃO DO AR

(**A**) Quando a parte interna do alto-falante vibra em direção ao exterior do aparelho, cria uma compressão no ar. (**B**) Quando a parte interna do alto-falante vibra em direção ao interior do aparelho, cria uma rarefação no ar. As regiões mais escuras e mais claras no ar, que representam respectivamente a condensação e a rarefação na mola, foram incluídas para fins didáticos de comparação. A velocidade da onda na mola é muito menor que a velocidade do som no ar. Para simplificar, as duas ondas são apresentadas tendo a mesma velocidade. (Imagem sem escala; cores-fantasia.)

Fonte: CUTNELL, J. D.; JOHNSON, K. W. *Physics*. New Jersey: Wiley, 2012.

> **SAIBA MAIS!**
>
> ### Sistema auditivo humano
>
> Quando a onda sonora atinge o sistema auditivo de uma pessoa, faz vibrar sua membrana timpânica. Essas vibrações são então transmitidas para a orelha interna por meio de um conjunto de pequenos ossos (ossículos). Na orelha interna as vibrações são captadas por células sensoriais especializadas e, então, convertidas em impulsos nervosos, que são enviados ao cérebro pelo nervo auditivo.
>
> **ESTRUTURA DA ORELHA HUMANA**
>
>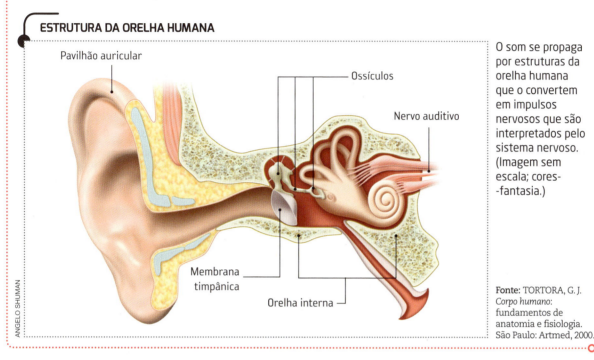
>
> O som se propaga por estruturas da orelha humana que o convertem em impulsos nervosos que são interpretados pelo sistema nervoso. (Imagem sem escala; cores-fantasia.)
>
> **Fonte:** TORTORA, G. J. *Corpo humano:* fundamentos de anatomia e fisiologia. São Paulo: Artmed, 2000.

A VELOCIDADE DO SOM

Quando vemos um relâmpago (o clarão resultante da descarga elétrica entre nuvens ou entre nuvem e solo), geralmente ouvimos o trovão (o som) somente depois de alguns segundos. Isso ocorre porque a velocidade do som é muito menor que a da luz: enquanto a velocidade do som no ar é de aproximadamente 340 m/s, a velocidade da luz é de cerca de 300.000.000 m/s. Lembre-se de que o som é uma onda mecânica e a luz é uma onda eletromagnética.

A velocidade do som depende do meio em que ele se propaga e das condições desse meio, como a temperatura.

O som propaga-se não só no ar, mas também em sólidos e líquidos. A velocidade do som nesses meios é maior que nos gases, pois a transmissão da perturbação está relacionada com a **coesão** do material que compõe o meio físico. Como nos sólidos e líquidos as partículas estão mais agregadas entre si, o som se propaga com maior velocidade nesses meios do que nos gases. Confira na tabela abaixo a velocidade de propagação do som em diferentes materiais.

VELOCIDADE DO SOM EM DIFERENTES MEIOS MATERIAIS		
Meio de propagação	Temperatura (°C)	Velocidade (m/s)
Gás oxigênio	15	324
Gás hidrogênio	15	1.290
Água	20	1.490
Chumbo	20	1.200
Cobre	20	3.710
Alumínio	20	5.040

Fonte: UNESP. Princípios do som. Disponível em: <http://mod.lk/olmvn>. Acesso em: jul. 2018.

Coesão: força entre átomos e moléculas que constituem um material.

Também é possível perceber a velocidade do som no deslocamento de aviões. Dependendo da velocidade do avião, pode-se ouvir o som que ele emite antes de se conseguir vê-lo. Porém, em 1947, pela primeira vez um avião voou mais rápido que a velocidade do som, sendo o primeiro avião supersônico. Nessa situação, as ondas geradas pelo deslocamento do avião chegam ao solo apenas depois que o avião passa. Ou seja, o avião passa pelo local antes do próprio som.

O concorde era um avião supersônico que fazia voos comerciais. Atualmente, existem alguns modelos de avião que estão sendo testados para retomar esse tipo de operação.

VAMOS FAZER

Onda de choque

Material

- Pote de plástico
- Elástico
- Saco de plástico fino e liso
- Açúcar ou sal
- Telefone celular ou caixa de som portátil

Procedimento

1. Estique bem o saco plástico sobre a boca do pote e prenda-o com um elástico.
2. Espalhe um pouco do açúcar ou sal sobre o saco plástico.
3. Escolha algumas músicas e aproxime o celular ou a caixa de som do pote.

Registre em seu caderno

O que aconteceu com os grãos de açúcar ou sal? Como você explica isso?

ENTRANDO NA REDE

No endereço **http://mod.lk/re1i2** você pode ouvir o som emitido por algumas espécies de baleias que se assemelha a cantos.

Acesso em: jul. 2018.

DE OLHO NO TEMA

1. Qual é o principal motivo de o som não se propagar no espaço sideral?
2. O som se propaga com a mesma velocidade em todos os meios? Justifique sua resposta.

ATIVIDADES — TEMAS 1 E 2

ORGANIZAR O CONHECIMENTO

1. Observe a onda abaixo. As letras *x* e *y* correspondem a quais grandezas das ondas?

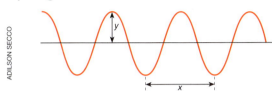

2. Considere uma onda que se propaga em uma corda. Qual característica da onda está descrita em cada item abaixo?
   a) Parte mais alta de uma onda.
   b) Parte mais baixa de uma onda.
   c) Distância entre o ponto de equilíbrio e uma crista.
   d) Distância entre duas cristas.
   e) Número de oscilações em uma unidade de tempo.
   f) Tempo de uma oscilação.

3. Uma pessoa oscila a extremidade de uma corda com frequência constante produzindo duas ondas, conforme a imagem abaixo. Comparando as duas cordas, em qual delas foi fornecida mais energia? Por quê?

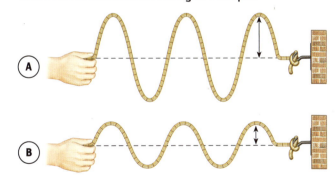

4. Em quais categorias é possível classificar as ondas com relação a sua natureza?

ANALISAR

5. Utilizando papel quadriculado, faça desenhos representando duas ondas:
   a) de mesmo comprimento de onda e de diferentes amplitudes;
   b) de mesma amplitude e de diferentes comprimentos de onda;

6. Leia e responda.
   A ecolocação ou biossonar é um sentido que alguns animais possuem para se localizarem e detectarem a distância de obstáculos ou de outros animais por meio da emissão e recepção de ondas ultrassônicas.
   a) Um golfinho emite pulsos de onda que são refletidos por um cardume de peixes, retornando a ele após 6 s. Considerando que a velocidade do som na água do mar é igual a 1.500 m/s, qual é a distância entre o cardume de peixes e o golfinho?
   b) Um morcego emite ondas que refletem em uma árvore e retornam a ele também em 6 s. Considerando a velocidade do som no ar igual a 340 m/s, qual é a distância da árvore em relação ao morcego?

7. Sabendo que uma onda sonora, com 2 m de comprimento de onda, é emitida com velocidade de 340 m/s, determine o valor da sua frequência de propagação.

8. (Etec-SP) As ondas captadas pelo rádio e pela TV são ondas eletromagnéticas que têm a finalidade de comunicar a energia das emissoras para esses aparelhos receptores.
   Suponha que uma emissora de rádio transmita sua programação com frequência de $1{,}2 \cdot 10^6$ Hz. Sabendo que as ondas eletromagnéticas se propagam no ar com velocidade de $3 \cdot 10^8$ m/s, podemos determinar que o comprimento de onda das ondas transmitidas por essa emissora é, em metros,
   a) 120   c) 250   e) 400
   b) 150   d) 300

9. A velocidade do som depende do meio em que ele se propaga, assim como da temperatura ambiente. O comprimento de onda do som emitido por uma ambulância é de aproximadamente 0,5 m. Sabendo que o veículo se encontra em um local no qual a temperatura do ar é de 30 °C, determine a frequência da onda emitida pela sirene. A velocidade do som nessa temperatura é de 350 m/s.

10. Em um exame de ecocardiograma, ondas com comprimento conhecido são transmitidas pelo aparelho para dentro do peito do paciente, onde são refletidas pelos tecidos do coração, e retornam para o equipamento. Conhecendo a velocidade com que essas ondas se propagam no corpo do paciente, qual grandeza física o equipamento deve medir para calcular a distância a cada ponto do coração e formar a imagem?

PENSAR CIÊNCIA

Alan Turing e o julgamento da sociedade

Matemático, lógico, criptoanalista e cientista da computação, o britânico Alan Turing (1912-1954) é conhecido como um dos pais da computação moderna e da inteligência artificial. Foi de suma importância na decifração de códigos secretos alemães na Segunda Guerra Mundial. Após a guerra, trabalhou em um dos primeiros projetos para a criação de um computador. Para a sociedade inglesa da década de 1950, no entanto, havia um problema: Alan Turing era homossexual. Independentemente de sua competência e dos serviços prestados ao exército britânico, o pesquisador foi processado e condenado por "indecência repulsiva", pois a homossexualidade era considerada crime no Reino Unido por causa de uma lei de 1885. Para não ser preso, teve de se submeter a cruéis tratamentos de "cura". Turing acabou morrendo em 1954, supostamente envenenado por cianeto.

Alan Turing (1912-1954), matemático e analista inglês. Seus trabalhos o fizeram ser considerado o pai das ciências da computação e da inteligência artificial.

No final do século XIX, baseados em conceitos morais e religiosos, pesquisadores do comportamento humano passaram a classificar as relações afetivas entre pessoas do mesmo sexo como doença – chamada homossexualismo. Esse pensamento perdurou por quase todo o século XX, influenciando atitudes políticas, como a perseguição aos homossexuais durante a Segunda Guerra Mundial. Ainda durante o século XX, o tema começou a ser estudado cientificamente. Dois médicos, o alemão Magnus Hirschfeld (1868-1935) e o britânico Havelock Ellis (1859-1939), foram os primeiros a debater publicamente a sexualidade, questionando de maneira científica o que se convencionou diagnosticar como doença. Ainda assim, muito tempo se passou até que outras mudanças fossem feitas. Somente em 1973 a Associação Psiquiátrica Americana deixou de classificar o "homossexualismo" como doença, desvio ou perversão.

Em 2013, Alan Turing recebeu o perdão da Rainha Elizabeth II por sua condenação. Infelizmente, tarde demais para ele e para a Ciência.

ATIVIDADES

Com seus colegas e seu professor, exponham suas ideias sobre as seguintes questões:

1. Como as questões morais da época prejudicaram o trabalho de Alan Turing?
2. A cultura e os valores morais de uma sociedade influenciam a Ciência? E a Ciência, pode influenciar os valores de uma sociedade?

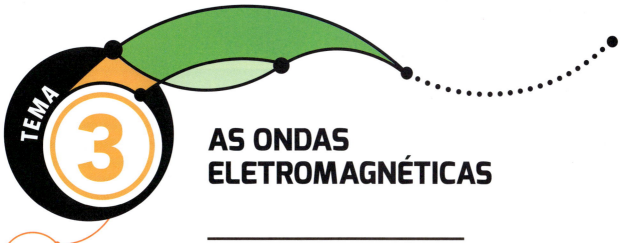

TEMA 3

AS ONDAS ELETROMAGNÉTICAS

ONDAS ELETROMAGNÉTICAS

No tema anterior, vimos que o som é uma onda mecânica. Agora, estudaremos o espectro das ondas eletromagnéticas. Diferentemente das ondas mecânicas, as ondas eletromagnéticas não necessitam de um meio para se propagar, com velocidade próxima a 300.000 km/s no espaço.

As ondas eletromagnéticas, também chamadas de radiações eletromagnéticas, apresentam diversos comprimentos de onda e frequências. O conjunto ordenado dos diferentes comprimentos de onda (ou de suas respectivas frequências), denominado **espectro eletromagnético**, abrange as ondas de rádio, as micro-ondas, os raios infravermelhos, ultravioleta, X e gama. O Sol, por exemplo, emite todos esses tipos de radiação, que, em grande parte, são bloqueados pela atmosfera.

O olho humano é sensibilizado por ondas eletromagnéticas cujas frequências ficam entre $4,3 \times 10^{14}$ Hz e $7,5 \times 10^{14}$ Hz. As ondas dentro dessa faixa, chamadas de **luz visível**, estão representadas na figura abaixo pelas cores vermelho, laranja, amarelo, verde, azul, azul-anil e violeta. O comprimento dessas ondas varia entre cerca de 400 e 750 nm.

> As ondas eletromagnéticas não necessitam de meio material para se propagar.

Espectro: na Física, corresponde ao intervalo de todas as frequências das radiações de natureza eletromagnética.

nm: símbolo de **nanômetro**, unidade de medida de comprimento que equivale a um bilionésimo de metro (1 nm = 10^{-9} m).

ESPECTRO ELETROMAGNÉTICO

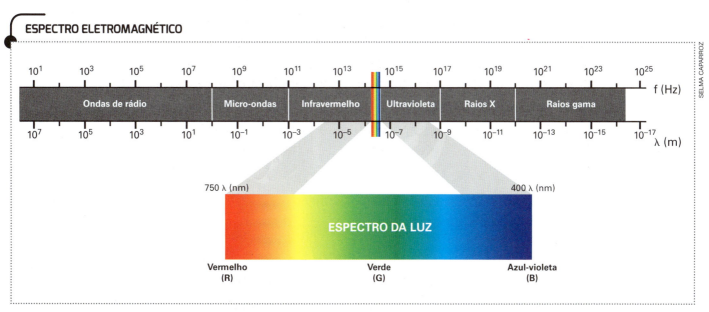

Todas as ondas eletromagnéticas têm a mesma natureza. Elas se distinguem principalmente pelos comprimentos de onda (ou frequências) e pela quantidade de energia que transportam.

Fonte: TIPLER, P. A.; MOSCA, G. P. *Physicis for scientists and engineers*. Basingstoke: W. H. Freeman, 2003.

SAIBA MAIS!

Tipos de ondas eletromagnéticas

[...]

Ondas de rádio

São as ondas eletromagnéticas com comprimentos de onda entre 1 m e vários quilômetros (frequências menores que 10^8 Hz). São usadas para transportar as informações das emissoras de rádio e TV [...].

As ondas de TV são ondas de rádio de pequeno comprimento de onda, entre 1 m e 10 m (f entre 10^8 Hz e 10^7 Hz) e, como aquelas, podem ser produzidas por meio de circuitos elétricos.

Micro-ondas

São as ondas eletromagnéticas com comprimento de onda entre 1 mm e 1 m (f entre 10^{12} Hz e 10^9 Hz) [...]. O forno de micro-ondas foi inventado a partir de um acontecimento ocorrido em um laboratório de Física, quando um dos pesquisadores deixou uma barra de chocolate próxima ao equipamento. Ele constatou que o chocolate havia derretido ao absorver as micro-ondas. Isso ocorreu porque a energia das micro-ondas é suficiente para aquecer as moléculas por vibração.

As micro-ondas são também usadas na transmissão de sinais de TV ou de telefone. Atualmente se detectam micro-ondas vindas do espaço e que fornecem informação sobre a constituição presente e passada do Universo.

Radiação infravermelha

É a radiação eletromagnética com [...] frequências imediatamente inferiores às da luz vermelha (entre 10^{14} Hz e 10^{11} Hz). Em geral, a radiação infravermelha é obtida em vibrações ou rotações de átomos ou moléculas, causando uma mudança na energia interna do objeto que a recebe, e por isso é chamada de radiação de calor. [...]

Radiação ultravioleta

As ondas eletromagnéticas com comprimento de onda entre 1 nm e 400 nm, ou seja, com frequências imediatamente superiores à da luz violeta (entre 10^{15} Hz e 10^{17} Hz) são chamadas de radiação ultravioleta. [...] O Sol é uma fonte de radiação ultravioleta, mas a maior parte dessa é absorvida pelo ozônio da atmosfera terrestre.

A radiação ultravioleta absorvida pela pele humana torna possível a produção de vitamina D, que auxilia na absorção de cálcio dos alimentos. Essa radiação provoca também o bronzeamento da pele. A exposição prolongada à radiação ultravioleta, porém, pode provocar queimaduras e câncer de pele.

A radiação ultravioleta tem a capacidade de destruir bactérias e por essa razão é utilizada para a esterilização de instrumentos e ambientes cirúrgicos, sistemas de ar-condicionado, etc., através do uso de lâmpadas especiais.

Raios X

São as ondas eletromagnéticas com comprimento de onda entre 0,01 nm e 10 nm (f entre 10^{16} Hz e 10^{19} Hz). [...]

Os raios X são também usados em diagnósticos médicos, visto que penetram com facilidade em tecidos humanos pouco densos, sendo barrados pelo tecido ósseo. [...] a astronomia de raios X é feita com observatórios em órbita.

Raios gama (raios γ)

São as ondas eletromagnéticas com comprimentos de onda menores que 10 pm (f maiores que 10^{19} Hz). [...].

Os raios γ são altamente penetrantes e há probabilidade de causar câncer, danos nos tecidos humanos ou alterações genéticas. Sua capacidade de destruir os tecidos humanos é usada na Medicina para eliminar tumores cancerígenos. São também usados para diagnósticos médicos [...].

Fonte: CARVALHO, R. P.; OLIVEIRA, S. M. V. *Aplicações de energia nuclear na saúde*. São Paulo: SBPC; Viena: IAEA, 2017. Disponível em: <http://mod.lk/KqiFc>. Acesso em: jul. 2018.

O Sol emite diversos tipos de radiações, inclusive algumas que não conseguimos enxergar mas que influenciam o planeta, como a radiação ultravioleta.

pm: símbolo de **picômetro**, unidade de medida de comprimento que corresponde a 10^{-12} metros.

APLICAÇÕES MÉDICAS DAS ONDAS

Atualmente, a tecnologia permite aos profissionais de saúde obter imagens de estruturas internas do corpo sem a necessidade de fazer intervenções cirúrgicas. Essas informações são muito importantes para prevenir e diagnosticar doenças.

A medicina moderna dispõe de recursos que permitem examinar com detalhes diversos constituintes do corpo humano: ossos, cérebro, sistema vascular, entre outros, utilizando ondas sonoras e eletromagnéticas. Alguns intervalos do espectro eletromagnético, como as ondas de rádio e a radiação infravermelha, são, a princípio, inofensivos, podendo ser usados livremente em seres vivos. Outras faixas, como as de raios gama e os raios X, podem causar danos aos seres vivos, devendo ser empregadas com extrema cautela.

Os médicos recorrem às ondas sonoras e eletromagnéticas não só para diagnosticar doenças, mas também para tratá-las. Faixas com menor comprimento de onda, como o ultravioleta e os raios X, podem ser usadas para matar células doentes. Faixas menos agressivas, como as ondas de rádio e a luz visível, podem atuar indiretamente, ativando medicamentos em áreas específicas com o intuito de evitar efeitos colaterais indesejados.

ALGUNS MÉTODOS QUE USAM ONDAS PARA DIAGNÓSTICOS

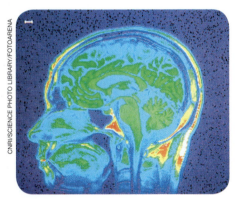

RMN
Na ressonância magnética nuclear (RMN), campos magnéticos intensos e ondas de rádio interagem com átomos de hidrogênio. Em cada tecido do organismo, as diferentes quantidades de hidrogênio tornam possível gerar imagens detalhadas do interior dos órgãos.

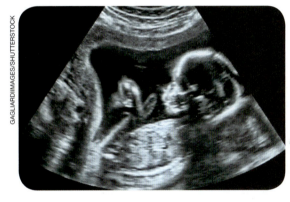

Ultrassonografia
Um som de alta frequência (ultrassom) é enviado através do corpo e parcialmente refletido pelas estruturas. Ao ser detectado de volta, o aparelho transforma o som em um sinal elétrico, que permite formar a imagem no monitor.

Tomografia
Na tomografia, diferentes detectores sensíveis a raios gama, raios X e feixes de elétrons podem ser usados para formar uma imagem tridimensional do interior do corpo.

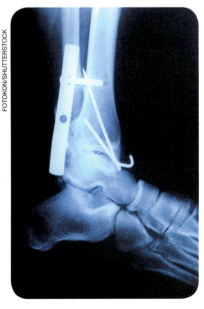

Radiografia
Os músculos, a pele e os tecidos moles são mais facilmente atravessados pelos raios X do que os ossos. Quando esses raios atravessam nosso corpo e atingem o filme fotográfico, os ossos absorvem essas radiações e formam "sombras" no filme, originando a radiografia.

Entre as aplicações de radiações em tratamentos podemos citar a radioterapia, a fototerapia ultravioleta, as cirurgias a *laser* e a terapia fotodinâmica.

RADIOTERAPIA

A radioterapia é um método que, empregando feixe de radiações ionizantes, é capaz de destruir células tumorais. Uma dose de radiação é aplicada, por certo tempo, na região do corpo que apresenta o tumor. O objetivo é matar as células cancerígenas, causando o menor dano possível às células saudáveis ao seu redor.

Para respeitar o grau de tolerância dos tecidos saudáveis do paciente e atingir o maior número possível de células tumorais, a dose total de radiação a ser administrada é habitualmente fracionada em doses diárias cuidadosamente calculadas por um profissional especialista.

Radiação ionizante: é a radiação que possui energia suficiente para ionizar átomos e moléculas.

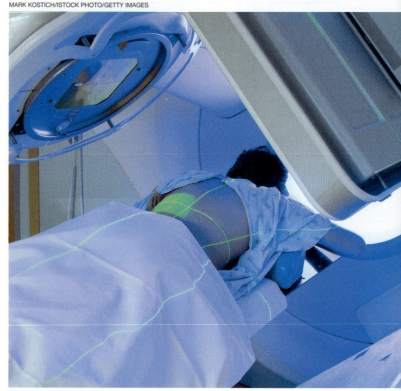

Pessoa submetida a tratamento com radioterapia.

FOTOTERAPIA ULTRAVIOLETA

A fototerapia ultravioleta é um tratamento que emprega a luz. É utilizada em casos como a icterícia, uma doença caracterizada pela cor amarelada da pele e dos olhos. A icterícia é frequente em bebês recém-nascidos, especialmente os prematuros.

Na fototerapia, a radiação ultravioleta degrada a substância que causa a icterícia, possibilitando que o organismo a elimine.

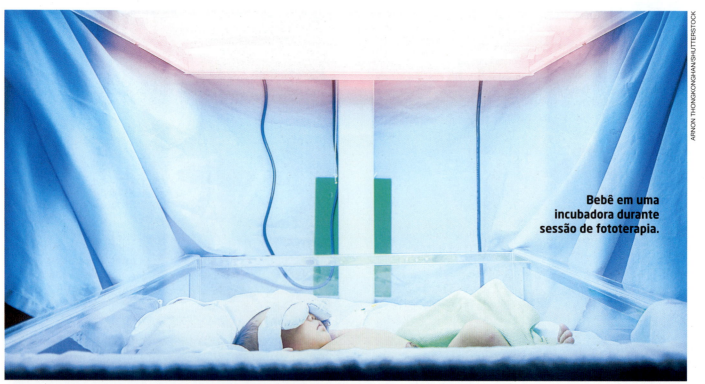

Bebê em uma incubadora durante sessão de fototerapia.

TERAPIA FOTODINÂMICA

A quimioterapia e a radioterapia, utilizadas no tratamento de alguns tipos de câncer, podem causar diversos efeitos colaterais desagradáveis. Isso acontece porque essas terapias podem atingir, além das células doentes, células saudáveis do corpo.

Uma das maneiras de minimizar os efeitos colaterais desses tratamentos é utilizar a terapia fotodinâmica, que consiste em medicamentos ativados somente quando iluminados (com *laser*, por exemplo). O *laser* é uma fonte de radiação eletromagnética que pode emitir frequências nas regiões infravermelha, visível e ultravioleta. O *laser* seria aplicado apenas nas áreas doentes, ativando o medicamento e evitando, assim, que os tecidos saudáveis fossem prejudicados.

A terapia fotodinâmica também tem sido utilizada em tratamentos de patologias da pele e da visão.

Patologias: na Medicina, são quaisquer alterações fisiológicas ou anatômicas que podem configurar alguma doença.

Sessão de terapia fotodinâmica com a aplicação de *laser*.

CIRURGIAS A *LASER*

Atualmente, o *laser* é utilizado como instrumento cirúrgico em diferentes procedimentos. *Laser* são utilizados como bisturis, cauterizadores e cicatrizantes.

Entre as cirurgias que podem ser feitas com *laser* podem ser citadas as oculares, gastrointestinais, odontológicas, dermatológicas, de remoção de tumores e cirurgias plásticas. A maior vantagem de utilizar o *laser* é a precisão na sua aplicação. Apenas áreas muito específicas são atingidas pela radiação eletromagnética que ele produz.

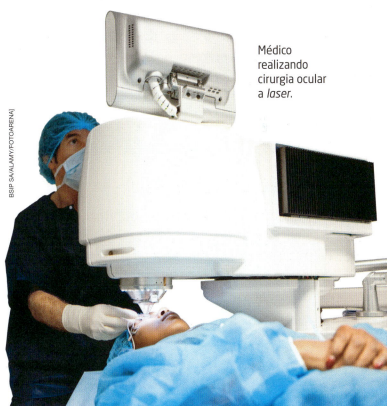

Médico realizando cirurgia ocular a *laser*.

ENTRANDO NA REDE

No endereço **http://mod.lk/a4av2** você pode aprender como a transmissão do sinal de TV é feita.
Acesso em: jul. 2018.

DE OLHO NO TEMA

- Qual destas faixas de radiação possui maior frequência e menor comprimento de onda: a de infravermelho ou a de micro-ondas?

O QUE FAZEMOS NA INTERNET?

A internet é um dos principais meios de comunicação da atualidade. O Cetic* perguntou a 23.677.796 internautas de 9 a 17 anos de todo o país o que eles fazem quando estão on-line. O resultado da pesquisa, realizada entre novembro de 2015 e junho de 2016, mostrou que a maioria das atividades envolve relacionamentos sociais.

74% baixou aplicativos

31% postou ou compartilhou na internet o local onde estava

30% conversou por chamada de vídeo

60% baixou músicas ou filmes

As principais atividades realizadas na internet

40% jogou *on-line*, conectado com outros jogadores

64% assistiu a vídeos, programas, filmes ou séries *on-line*

47% leu ou assistiu a notícias *on-line*

59% ouviu música *on-line*

78% visitou um perfil/página de uma rede social

80% enviou mensagens instantâneas

30% usou mapas *on-line*

O telefone celular foi utilizado por **91%** das crianças e jovens para acessar a internet.

SUPEREXPOSIÇÃO

A troca de ideias e sentimentos por meio de mensagens e arquivos digitais move as redes sociais, mas é preciso ter cuidado com o que compartilhamos.

Dados pessoais
Nas redes sociais, jovens compartilham de forma aberta dados como telefone e endereço – informações pessoais que não dariam a um desconhecido na rua.

23% compartilham o endereço no perfil

28% deixam o número do telefone

42% divulgam o nome da escola

Habilidades na internet
Apesar de a maioria fazer pesquisas na internet, 30% dos jovens disse não saber comparar diferentes *sites* para checar se as informações que encontram *on-line* são verdadeiras ou não.

49% deixam o perfil aberto para qualquer usuário

32% não sabem mudar as configurações de privacidade em redes sociais

*Centro de Estudos sobre Tecnologias da Informação e da Comunicação

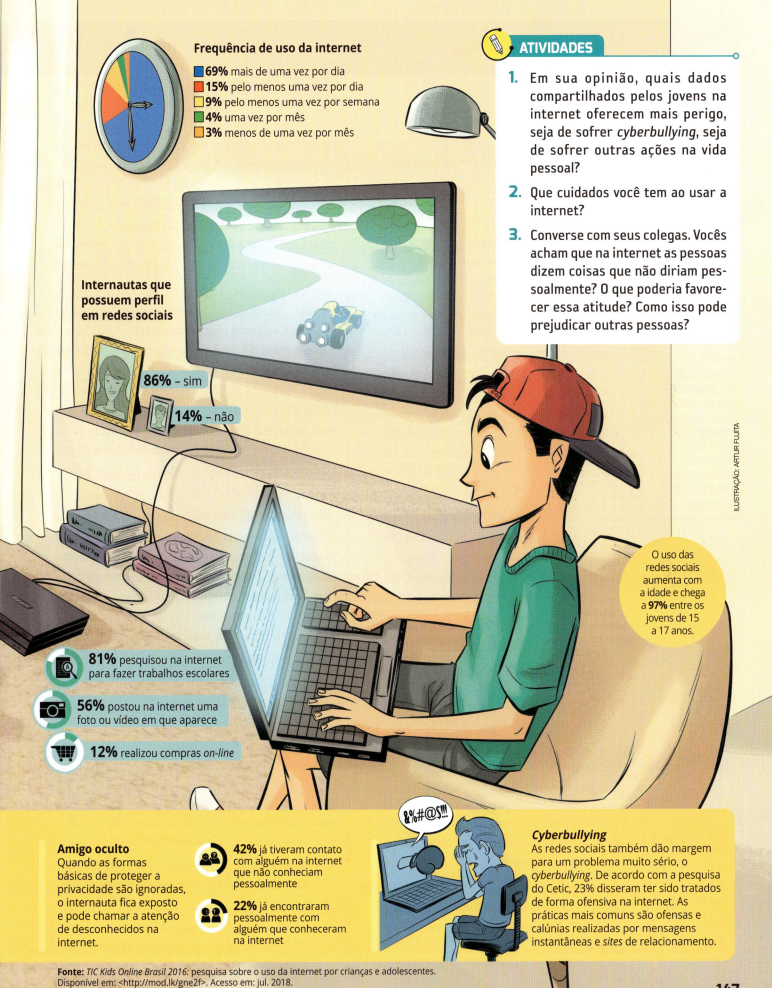

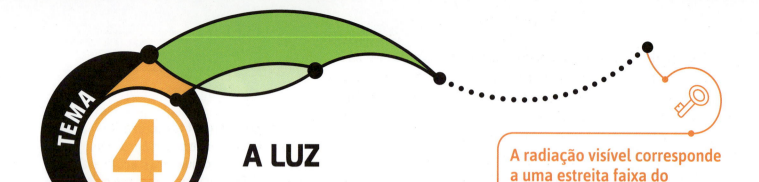

TEMA 4

A LUZ

> A radiação visível corresponde a uma estreita faixa do espectro eletromagnético que pode ser captada pelos olhos.

Trilha de estudo
Vai estudar? Nosso assistente virtual no *app* pode ajudar!
<http://mod.lk/tr9u05>

AS ONDAS QUE CONSEGUIMOS ENXERGAR

Vimos que o espectro eletromagnético é constituído de diversos tipos de onda, com características próprias como comprimento de onda e frequência definida. A faixa de frequências que conseguimos enxergar é chamada de **luz visível**. Essas ondas estão compreendidas na faixa de comprimentos de onda que vão de 400 nm a 750 nm.

Expandindo-se a faixa correspondente a essa região no espectro eletromagnético, podemos relacionar as cores percebidas com o comprimento de onda da luz visível.

Durante o dia claro, podemos enxergar o ambiente à nossa volta em razão da luz solar, que é refletida pelos objetos e seres vivos e atinge nossos olhos. À noite, precisamos de outra fonte de luz, como uma lâmpada.

O Sol emite luz com diversos comprimentos de onda que, juntos, não são percebidos pelo olho humano. Mas é possível demonstrar que a luz solar contém todas as cores. Quando a luz do Sol incide sobre um prisma, é decomposta em diversas cores, cada uma correspondente a um intervalo de comprimentos de onda. Um fenômeno similar acontece na formação de um arco-íris.

A luz solar é chamada de luz branca.

Jogo das luzes
A soma de luz nas cores vermelho e verde resulta em que cor? E das cores verde e azul?
Disponível em <http://mod.lk/ac9u05>

COR	Comprimento de onda (nm)
Vermelho	(620-750)
Alaranjado	(590-620)
Amarelo	(570-590)
Verde	(530-570)
Azul	(500-570)
Anil	(450-500)
Violeta	(400-450)

Ao atingir um prisma, a luz solar pode ser decomposta em diversas cores, que seguem por direções ligeiramente diferentes depois de atravessá-lo.

Fonte: TIPLER, P. A.; MOSCA, G. P. *Physicis for scientists and engineers*. Basingstoke: W. H. Freeman, 2003.

Dentro da faixa de frequências que conseguimos enxergar, cada frequência ou comprimento de onda é interpretado pelo nosso sistema visual como uma cor diferente. A retina contém células específicas, chamadas cones e bastonetes, que são sensíveis à luz visível. Enquanto os bastonetes permitem distinguir a intensidade da luz, três tipos de cone são mais sensíveis a três comprimentos de onda específicos, 700 nm, 550 nm e 450 nm, que correspondem, respectivamente, às cores **vermelha**, **verde** e **azul**. Essas são as chamadas cores primárias da luz. Quando a luz que chega aos olhos tem um comprimento de onda diferente do comprimento de onda das cores primárias, ela é interpretada como uma mistura dessas cores.

Vamos analisar um exemplo: se o comprimento de onda da luz que chega ao olho humano está entre os comprimentos de onda do vermelho e do verde, serão excitadas tanto as células mais sensíveis ao vermelho quanto as mais sensíveis ao verde e, assim, enxergaremos a cor amarela. Todas as outras cores podem ser obtidas pela composição de cores primárias. A luz branca é obtida pela composição das três cores primárias.

AS CORES

Os corpos refletem e/ou absorvem parte da luz que os atinge. Os comprimentos de onda que serão refletidos e absorvidos variam de acordo com o corpo, definindo sua cor.

Por exemplo, quando a casca de uma melancia é iluminada pela luz solar, isto é, pela luz branca, enxergamos tons de verde, porque ela reflete as ondas cujo comprimento corresponde ao da cor verde, enquanto as cores com outros comprimentos de onda são absorvidas. Como somente alguns comprimentos de onda são refletidos, esse fenômeno recebe o nome de **reflexão seletiva**.

REFLEXÃO DA LUZ BRANCA EM CORPOS COM DIFERENTES CORES

Um objeto vermelho reflete a luz com a frequência do vermelho e absorve as outras cores da luz branca. Enxergaremos um objeto como branco se ele refletir todas as cores e o enxergaremos como preto se ele absorver todas as cores.

VAMOS FAZER

Misturando cores

Você já se perguntou como seria observar diversas cores ao mesmo tempo? Misturando-se as cores, o que nosso olho captaria? Nesta atividade vamos observar o que acontece misturando sete cores diferentes.

Material

- Cartolina
- Régua
- Compasso
- Canetas hidrográficas
- Espeto de churrasco de madeira

Procedimento

1. Construa um círculo com 20 cm de diâmetro sobre a cartolina, utilizando um compasso.
2. Divida esse círculo em sete partes iguais e pinte cada uma delas de uma cor: vermelho, laranja, amarelo, verde, azul, azul-anil e violeta.
3. Encaixe o espeto de madeira no meio do círculo. Se necessário passe um pouco de fita adesiva nas pontas para que ele não deslize.

Atividades

1. Ao rotacionar o disco, o que acontece?
2. O resultado é coerente com o que você esperava?
3. Que modificações podem ser feitas para obter um resultado mais preciso nesta atividade?

ENTRANDO NA REDE

No endereço **http://mod.lk/c3w11** você pode simular as cores que enxergamos misturando a luz de lanternas. Acesso em: jul. 2018.

DE OLHO NO TEMA

- A cor que enxergamos em um objeto depende da luz absorvida ou refletida por ele?

ATIVIDADES — TEMAS 3 E 4

ORGANIZAR O CONHECIMENTO

1. Ordene as radiações eletromagnéticas abaixo de forma crescente, de acordo com a sua frequência.
   Luz visível, infravermelho, raios X, ultravioleta, ondas de rádio e micro-ondas.

2. Reescreva as afirmações erradas, corrigindo-as.
   a) Enxerga-se um livro impresso porque ele reflete luz.
   b) As ondas eletromagnéticas se propagam no vácuo e em meios materiais.
   c) A luz verde e a luz amarela são ondas eletromagnéticas com o mesmo comprimento de onda, o da luz visível.

ANALISAR

3. Os astronautas que estiveram na Lua comunicavam-se com a Terra por meio de equipamentos que emitiam e captavam ondas eletromagnéticas. Quanto tempo essas ondas demoram para chegar à Terra, se a distância até a Lua é de aproximadamente 384.000 km?

4. Procure obter, com seus familiares ou amigos, imagens de radiografia, tomografia ou ressonância magnética. Observe a imagem, pesquise e escreva um texto abordando os seguintes tópicos:
   a) qual é a tecnologia utilizada para obter a imagem;
   b) como a imagem foi obtida;
   c) se você teve facilidade em interpretar a imagem (relatando, por exemplo, se continha algo que você não esperava encontrar na parte do corpo a que ela se refere);
   d) com base em seu conhecimento do corpo humano, reproduza a imagem em um desenho, tentando identificar as estruturas que você conhece.

5. A margarida da imagem foi fotografada sob uma fonte de luz branca. Assim, vemos suas pétalas na cor branca, seu disco central na cor amarela e suas folhas na cor verde. Identifique a cor que essas mesmas partes teriam se fossem iluminadas por uma fonte de luz monocromática:
   a) amarela;
   b) vermelha;
   c) azul.

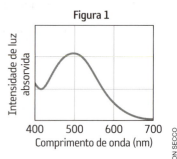

6. Como é possível diferenciar as ondas de rádio das ondas de raios X?

7. (Enem) Para que uma substância seja colorida, ela deve absorver luz na região do visível. Quando uma amostra absorve luz visível, a cor que percebemos é a soma das cores restantes que são refletidas ou transmitidas pelo objeto. A Figura 1 mostra o espectro de absorção para uma substância e é possível observar que há um comprimento de onda em que a intensidade de absorção é máxima. Um observador pode prever a cor dessa substância pelo uso da roda de cores (Figura 2): o comprimento de onda correspondente à cor do objeto é encontrado no lado oposto ao comprimento de onda da absorção máxima.

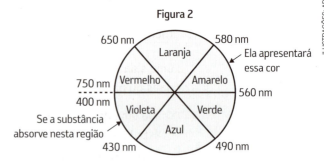

Qual é a cor da substância que deu origem ao espectro da **Figura 1**?
a) Azul.   c) Violeta.   e) Vermelho.
b) Verde.   d) Laranja.

COMPARTILHAR

8. Diversos tratamentos médicos apresentam efeitos colaterais, ou seja, decorrentes do próprio tratamento. Em muitos casos, esses efeitos podem ser extremamente prejudiciais aos pacientes.
   Com dois colegas, escolham uma aplicação médica de radiações e façam uma pesquisa, indicando efeitos colaterais, indicações e limitações do tratamento. Elaborem um pequeno panfleto explicativo e o distribuam para a classe. Depois, a sala juntará um panfleto de cada trio e disponibilizará para a comunidade escolar consultar.

EXPLORE
A COR DOS OBJETOS

Os objetos que enxergamos possuem cores características, pois são iluminados pela luz visível e refletem determinado comprimento de onda.

Nesta atividade, você e seu grupo vão investigar o que acontece com diferentes objetos ao serem iluminados por diferentes fontes de luz.

Material

- Três folhas de papel sulfite: uma branca, uma vermelha e uma azul
- Três carteiras escolares
- Fita adesiva
- Três lanternas
- Três folhas de papel celofane: uma verde, uma vermelha e uma azul
- Cortinas ou panos na cor preta para deixar a sala escura

Procedimento

1. Em uma sala bem escura, disponha as carteiras lado a lado. Se necessário, utilize cortinas ou panos pretos para cobrir as janelas.

2. Fixe cada uma das folhas de papel sulfite sobre as carteiras utilizando a fita adesiva. Distribua uma lanterna para cada integrante do grupo, enquanto outro será responsável pelas anotações.

3. Recorte o papel celofane de modo a encaixar na abertura da lanterna. Cada uma das lanternas deve ter um filtro de cor diferente (verde, vermelho, azul).

ATIVIDADES

1. Inicialmente, discuta com seus colegas sobre o que ocorrerá quando a luz das lanternas atingir as folhas de papel escolhidas pelo grupo. Quantas possibilidades de luz podem ser escolhidas para iluminar cada uma das folhas?

2. Com base no que foi discutido no item anterior, ilumine as folhas de papel sulfite. Anote em uma tabela cada uma das combinações propostas pelo grupo.

3. Com base nos dados coletados, compare suas observações com o que o grupo estipulou no item 1. As observações foram compatíveis com as previsões do grupo? Caso alguma não tenha sido, proponha uma explicação para o fato.

ATITUDES PARA A VIDA

O que é deficiência visual?

A deficiência visual é definida como a perda total ou parcial, congênita ou adquirida, da visão. O nível de acuidade visual pode variar, o que determina dois grupos de deficiência:

Cegueira – há perda total da visão ou pouquíssima capacidade de enxergar, o que leva a pessoa a necessitar do Sistema Braille como meio de leitura e escrita.

Baixa visão ou visão subnormal – caracteriza-se pelo comprometimento do funcionamento visual dos olhos, mesmo após tratamento ou correção. As pessoas com baixa visão podem ler textos impressos ampliados ou com uso de recursos óticos especiais.

Pessoa com deficiência

A construção de uma verdadeira sociedade inclusiva passa, também, pelo cuidado com a linguagem. Na linguagem, expressa-se, voluntariamente ou involuntariamente, o respeito ou a discriminação em relação às pessoas com deficiências.

Ao longo dos anos, os termos que definem a deficiência foram adequando-se à evolução da ciência e da sociedade. Atualmente, o termo correto a ser utilizado é "Pessoa com Deficiência", que faz parte do texto aprovado pela Convenção Internacional para Proteção e Promoção dos Direitos e Dignidades das Pessoas com Deficiência, aprovado pela Assembleia Geral da ONU, em 2006, e ratificada, no Brasil, em julho de 2008.

Sobre deficiência visual no Brasil

Do total da população brasileira, 23,9% (45,6 milhões de pessoas) declararam ter algum tipo de deficiência. Entre as deficiências declaradas, a mais comum foi a visual, atingindo 3,5% da população. Em seguida, ficaram problemas motores (2,3%), intelectuais (1,4%) e auditivos (1,1%).

Segundo a Organização Mundial da Saúde, as principais causas de cegueira no Brasil são: catarata, glaucoma, retinopatia diabética, cegueira infantil e degeneração macular.

Em elevadores, devem ser disponibilizados botões com escrita Braille, um tipo de alfabeto que pode ser percebido com o tato.

Segundo dados do IBGE de 2010, no Brasil, das mais de 6,5 milhões de pessoas com alguma deficiência visual:

- 528.624 pessoas são incapazes de enxergar (cegos);
- 6.056.654 pessoas possuem baixa visão ou visão subnormal (grande e permanente dificuldade de enxergar).

Outros 29 milhões de pessoas declararam possuir alguma dificuldade permanente de enxergar, ainda que usando óculos ou lentes. [...]

Fonte: FUNDAÇÃO DORINA NOWILL PARA CEGOS. Disponível em: <http://mod.lk/gg4e0>. Acesso em: ago. 2018.

Visão subnormal ou baixa visão

Dizemos que uma pessoa tem visão subnormal ou baixa visão quando apresenta 30% ou menos de visão no melhor olho, após todos os procedimentos clínicos, cirúrgicos e correção com óculos comuns.

Essas pessoas apresentam dificuldades de ver detalhes no dia a dia. Por exemplo, veem as pessoas mas não reconhecem a feição; as crianças enxergam a lousa, porém, não identificam as palavras; no ponto de ônibus, não reconhecem os letreiros.

Fonte: FUNDAÇÃO DORINA NOWILL PARA CEGOS. Disponível em: <http://mod.lk/clznk>. Acesso em: ago. 2018.

Projeto Viva a diferença

A Lei nº 10.098/2000 estabelece normas e critérios para promover a acessibilidade das pessoas portadoras de deficiência ou com mobilidade reduzida. De acordo com ela, acessibilidade significa dar a essas pessoas condições para alcançarem e utilizarem, com segurança e autonomia, os espaços, mobiliários e equipamentos urbanos, as edificações, os transportes e os sistemas e meios de comunicação. Para isso a lei prevê a eliminação de barreiras e obstáculos que limitem ou impeçam o acesso, a liberdade de movimento e a circulação com segurança dessas pessoas.

As barreiras a serem eliminadas podem estar nas vias e nos espaços públicos, no interior dos edifícios públicos e privados, no mobiliário urbano (semáforos, postes de sinalização, cabines telefônicas, fontes públicas, lixeiras, toldos, marquises, quiosques etc.) ou nos meios de transporte e de comunicação. [...]

Fonte: TURMINHA DO MPF (MINISTÉRIO PÚBLICO FEDERAL). Disponível em: <http://mod.lk/ykbbu>. Acesso em: ago. 2018.

As placas táteis colocadas no chão permitem que as pessoas com deficiência visual possam se locomover com maior segurança.

TROCAR IDEIAS SOBRE O TEMA

1. Esta atividade pode ser feita em grupos de três ou quatro alunos. Vocês devem construir um modelo para comunicar alguma informação desta Unidade para colegas de outro grupo, que devem percebê-la sem utilizar a visão. Quando a montagem estiver pronta, vocês devem apresentá-la a integrantes de outro grupo, que devem estar com os olhos vendados.

2. Em grupo, analisem o espaço físico de sua escola para avaliar a acessibilidade das pessoas com deficiência (visual ou de outro tipo). Elaborem uma lista com os obstáculos e as dificuldades que vocês encontraram.

3. Proponha soluções para os problemas que vocês encontraram. Discuta essas propostas com a turma e o professor e avaliem quais são as mais relevantes.

4. Por fim, a classe vai redigir um requerimento para ser entregue à direção da escola, indicando se a escola é acessível ou não. Para essa atividade, é importante **pensar e comunicar-se com clareza**. Se isso não ocorre, não conseguimos transmitir nossa mensagem. Uma boa prática é, antes de expressar sua ideia, procurar organizar o raciocínio, definindo como você irá iniciar, desenvolver e concluir sua mensagem.

COMO EU ME SAÍ?

- Reconheci a presença ou a falta de acessibilidade em um ambiente?
- Percebi dificuldades que outras pessoas podem ter e como isso afeta seu cotidiano?
- Consegui expressar claramente como é a acessibilidade na escola?

COMPREENDER UM TEXTO
A MEDICINA E OS TUMORES MALIGNOS NO SÉCULO 19

Durante o século 19, o saber médico sobre o câncer passou por muitas modificações.

[...]

Em um período marcado pelo grande desenvolvimento da cirurgia, a partir da descoberta dos anestésicos em meados do século 19, do desenvolvimento das técnicas de assepsia, a partir de 1860, e de novas técnicas mais invasivas para retirada de tumores, a cirurgia passou a ser a especialidade médica mais próxima do câncer. No final do século 19, a extirpação radical de tumores tornou-se a principal ação da medicina frente à doença.

No entanto, apesar dos avanços, a eficácia dos tratamentos médicos do câncer continuava quase nula. Grande parte das cirurgias não tinha êxito, ou no máximo proporcionava uma curta sobrevida ao doente. No campo dos tratamentos medicamentosos, a situação era a mesma: as diferentes formas preconizadas para a regressão dos tumores não tinham nenhuma eficácia e, muitas vezes, ainda pioravam o estado geral do doente.

[...]

No Brasil do século 19, o problema do câncer também estava longe do monopólio do saber e da prática médica. Na maioria dos casos, os atingidos pela doença passavam ao largo dos poucos serviços médicos existentes, colocando sua sorte nas mãos dos mais variados agentes da medicina popular, à época, responsável por grande parte das tentativas de cura. Os moribundos sem recursos, cancerosos ou atingidos por outros males, eram quase sempre abrigados em enfermarias a eles dedicadas nos diversos hospitais da Santa Casa da Misericórdia que, desde o século 16, começaram a surgir no país. Os mais abastados eram tratados em suas residências, recebendo conforto médico e religioso como cuidados paliativos. Grande parte dos doentes, descrente das possibilidades da medicina, entregava sua sorte a curandeiros e outros agentes que julgava possuir poderes mágicos de cura.

[...]

Câncer e medicina no início do século 20

Na virada do século 19 para o século 20, ocorre uma transformação em relação à percepção social do câncer na Europa e nos Estados Unidos. Em um contexto de envelhecimento da população, diminuição paulatina da mortalidade por doenças infecciosas, recuo das epidemias e diminuição da fecundidade, o câncer passou a se mostrar mais presente, sendo o aumento da mortalidade a ele atribuída facilmente observado nos inquéritos epidemiológicos. De doença rara e excepcional, passou a ser visto como um problema de grande monta para a medicina europeia e estadunidense, uma ameaça cada vez mais temida e presente. [...]

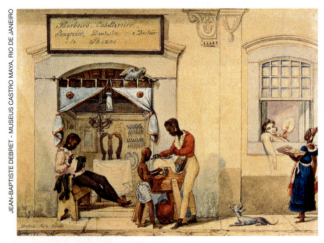

No século 19, existiam diversas barbearias que ofereciam serviços de sangria terapêutica, um procedimento que acreditava-se ser capaz de curar doenças. *Loja de barbeiro*, 1821. Jean-Baptiste Debret Aquarela sobre papel, 18 cm × 24,5 cm.

Aparelho de raios X utilizado nos Estados Unidos, por volta de 1900. Nessa época, os aparelhos, a definição da imagem formada e os procedimentos de segurança eram muito diferentes dos atuais.

[...]

No campo dos conhecimentos e práticas médicas também ocorriam mudanças. No final do século 19, os avanços da cirurgia possibilitaram os primeiros sucessos em remoções radicais de tumores, como as histerectomias e mastectomias totais, que passaram a ser procedimentos padrões em casos de câncer de colo do útero e de mama. Nesse mesmo período, a aproximação da química e da física à medicina possibilitou o surgimento de novas tecnologias de tratamento do câncer. Em 1895, o físico alemão Wilhelm Conrad Roentgen desenvolveu o primeiro instrumento capaz de criar imagens do interior do organismo a partir de raios X. A nova tecnologia logo passou a ser utilizada para diagnóstico de lesões internas. Pouco depois, em 1891, o casal franco-polonês Pierre e Marie Curie, pesquisando a radioatividade do urânio, verificou a existência de um novo elemento químico, o rádio.

Em pouco tempo, os raios X e o rádio passaram a ser utilizados pelos médicos no tratamento de tumores, visto a menor resistência das células cancerosas à radiação. Apesar de essas descobertas datarem do final do século 19, somente a partir da segunda década do século 20 passaram a ser utilizadas em um maior número de casos. Até então, sua utilização esteve restrita a alguns tipos de câncer de pele, mais sensíveis a esse tipo de tratamento.

[...]

Fonte: TEIXEIRA L. A.; PORTO M. A.; NORONHA, C. P. *O câncer no Brasil*: passado e presente. Rio de Janeiro: Outras Letras, 2012. Disponível em: <http://mod.lk/v7c2d>. Acesso em: jul. 2018.

ATITUDES PARA A VIDA

- Persistir

O tratamento de doenças sempre foi um desejo de muitas pessoas. Porém, para diversas situações, não existe um tratamento eficiente. Mesmo assim, é importante manter estudos e pesquisas e persistir em tentativas para que, em algum momento, apareçam alternativas de tratamento viáveis.

ATIVIDADES

OBTER INFORMAÇÕES

1. Como era o tratamento do câncer no Brasil do século XIX?

2. Quais fatos ocorridos na área científica contribuíram para um grande avanço no tratamento de diversos tipos de câncer?

INTERPRETAR

3. Por que durante boa parte do século XIX a medicina não se aprofundou na busca de um tratamento eficaz do câncer, entregando, muitas vezes, a busca da cura para entidades religiosas?

UNIDADE 6
GENÉTICA

POR QUE ESTUDAR ESTA UNIDADE?

Nesta Unidade, serão apresentadas as bases da genética e como ocorre a transmissão das características hereditárias. Conhecer sobre a hereditariedade nos permite participar de forma consciente e responsável das discussões éticas atuais acerca do uso e da manipulação do material genético dos seres vivos.

ATITUDES PARA A VIDA

- Pensar de maneira interdependente
- Aplicar conhecimentos prévios a novas situações

Variedades crioulas de milho e variedade comercializada em larga escala. Estima-se que o cultivo dessa planta iniciou-se há cerca de 7 mil anos. Há muitas variedades de milho. Por meio de cruzamentos entre diferentes tipos, ao longo do tempo, chegou-se à variedade mais consumida atualmente.

COMEÇANDO A UNIDADE

1. Muitas vezes, pessoas da mesma família compartilham algumas características físicas semelhantes. Por que isso ocorre?

2. Em muitos outros casos, familiares apresentam características físicas bem diferentes. No caso do bebê que aparece na foto da página ao lado, como você explicaria o fato de ela ter nascido com a pele clara sendo filha de pais negros?

3. Em sua opinião, além das características físicas, que outros aspectos podem ser transmitidos entre as gerações de uma família?

Em 2010, na Inglaterra, Benjamin e Angela Ihegboro, ambos afrodescendentes com a pele negra, tiveram uma filha com a pele clara. Vamos começar a entender como isso é possível?

TEMA 1 — BASES DA GENÉTICA

A Genética estuda os padrões de hereditariedade.

O SURGIMENTO DA GENÉTICA

A Genética é o ramo da Biologia que estuda a hereditariedade, ou seja, os padrões pelos quais as características de uma espécie são transmitidas de uma geração a outra. O termo "genética" só começou a ser utilizado no século XX. Muito antes de ela existir como um ramo da Ciência, há cerca de 10 mil anos, e mesmo sem conhecer os fundamentos da hereditariedade, as pessoas já selecionavam as plantas para o cultivo e os animais para aumentar os rebanhos, escolhendo para o cruzamento os indivíduos com as características desejáveis.

A transmissão de características dos progenitores para seus descendentes intriga o ser humano há séculos. Na Grécia Antiga, o filósofo Hipócrates (460-377 a.C.) propôs que cada órgão do corpo do pai produzia partículas que se reuniam no sêmen e eram transmitidas à descendência durante a reprodução. Essa hipótese foi chamada de pangênese. Hipócrates sugeriu também que as características adquiridas ao longo da vida de uma pessoa modificavam aquelas partículas e podiam ser transmitidas aos seus descendentes.

O filósofo grego Aristóteles (384-322 a.C.) não concordava com as ideias de Hipócrates, pois suas observações indicavam, entre outras coisas, que muitas características adquiridas pelos pais durante a vida não eram transmitidas aos filhos. Para Aristóteles, as bases da hereditariedade estavam contidas no esperma e no sangue menstrual e a interação entre esses materiais era responsável pelo desenvolvimento de um novo indivíduo.

REPRODUÇÃO E HEREDITARIEDADE

A compreensão do fenômeno da hereditariedade relaciona-se ao entendimento do processo de reprodução e de como são formados novos indivíduos. No século XVII, havia pesquisadores que defendiam a tese de que o novo indivíduo, contendo todas as estruturas, já estaria pré-formado dentro de um dos pais e que só precisaria se desenvolver. Os defensores dessa teoria, chamada de **preformismo**, dividiam-se entre os que consideravam que a forma inicial estava contida na mãe (no óvulo) e aqueles que supunham que ela estava contida no pai (no espermatozoide).

Na mesma época, surgiu outra teoria, a **epigênese**, de acordo com a qual um novo indivíduo originava-se de matéria não diferenciada e seus órgãos e estruturas característicos se formavam ao longo do desenvolvimento.

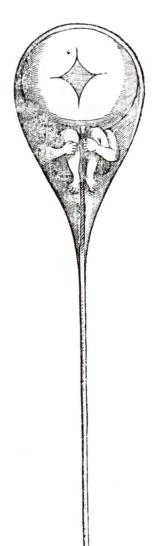

Representação artística de um espermatozoide contendo um pequeno ser humano pré-formado, denominado "homúnculo". Esse esquema foi elaborado por Nicolas Hartsoeker (1656-1725), um pesquisador holandês preformista que acreditava que o corpo do novo ser humano era formado completamente do espermatozoide e que durante a gestação ele apenas crescia dentro do útero materno. Ele publicou essa imagem em seu livro *Ensaio de dioptria*, escrito e lançado em Paris, em 1694.

Micrografia de óvulo rodeado por espermatozoides. Na fecundação, geralmente apenas um espermatozoide penetra o óvulo. (Imagem obtida com microscópio eletrônico, colorizada artificialmente e com aumento de cerca de 550 vezes.)

O gameta feminino, o **óvulo**, foi descoberto em 1672 pelo médico holandês Regnier de Graaf (1641-1673), e o gameta masculino, o **espermatozoide**, foi observado pela primeira vez em 1675 pelo microscopista holandês Antonie van Leeuwenhoek (1632-1723).

No entanto, o papel dos gametas na formação de um indivíduo só foi esclarecido no século XIX, em que experimentos mostraram que seu desenvolvimento ocorre após a união do óvulo com o espermatozoide, no processo de **fecundação**. Isso levou ao conhecimento de que óvulos e espermatozoides são as células que carregam as informações transmitidas de uma geração a outra.

CROMOSSOMOS E HEREDITARIEDADE

Atualmente, sabe-se que os gametas feminino e masculino contêm os cromossomos maternos e paternos, respectivamente. Os cromossomos são filamentos compactados e enovelados compostos de moléculas de DNA (sigla do inglês **d**eoxyribo**n**ucleic **a**cid; ou ADN, em português, ácido **d**esoxirribo**n**ucleico) associadas a proteínas, onde estão as instruções para o funcionamento de cada célula e as informações hereditárias.

Durante o ciclo celular, ocorre a duplicação do DNA, e os cromossomos passam a ser formados por dois filamentos, chamados de **cromátides-irmãs**, que permanecem ligados pelo **centrômero**. No processo de divisão celular, as cromátides se separam e cada uma delas irá compor o material genético de uma das células-filhas. Nas extremidades dos cromossomos localizam-se os **telômeros**, regiões que dão estabilidade aos cromossomos.

TIPOS DE CROMOSSOMOS

A maioria das espécies que se reproduzem sexuadamente, ou seja, por meio da união de gametas, tem células diploides, com cromossomos homólogos em pares. Nessas espécies, um cromossomo homólogo é de origem materna, e o outro, de origem paterna.

Em algumas espécies, a diferença entre machos e fêmeas é determinada por um par de cromossomos específicos que carregam as informações sobre o sexo do indivíduo, os chamados **cromossomos sexuais** ou **heterossomos**; esses cromossomos variam entre os sexos. Os cromossomos que estão igualmente presentes em machos e fêmeas são denomidados **autossomos**. Na espécie humana, por exemplo, uma célula somática (que forma o corpo) é $2n = 46$, sendo 44 autossomos e 2 cromossomos sexuais.

Nas diversas espécies de seres vivos, há três sistemas principais de determinação sexual cromossômica: XY, ZW e XO.

- **Sistema XY**. Ocorre em todos os mamíferos, em alguns insetos e em algumas plantas com sementes. As fêmeas têm um par de cromossomos homólogos, os **cromossomos X**. Nos machos, há dois cromossomos diferentes: um **X** e um **Y**. Dessa forma, nesse sistema, o gameta masculino é que determina o sexo dos zigotos.

- **Sistema XO**. Ocorre em alguns insetos, como os gafanhotos. Nesse sistema, as fêmeas têm dois cromossomos X, e os machos, apenas um; por isso, são chamados de "xis-zero" (XO).

- **Sistema ZW**. Ocorre nas aves, em diversas espécies de répteis, em algumas espécies de peixes e em algumas espécies de insetos. As fêmeas têm cromossomos sexuais diferentes: um cromossomo Z e um W. Os machos têm dois cromossomos Z. Desse modo, a determinação sexual cromossômica do embrião é determinado pelo gameta feminino.

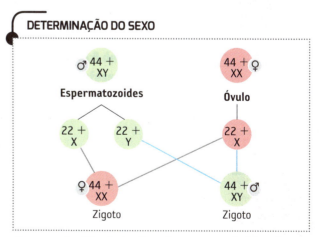

DETERMINAÇÃO DO SEXO

Esquema simplificado dos tipos de gameta produzidos por homens e por mulheres e as possíveis combinações deles na fecundação.

Fonte: CAMPBELL, N. A. et al. *Biology*. 8. ed. São Francisco: Benjamin Cummings, 2008.

GENES E HEREDITARIEDADE

O material genético e hereditário dos seres vivos é o DNA. As moléculas de DNA possuem as informações sobre a formação e o funcionamento de um organismo. Um segmento de DNA que determina a produção de uma molécula específica de RNA (sigla do inglês *ribonucleic acid*; ou ARN, em português, **á**cido **r**ibo**n**ucleico) é chamado **gene**. A maioria das moléculas de RNA, por sua vez, orienta a produção de proteínas.

Os genes localizam-se em regiões determinadas dos cromossomos. Um gene pode ter diferentes versões, conhecidas como **alelos**, que são equivalentes quanto à posição nos cromossomos homólogos e atuam sobre a mesma característica. No entanto, os alelos não são idênticos e cada um deles pode condicionar uma variação da característica, como, por exemplo, cabelo liso e cabelo crespo ou semente de cor amarela e semente de cor verde.

GENES ALELOS

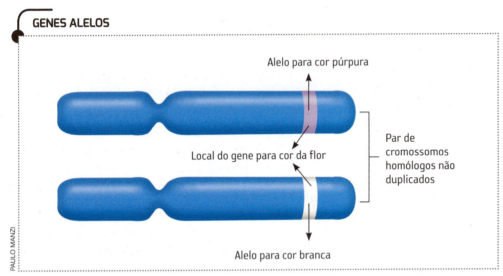

Representação esquemática da posição dos alelos hipotéticos de um gene para a cor da flor em um par de cromossomos homólogos. (Imagem sem escala; cores-fantasia.)

Fonte: CAMPBELL, N. A. et al. *Biology*. 8. ed. São Francisco: Benjamin Cummings, 2008.

GENES, CÓDIGO GENÉTICO E PROTEÍNAS

Todo RNA é formado a partir de um molde de DNA. A sequência de bases nitrogenadas de uma das fitas do DNA determina a sequência de bases do RNA pelo processo de **transcrição gênica**. A sequência de bases nitrogenadas do RNAm, por sua vez, determina a sequência de aminoácidos das proteínas no processo de **tradução gênica**.

No processo de formação das proteínas, participam três tipos de RNA: **RNA ribossômico** (RNAr), que, com algumas proteínas, constitui a estrutura dos ribossomos; o **RNA mensageiro** (RNAm), que tem a informação sobre a ordem em que os aminoácidos devem ser unidos; e o **RNA transportador** (RNAt), que leva as moléculas de aminoácidos que vão formar a proteína até os ribossomos.

Cada grupo de três bases nitrogenadas do RNAm é denominado **códon** e codifica um tipo de aminoácido. Por exemplo, três adeninas em sequência (AAA) no RNAm codificam o aminoácido lisina. No entanto, o mesmo tipo de aminoácido pode ser determinado por mais de um códon. A relação entre os códons e os aminoácidos é denominada **código genético**.

A síntese de uma proteína tem início quando um RNAm se associa a um ribossomo. Cada ribossomo envolve alguns códons do RNAm. Cada molécula de RNAt tem uma sequência com três bases nitrogenadas, chamada **anticódon**, que determina um aminoácido específico a ser transportado.

Os anticódons do RNAt formam pares com os códons do RNAm, seguindo as regras de pareamento entre as bases nitrogenadas (A = T; C = G). Os aminoácidos justapostos se ligam por meio da ligação peptídica, liberando os RNAt.

O ribossomo se desloca abrangendo outro códon, o RNAt traz um novo aminoácido, que se liga aos demais, e assim sucessivamente, até que o ribossomo chegue a um códon de parada, ou seja, um dos códons para os quais não há aminoácido correspondente. Nesse momento, todos os participantes do processo se separam, soltando a proteína recém-formada.

Nos organismos pluricelulares, todas as células se originam de uma célula inicial, o zigoto. Dessa maneira, todas elas carregam os mesmos genes, ou seja, as mesmas informações genéticas. Ao longo do desenvolvimento, as células se especializam e apenas alguns genes continuam ativos e coordenam a produção de RNA e proteínas. Nas células da pele, por exemplo, o gene para produção da proteína melanina está ativo, ao passo que nas do estômago é o gene para produção de enzimas digestivas que está ativo. Há ainda trechos da molécula de DNA que não codificam nem proteínas nem RNA; acredita-se que esses fragmentos exerçam um papel de regulação da expressão dos genes.

TRADUÇÃO GÊNICA

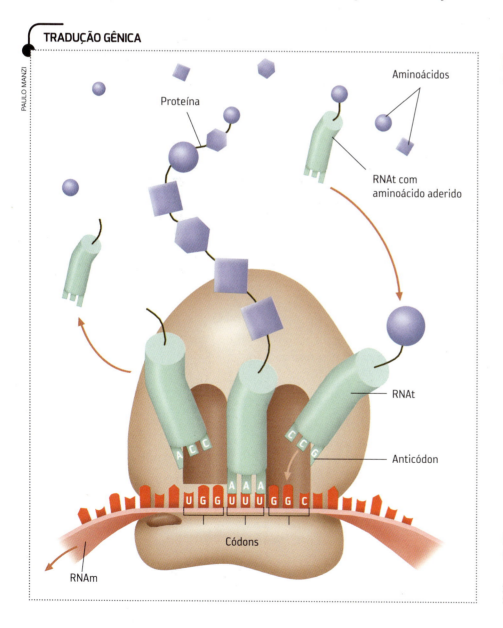

Representação esquemática do processo de tradução gênica.

Fonte: CAMPBELL, N. A. et al. *Biology*. 8. ed. São Francisco: Benjamin Cummings, 2008.

DE OLHO NO TEMA

1. Explique como os genes regulam a estrutura e as atividades das células.

2. Os seres humanos têm células com $2n = 46$ cromossomos. Quantos cromossomos têm os gametas humanos?

TEMA 2 — AS CONTRIBUIÇÕES DE MENDEL PARA A GENÉTICA

> As pesquisas de Mendel foram essenciais para o desenvolvimento da Genética.

MENDEL, SUAS OBSERVAÇÕES E SEUS EXPERIMENTOS

Gregor Mendel (1822-1884) foi um monge que viveu no século XIX em uma região que hoje corresponde à República Tcheca. Suas observações e seus experimentos não foram realizados em laboratórios como os que existem hoje, mas seguiram um método rígido e a lógica comparativa da Ciência moderna.

Mendel estudou o cruzamento de um tipo de arbusto de jardim, as ervilhas-de-cheiro, buscando entender, por exemplo, por que a mesma planta produzia algumas sementes de cor verde e outras de cor amarela. Ele também fez cruzamentos para observar outras características, como a altura da planta e o formato das vagens.

As observações, explicações e conclusões de Mendel sobre a herança das características nessas plantas serviram de base para os estudos de Genética realizados por outros cientistas.

TÉCNICA DE CRUZAMENTOS CONTROLADOS REALIZADOS POR MENDEL

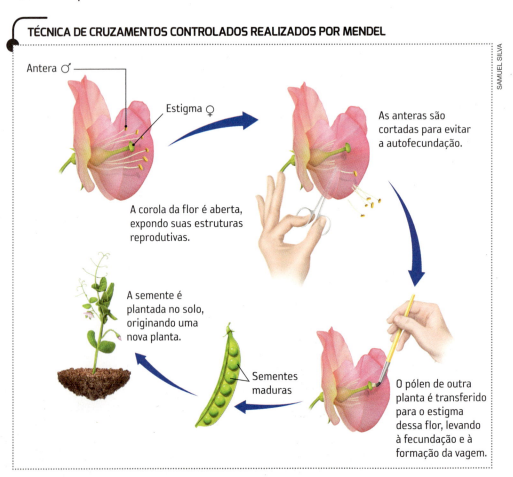

Representação esquemática do procedimento adotado por Mendel para fazer os cruzamentos controlados entre plantas de ervilha-de-cheiro cultivadas por ele. (Imagens sem escala; cores-fantasia.)

Fonte: POSTLEHWAIT, J. H.; HOPSON, J. L. *The nature of life.* 3. ed. Nova York: McGraw-Hill, 1995.

Arbusto de ervilha-de-cheiro (*Pisum sativum*), em que se podem ver flores e vagens.

OS CRUZAMENTOS REALIZADOS POR MENDEL

Em seus experimentos, Mendel observou que algumas plantas de sementes verdes, quando cruzadas entre si, sempre produziam descendentes de sementes verdes. Da mesma forma, havia plantas de sementes amarelas que, cruzadas entre si, produziam apenas descendentes de sementes amarelas. Mendel chamou essas plantas de "puras".

Cruzando plantas de sementes verdes "puras" com as de sementes amarelas "puras", os descendentes gerados produziam apenas sementes amarelas, como representado no *cruzamento I* da imagem abaixo.

Ao realizar o cruzamento entre as plantas com sementes amarelas dessa geração, eram produzidas tanto sementes amarelas quanto sementes verdes, como mostrado no *cruzamento II* da imagem.

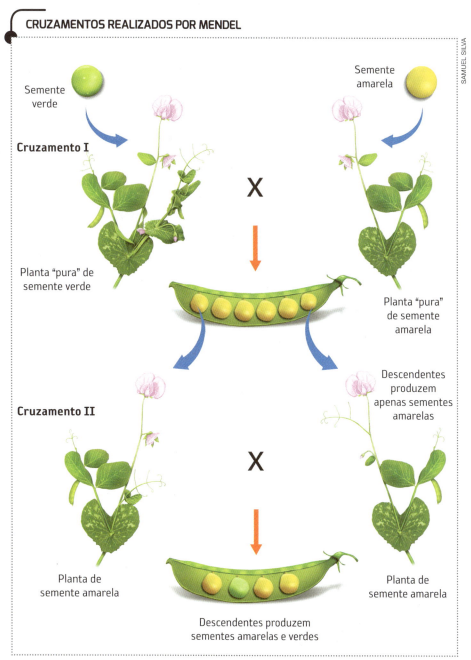

CRUZAMENTOS REALIZADOS POR MENDEL

Representação esquemática de cruzamentos realizados por Mendel. No cruzamento I, uma planta "pura" de semente verde é cruzada com uma planta "pura" de semente amarela, originando apenas sementes amarelas. No cruzamento II, duas plantas de sementes amarelas geradas do cruzamento I são cruzadas, gerando sementes amarelas e verdes. (Imagens sem escala; cores-fantasia.)

Fonte: GRIFFITHS, A. J. F. et al. *Introduction to genetic analysis*. 9. ed. Nova York: W. H. Freeman, 2008.

AS CONCLUSÕES DE MENDEL

Com base nesse e em diversos outros experimentos, Mendel elaborou a hipótese de que cada característica, como a cor das sementes, é determinada por um par de fatores, que hoje chamamos **alelos**. Os alelos são formas de um gene que ocupam a mesma posição nos cromossomos homólogos. No caso das ervilhas, por exemplo, o gene para a característica "cor da semente" tem dois alelos: um para cor verde e outro para cor amarela.

Mendel concluiu que as plantas "puras" apresentavam dois alelos iguais para a cor da semente. As plantas geradas pelo cruzamento entre elas possuíam um alelo para semente de cor verde e outro alelo para semente de cor amarela. Ele chamou essas plantas de híbridas e percebeu que a cor amarela das sementes predominava sobre a cor verde. Alelos que predominam sobre outros, no caso os alelos para cor amarela, são chamados **dominantes**. Já os alelos cujos efeitos são ocultados pela presença de outro, no caso para cor verde, são conhecidos como **recessivos**. Vamos representar esse alelo dominante com uma letra *A* (maiúscula) e o recessivo com a mesma letra, mas minúscula, a letra *a*.

Organismos que têm um par de alelos iguais, isto é, que determinam a mesma variação da característica, são chamados **homozigotos** (no exemplo, *aa* e *AA*). Organismos que têm um par de alelos diferentes, um de cada tipo, são chamados **heterozigotos** (no exemplo, *Aa*).

Híbrido: organismo gerado do cruzamento de dois progenitores de variedades diferentes.

Como o alelo para cor amarela é dominante sobre o alelo para cor verde, os indivíduos heterozigotos possuem sementes amarelas.

Quando as células se dividem na meiose para originar os gametas, um indivíduo homozigoto somente pode formar um tipo de gameta com alelo para cor verde (se o indivíduo for *aa*) ou com alelo para cor amarela (se o indivíduo for *AA*). Já um indivíduo heterozigoto (*Aa*) pode formar dois tipos de gameta: um deles com alelo para cor amarela e outro com alelo para cor verde.

OS CRUZAMENTOS DE MENDEL E OS ALELOS

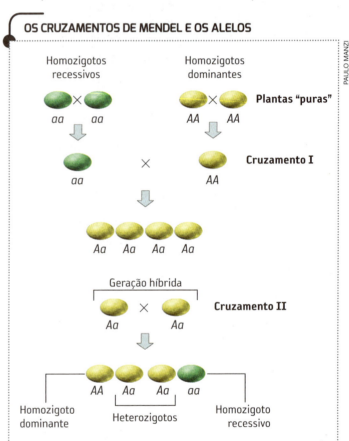

Representação esquemática da relação dos alelos que determinam a cor das sementes nos cruzamentos realizados por Mendel.

DE OLHO NO TEMA

1. Qual é a diferença entre homozigoto e heterozigoto?
2. Além da cor, Mendel também estudou a textura das sementes, observando que havia plantas com sementes lisas e plantas com sementes rugosas (enrugadas). O alelo para semente lisa é dominante sobre o alelo para semente rugosa.

- Usando o esquema que mostrou os cruzamentos entre ervilhas desse tema como modelo, represente o cruzamento entre duas plantas "puras", sendo uma de semente lisa e a outra de semente rugosa. Indique os alelos das plantas-mães e de seus possíveis descendentes.

ATIVIDADES — TEMAS 1 E 2

ORGANIZAR O CONHECIMENTO

1. Relacione os conceitos da coluna da esquerda com suas definições na coluna da direita.

a) Alelo	**I)** Manifesta sua característica mesmo na presença de um alelo diferente.
b) Alelo dominante	**II)** Organismo com alelos iguais de um mesmo gene.
c) Homozigoto	**III)** Organismo com alelos diferentes de um mesmo gene.
d) Heterozigoto	**IV)** Forma de um gene que ocupa a mesma posição de seu correspondente nos cromossomos homólogos.

2. Complete o texto a seguir.

Importantes fenômenos genéticos ocorrem nas células ao nível molecular: o DNA serve de _____ e dá origem a uma molécula de RNA, pelo processo de _____ . Entre os RNA formados existe um tipo que serve de molde para a produção de proteínas, em processo chamado _____ .

3. Defina os termos a seguir.
a) Códon
b) Gene
c) Genes alelos
d) Anticódon
e) Código genético

4. Durante suas pesquisas, Mendel elaborou algumas hipóteses. Entre elas, estava a de que fatores se segregam quando ocorre a produção dos gametas. O que Mendel chamou de fatores, hoje sabemos que se trata do(s):
a) cromossomos.
b) alelos.
c) RNA.
d) espermatozoides.
e) óvulos.

ANALISAR

5. Explique por que Mendel cortava as anteras das flores das plantas que usava em seus experimentos.

6. Um criador de peixes ornamentais cruzou um macho azul com uma fêmea vermelha de linhagens puras. Ele observou que todos os filhotes eram vermelhos e se decepcionou, pois tinha mais interesse em vender peixes azuis. Ao pesquisar mais sobre o tipo de herança da cor desses peixes, descobriu que essa é uma característica que apresenta padrão de herança semelhante à da cor das ervilhas de Mendel.
a) Como você explicaria ao criador o que ocorreu?
b) Que dica você daria a ele para obter peixes azuis?

7. As flores das ervilhas-de-cheiro, estudadas por Mendel, podem ser brancas ou púrpuras. Sabendo que o alelo que condiciona a cor branca é recessivo em relação ao da cor púrpura, responda.
a) Quais são os possíveis alelos de uma planta com cor púrpura?
b) Quais são os possíveis alelos e cores das flores dos descendentes do cruzamento de uma planta com flor púrpura heterozigota com uma planta com flor branca?

8. Considere que a cor da pelagem de uma espécie de rato é determinada por um gene com dois alelos: um determina a cor preta e é dominante, e o outro determina a cor branca e é recessivo. No cruzamento entre dois ratos de pelagem preta, nasceu um filhote de pelagem branca. Ao observar esse fato, podemos afirmar que:
a) os pais do rato branco são heterozigotos.
b) os pais do rato branco são homozigotos.
c) o filhote é heterozigoto.
d) o filhote tem os mesmos alelos de um dos pais.
e) é impossível que o rato branco seja filho dos ratos de pelagem preta.

COMPARTILHAR

9. Embora os trabalhos de Mendel tenham sido essenciais para o início e o desenvolvimento da Genética, eles não foram reconhecidos quando publicados. O não reconhecimento de um trabalho ou da participação de um cientista em uma descoberta científica ocorreu algumas vezes na história da Ciência. Forme um grupo com um colega e pesquisem sobre um desses casos. Depois, preparem uma pequena apresentação para a classe, indicando o cientista, o trabalho e como ele passou a ser reconhecido.

PENSAR CIÊNCIA

Inspirações de Mendel

Mendel nasceu em 1822, na província da Silésia austríaca, exerceu vasta gama de atividades e conviveu com grupos com pensamentos distintos, que influenciaram e inspiraram seus experimentos e sua obra.

Membro de uma família de agricultores pobres, Mendel conciliou os estudos com os trabalhos no campo, onde aprendeu técnicas que foram utilizadas mais tarde em seus experimentos. Estudou Filosofia, Matemática, Física, religiões, Biologia e História Natural em duas universidades e foi noviço no Mosteiro de Santo Tomás, na região da Morávia, onde aliou os estudos teológicos aos cursos sobre agricultura. Na escola real de Brünn, foi professor substituto de Ciências, acumulando também a função de jardineiro e horticultor, quando teve oportunidade de iniciar os trabalhos com a ervilha-de-cheiro (*Pisum sativum*).

A Europa passava por mudanças sociais advindas da Revolução Industrial. Os proprietários de terras buscavam formas de aumentar a produção para atender à necessidade crescente de matéria-prima pelas indústrias para alimentar os operários e aumentar o comércio de produtos agrícolas. Assim, desenvolveram-se na região muitas sociedades acadêmicas interessadas na reprodução de animais e na hibridação de plantas com as quais Mendel teve contato.

As ideias desenvolvidas por Mendel não foram frutos do pensamento de uma única pessoa isolada. O contexto no qual Mendel se desenvolveu, as pessoas com quem conviveu e os trabalhos de diversos outros pesquisadores serviram de base e inspiração para que ele encarasse a questão da hereditariedade sob uma nova perspectiva.

Estátua de Gregor Mendel no monastério em Brünn, na República Tcheca, em 2013.

ATIVIDADES

1. Com base no texto, liste as influências no trabalho de Mendel.
2. Em sua opinião, a imagem de Mendel como um monge que conseguiu estabelecer as "leis da hereditariedade" trabalhando como um pesquisador recluso, realizando experiências com ervilhas em um mosteiro isolado, condiz com a realidade dos pesquisadores de hoje? Justifique sua resposta.

TEMA 3

HEREDITARIEDADE HUMANA

A hereditariedade, ou herança genética, é a transmissão de características de geração em geração.

HERANÇA GENÉTICA NOS SERES HUMANOS

Certas características hereditárias humanas são determinadas por pares de alelos, como a forma dos lóbulos das orelhas, a capacidade de enrolar a língua e a maneira de cruzar os braços. Já outras são determinadas por um gene com mais de dois tipos de alelo, como os grupos sanguíneos do sistema ABO.

Diversas características humanas são determinadas por mais de um gene, como é o caso da cor da pele. Esses genes podem acionar a produção de maior ou menor quantidade de melanina. De forma semelhante, a cor dos olhos e a estatura são características hereditárias humanas também condicionadas por mais de um gene.

GENÓTIPO E FENÓTIPO

Genótipo refere-se ao conjunto de genes de um indivíduo. O **fenótipo**, por sua vez, corresponde a uma característica ou a um conjunto de características de um indivíduo. O fenótipo é determinado pelos genes e também pelo ambiente. Nas ervilhas estudadas por Mendel, as cores verde e amarela fazem parte do fenótipo, ao passo que os alelos que cada planta possui (*AA*, *Aa* ou *aa*), constituem o genótipo.

No caso da cor da pele humana, o fenótipo de um indivíduo não depende apenas de seu genótipo, mas também de condições do ambiente: a produção de melanina pode ser aumentada pela exposição aos raios solares, modificando a tonalidade inicial da pele. A exposição aos raios solares, portanto, pode modificar o fenótipo (a tonalidade da pele), mas não altera o genótipo do indivíduo.

A capacidade de enrolar a língua é uma característica condicionada por um alelo dominante. Já cruzar os braços sobrepondo o braço esquerdo é uma característica condicionada por um alelo recessivo.

A cor da pele humana e a estatura são exemplos de características determinadas por mais de um gene e que pode sofrer influência do ambiente.

HERANÇA DOS TIPOS SANGUÍNEOS

Há alguns tipos de sistemas para classificação do sangue em humanos, como os sistemas ABO e Rh. Ambos seguem padrões de herança semelhantes aos mostrados por Mendel.

SISTEMA ABO

De acordo com o sistema ABO, há quatro tipos sanguíneos humanos: **A**, **B**, **AB** e **O**, determinados por gene, representado pela letra I. Esse gene pode estar na forma de três alelos: I^A, I^B e i.

Os alelos I^A e I^B são dominantes em relação ao alelo i, mas não há dominância entre os alelos I^A e I^B.

Cada indivíduo recebe um alelo do pai e outro da mãe. As combinações que podem ser formadas (genótipo) e os tipos sanguíneos que elas determinam (fenótipo) estão mostrados na tabela abaixo.

SISTEMA ABO		
Fenótipo	Genótipo	Hemácias
Sangue tipo A	$I^A I^A$ ou $I^A i$	Proteína A
Sangue tipo B	$I^B I^B$ ou $I^B i$	Proteína B
Sangue tipo AB	$I^A I^B$	Proteína A / Proteína B
Sangue tipo O	ii	(Imagens sem escala; cores fantasia.)

Karl Landsteiner em seu laboratório. Ele recebeu o Prêmio Nobel de Medicina em 1930, por seus estudos sobre os tipos sanguíneos.

TRANSFUSÕES SANGUÍNEAS

No início do século XX, o médico austríaco Karl Landsteiner (1868-1943) verificou que nem sempre as transfusões sanguíneas tinham êxito. Pesquisando, ele e sua equipe descobriram que, quando algumas amostras de sangue de pessoas diferentes eram misturadas, elas aglutinavam-se, isto é, aglomeravam-se. E que esses aglomerados podiam entupir os vasos sanguíneos e prejudicar a circulação, causando até a morte.

A incompatibilidade entre os grupos sanguíneos deve-se a uma reação entre proteínas que podem estar presentes ou ausentes no sangue. São essas proteínas que caracterizam os tipos sanguíneos.

Cada alelo dominante tem a informação para a produção de uma proteína diferente. Essas proteínas são produzidas e transportadas para a membrana plasmática das hemácias, ficando expostas para o lado de fora das células. O alelo *i* não traz informação para a formação de proteínas. Assim, pessoas que possuem o alelo I^A têm nas células uma proteína que chamamos de A. As que possuem o alelo I^B tem nas células sanguíneas uma proteína que chamamos de B. Pessoas que possuem os alelos I^A e I^B têm as duas proteínas, A e B, nas células. Nenhuma dessas proteínas está presente no sangue das pessoas que possuem dois alelos *i*.

As incompatibilidades entre tipos sanguíneos ocorrem quando o sangue que possui células com determinada proteína é doado a um indivíduo cujo sangue não as possui, o que causa a rejeição das células doadas. A tabela abaixo mostra a compatibilidade para transfusões sanguíneas no sistema ABO.

COMPATIBILIDADE PARA TRANSFUSÕES SANGUÍNEAS - SISTEMA ABO		
Grupo sanguíneo	Pode receber de	Pode doar para
A	A e O	A e AB
B	B e O	B e AB
AB	A, B, AB e O	AB
O	O	A, B, AB e O

SISTEMA RH

Em 1940, Landsteiner e sua equipe verificaram que, mesmo com a identificação dos quatro tipos sanguíneos do sistema ABO, algumas transfusões continuaram a não ter êxito. Em suas pesquisas com macacos-rhesus, constataram a existência de outra proteína sanguínea, denominada Rh (de *Rhesus*). Essa proteína está presente em aproximadamente 85% da população humana.

As pessoas que têm essa proteína são denominadas **Rh positivas** (Rh$^+$), e as que não a apresentam são denominadas **Rh negativas** (Rh$^-$). Sabe-se que o alelo que determina o fator Rh$^+$ (*R*) é dominante sobre o alelo que determina o fator Rh$^-$ (*r*).

Se uma pessoa com sangue Rh$^-$ recebe sangue Rh$^+$, ocorrem aglutinações que podem causar problemas de saúde.

Macaco-rhesus (*Macaca mulatta*). Macacos dessa espécie foram utilizados em pesquisas para compreender o sistema Rh.

 76 cm

DE OLHO NO TEMA

1. Leia o texto e faça o que se pede.

Os seres humanos podem ter o lóbulo da orelha preso ou solto. Essa característica é determinada por um gene com dois alelos, um para a forma presa e outro para a forma solta. O alelo para forma solta é dominante em relação àquele para a forma presa. Assim, pessoas *PP* ou *Pp* têm lóbulo da orelha solto e pessoas *pp* têm lóbulo da orelha preso.

- Um casal é formado por uma mulher com lóbulo da orelha preso e um homem com lóbulo da orelha solto, que é heterozigoto para essa característica. Quais podem ser os genótipos e os fenótipos de um filho entre eles?

2. Leia o texto e responda.

Antônio consegue enrolar a língua, assim como sua esposa Cláudia. No entanto, o filho deles, José, não consegue.

a) Qual é o genótipo de Antônio e Cláudia? Explique.

b) Esse casal poderia ter filhos com a capacidade de enrolar a língua? Justifique.

3. Qual é o tipo sanguíneo do sistema ABO que pode:

a) receber transfusões de todos os tipos sanguíneos?

b) doar sangue para todos os tipos sanguíneos?

TEMA 4
A GENÉTICA NOS SÉCULOS XX E XXI

A Genética é um dos ramos da Biologia de maior desenvolvimento nos últimos anos.

UM POUCO DE HISTÓRIA

Há tempos o ser humano busca conhecimento sobre a hereditariedade nos seres vivos. Diversas explicações foram propostas ao longo dos séculos, mas foi no início do século XX que a Ciência começou a elucidar essa questão.

Na época das descobertas de Mendel, o meio científico parecia não estar pronto para lidar com as ideias propostas por ele e as ignorou. Em 1900, somente 35 anos depois, três cientistas, o biólogo holandês Hugo de Vries (1848-1935), o botânico alemão Carl Correns (1864-1933) e o botânico austríaco Erich Von Tschermak (1871-1962), de maneira independente, chegaram às mesmas conclusões de Mendel e "redescobriram" os estudos do monge. A partir de então, a Genética passou a existir formalmente e a se desenvolver como um campo da Ciência. Foi nessa época que se concluiu que aqueles fatores a que Mendel se referia poderiam estar nos cromossomos.

Mais tarde, o DNA foi reconhecido como a base da hereditariedade humana e desvendada a estrutura em dupla-hélice dessa molécula.

A GENÉTICA HOJE

Atualmente, a Genética tem grande destaque na mídia e no meio científico, e muitos recursos financeiros têm sido investidos em pesquisas nessa área. Esses estudos representam uma promessa de grandes avanços na produção de alimentos e na Medicina, com o desenvolvimento de novos medicamentos e terapias, além de diversas outras aplicações.

GENÔMICA

Desde o final da década de 1980, já foram lançados projetos genomas para diversos organismos. Esses projetos consistem em sequenciar todas as bases nitrogenadas das moléculas de DNA de uma espécie. O de maior destaque nessa área foi o Projeto Genoma Humano, consórcio internacional iniciado em 1990 e finalizado em 2003. Esse projeto determinou a sequência de bases de todo o genoma da espécie humana. Os dados gerados vêm sendo utilizados em diversas áreas das Ciências Biológicas.

Desenvolvido por pesquisadores brasileiros, o sequenciamento do genoma da bactéria *Xylella fastidiosa* também foi importante.

Capas de revista científica de grande credibilidade.
(**A**) Abordando os resultados dos sequenciamentos do genoma humano.
(**B**) Relatando o sequenciamento da bactéria *Xylella fastidiosa*.

ORGANISMOS GENETICAMENTE MODIFICADOS (OGM)

OGM são quaisquer organismos que tenham seus genes manipulados para manifestar ou ressaltar características de interesse, como o aumento do teor de óleo em grãos de milho. Entre os OGM estão os chamados **transgênicos**. No DNA desses organismos são inseridos genes de seres de outra espécie, que expressam características de interesse.

A criação dos OGM é feita pela técnica do DNA recombinante. O termo "recombinante" é usado porque, nessa técnica, o objetivo é combinar DNA de origens distintas.

PROCESSO DE CRIAÇÃO DE UM OGM

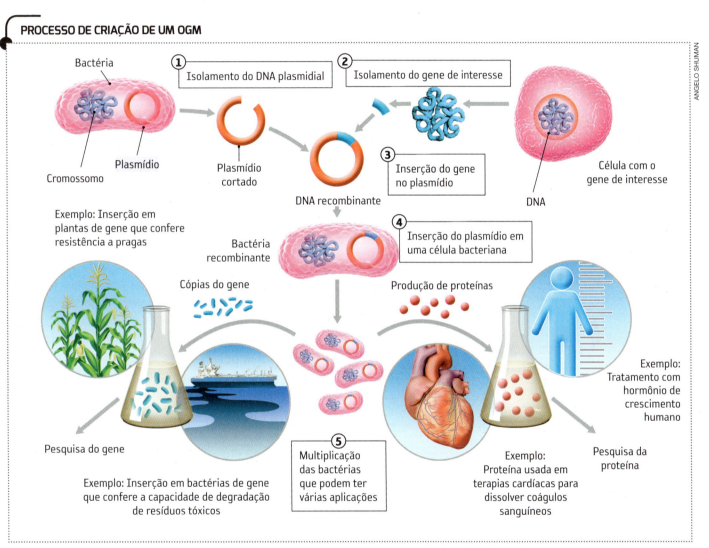

(Imagem sem escala; cores-fantasia.)

Fonte: *Ciência Hoje*, Rio de Janeiro: SBPC, v. 34, n. 203, abr. 2004.

ENTRANDO NA REDE

O *Projeto Semear* faz parte do Centro de Pesquisa sobre o Genoma Humano e Células-Tronco da Universidade de São Paulo. Ele traz informações e curiosidades sobre Genética de maneira acessível. Ele pode ser acessado em **http://mod.lk/rebt3**. Acesso em: abr. 2018.

Plasmídio: molécula circular de DNA, isolada do DNA cromossômico, presente em células bacterianas.

CLONAGEM

Um **clone** pode ser definido como um conjunto de células ou organismos geneticamente idênticos. Em diversos grupos de seres vivos, a clonagem é um processo reprodutivo natural. Seres que fazem reprodução assexuada podem produzir clones. Na agricultura, alguns métodos utilizados para propagar plantas, também geram clones, como a estaquia. Nela, pedaços da planta são cortados e plantados, dando origem a novos indivíduos, todos com o mesmo genótipo.

Ovelha Dolly, em 1998. Ela foi o primeiro clone de um mamífero.

O primeiro mamífero clonado foi a ovelha Dolly, em 1996. Nesse experimento, pesquisadores retiraram do óvulo de uma ovelha o núcleo com o material genético (DNA) e o substituíram pelo núcleo retirado de uma célula mamária de outra ovelha adulta. Ocorreu a fusão entre o núcleo e o óvulo, e o embrião resultante foi implantado no útero de uma terceira ovelha, que gestou e pariu Dolly, um clone da ovelha que cedeu a célula mamária.

GENÉTICA E SOCIEDADE

O desenvolvimento da Genética abriu muitas possibilidades interessantes. No entanto, existem questões polêmicas que precisam ser debatidas abertamente com a sociedade, desde a criação de alimentos transgênicos até a manipulação de genes humanos.

Por um lado, o conhecimento e a tecnologia em Genética possibilitam não apenas a obtenção de variedades vegetais mais produtivas, nutritivas ou resistentes, mas também a produção de medicamentos, como a insulina e o hormônio de crescimento.

Por outro lado, o uso dessas técnicas levanta questões éticas muito sérias. A produção de OGM é controversa, pois ainda não foram devidamente avaliados os riscos potenciais desses organismos para os ecossistemas. Da mesma forma, os estudos com os genomas humanos abrem margem para ideias já condenadas em épocas passadas, como a eugenia.

Eugenia: teoria que busca produzir uma seleção nas coletividades humanas, discriminando as pessoas de acordo com características como cor da pele, etnia etc.

ATITUDES PARA A VIDA

- **Aplicar conhecimentos prévios a novas situações**

  Para discutir com propriedade as implicações sociais do desenvolvimento da Genética, é fundamental conhecer os conceitos básicos da área. Antes de tomar posição sobre uma questão, procure resgatar seus conhecimentos e aplicá-los à situação.

PROCESSO DE CLONAGEM

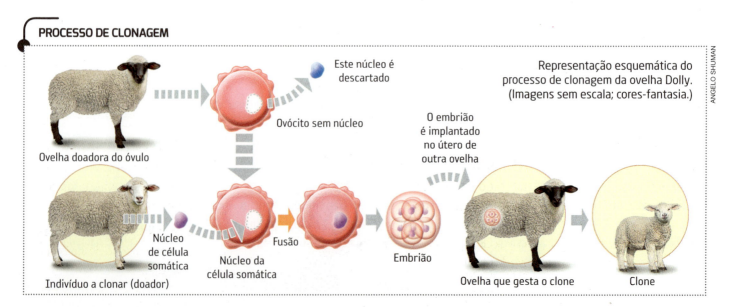

Representação esquemática do processo de clonagem da ovelha Dolly. (Imagens sem escala; cores-fantasia.)

COLETIVO CIÊNCIAS

ALGUNS PESQUISADORES BRASILEIROS DEDICADOS AO ESTUDO DA GENÉTICA

NEWTON FREIRE-MAIA (1918-2003)

O biólogo Newton Freire-Maia, nascido em Boa Esperança, Minas Gerais, tornou-se um dos maiores especialistas mundiais em Genética estudando espécies de moscas e doenças hereditárias consanguíneas. Escreveu aproximadamente 500 trabalhos científicos e 19 livros.

Geneticista Newton Freire-Maia, em fotografia de 1980.

Trilha de estudo

Vai estudar? Nosso assistente virtual no *app* pode ajudar! <http://mod.lk/tr9u06>

MAYANA ZATZ (1947-)

Geneticista Mayana Zatz, em fotografia de 2003.

A bióloga e geneticista Mayana Zatz é professora de Genética do Instituto de Biociências da Universidade de São Paulo (USP), coordenadora do Centro de Pesquisas do Genoma Humano e Células-Tronco (CEGH-CEL) e do Instituto Nacional de Células-Tronco em Doenças Genéticas. Ganhou vários prêmios nacionais e internacionais. Tem experiência na área de Genética Humana e Médica, com enfoque em doenças neuromusculares e pesquisas em células-tronco. Publicou mais de 330 trabalhos científicos e é autora de vários livros.

A evolução da genética

Descreva o processo que ocorre durante o quiasma.
Disponível em <http://mod.lk/ac9u06>

LAVINIA SCHULER-FACCINI

Médica e geneticista, Lavinia é professora da Universidade Federal do Rio Grande do Sul (UFRGS). Foi presidente da Rede Latino-americana de Genética Humana e do Congresso Brasileiro de Genética Médica e participa das pesquisas sobre o Zika vírus na América do Sul. Também é chefe do Serviço de Genética Médica do Hospital de Clínicas em Porto Alegre (RS).

Geneticista Lavinia Schuler-Faccini, durante Congresso Brasileiro de Genética Médica, Bento Gonçalves, 2017.

DE OLHO NO TEMA

1. Por que a ovelha Dolly era um clone da ovelha que cedeu uma célula mamária para o experimento?

2. Cite aplicações das técnicas de manipulação do material genético.

ATIVIDADES — TEMAS 3 E 4

ORGANIZAR O CONHECIMENTO

1. Indique se as afirmações a seguir são verdadeiras (V) ou falsas (F)

   ( ) Algumas características humanas são condicionadas por um gene com dois alelos, assim como a cor das sementes das ervilhas estudadas por Mendel.

   ( ) A altura de uma pessoa é determinada exclusivamente pelo seu genótipo.

   ( ) A maneira como uma pessoa cruza os braços é uma característica herdada dos pais.

   ( ) A cor da pele humana é uma característica condicionada por um par de genes com vários alelos e não tem influência ambiental.

2. Monte uma tabela indicando o fenótipo e genótipo dos tipos sanguíneos do sistema Rh, bem como as informações dos tipos sanguíneos dos quais eles podem receber e doar sangue.

ANALISAR

3. Indique, entre as opções de genótipo para mães e pais abaixo, as combinações que poderiam resultar em uma criança de sangue tipo O.

Possíveis mães	Possíveis pais
I. $I^A I^A$	I. ii
II. $I^A I^B$	II. $I^A I^B$
III. $I^A i$	III. $I^B i$
IV. $I^B I^B$	IV. $I^A I^A$

4. O albinismo caracteriza-se pela ausência de pigmento (melanina) na pele, nos pelos, nos cabelos e nos olhos. O alelo que condiciona a produção de pigmento (*A*) é dominante sobre o alelo que condiciona ausência de pigmento (*a*). Com base nessas informações, faça o que se pede.

   a) Determine os genótipos possíveis para um indivíduo com pigmentação na pele e para um indivíduo albino.

   b) Um homem albino casa-se com uma mulher com pigmentação na pele. Sabe-se que ela é heterozigota para a característica albinismo. Como poderão ser os filhos desse casal quanto à pigmentação da pele? Monte um esquema para explicar sua resposta.

5. Catarina é do tipo sanguíneo A ($I^A i$) e Roberto, seu marido, é do tipo B ($I^B i$). Quais podem ser os tipos sanguíneos dos filhos desse casal, considerando seus genótipos? Monte um esquema explicativo.

6. **(ENEM)** Um jovem suspeita que não é filho biológico de seus pais, pois descobriu que o seu tipo sanguíneo é O Rh negativo, o de sua mãe é B Rh positivo e de seu pai é A Rh positivo.

   A condição genotípica que possibilita que ele seja realmente filho biológico de seus pais é a de que

   a) o pai e a mãe sejam heterozigotos para o sistema sanguíneo ABO e para o fator Rh.

   b) o pai e a mãe sejam heterozigotos para o sistema sanguíneo ABO e homozigotos para o fator Rh.

   c) o pai seja homozigoto para as duas características e a mãe heterozigota para as duas características.

   d) o pai seja homozigoto para as duas características e a mãe heterozigota para o sistema ABO e homozigota para o fator Rh.

   e) o pai seja homozigoto para o sistema ABO e heterozigoto para o fator Rh e a mãe homozigota para as duas características.

COMPARTILHAR

7. Em grupo, façam uma pesquisa sobre alimentos geneticamente modificados. Essa pesquisa deve buscar exemplos desses organismos, as razões que levaram à modificação deles e uma análise de seus efeitos nas pessoas, ambiente e economia. Apresentem esse exemplo para a classe e vejam as apresentações dos colegas. Após essas apresentações debatam a seguinte questão: Existe uma polêmica no Brasil sobre a exigência da identificação de alimentos transgênicos nas embalagens de alimentos. Você é contra ou a favor dessa identificação? Por quê?

EXPLORE
HEREDOGRAMAS

Os **heredogramas** são esquemas gráficos que representam famílias ou árvores genealógicas. Eles são usados para observar a ocorrência de características genéticas específicas nos indivíduos e podem informar como essas características são transmitidas hereditariamente.

Conhecendo e analisando um heredograma

A característica genética estudada pode ser uma doença, um caráter fisiológico ou uma característica física, como a cor dos olhos. Vamos conhecer melhor esses símbolos?

HEREDOGRAMA DE UMA FAMÍLIA

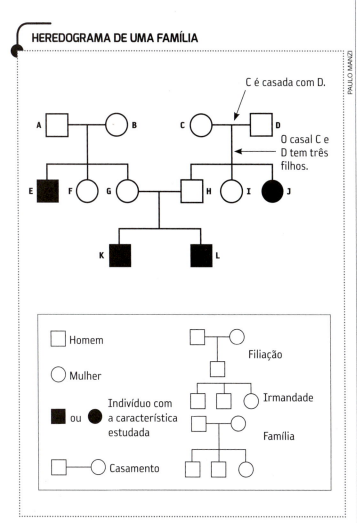

Heredograma e seus símbolos mais comuns.

ATIVIDADES

Mais questões no livro digital

1. Quantos homens e quantas mulheres há no exemplo anterior?

2. Identifique, no heredograma, quem são os avós maternos, os avós paternos, os pais, os tios e o irmão do indivíduo L.

3. Imagine que o heredograma está destacando pessoas com determinada doença de caráter hereditário. Identifique os membros da família com a doença.

INTERPRETAR

4. Supondo que essa doença é condicionada por um par de alelos, descubra se ela é causada por um alelo dominante (*A*) ou por um alelo recessivo (*a*). Acompanhe as descrições a seguir para chegar às suas conclusões.

   a) Possibilidade de o alelo ser recessivo. Lembre-se de que, se a doença é determinada por um alelo recessivo, é preciso possuir um genótipo *aa* para apresentar a doença. No heredograma, marque *aa* para todos os indivíduos destacados. Em seguida, considere que um desses alelos foi herdado da mãe e o outro, do pai. Represente um alelo *a* no genótipo de cada um dos pais. Se eles não apresentam a doença, o outro alelo é normal, *A*. Tente preencher o heredograma seguindo esse raciocínio e, no final, responda às questões.

   - É possível identificar o par de alelos de todos os indivíduos?
   - É possível que o alelo que condiciona a doença tenha um caráter recessivo?

   b) Possibilidade de o alelo ser dominante. Observe apenas o casal de avós maternos e seus filhos. Marque o alelo dominante no filho afetado. Em seguida, procure identificar se ele teria herdado esse alelo da mãe ou do pai.

   - Algum dos pais é afetado? É possível que o alelo tenha um caráter dominante?

175

ATITUDES PARA A VIDA

Banco de sangue tem coleta abaixo do ideal

Com menos doações nas férias de janeiro, o Banco de Sangue de Ribeirão Preto (SP) começou 2018 com uma captação 38% abaixo do ideal. A unidade, que divulgou um comunicado pedindo a ajuda de voluntários, tem registrado este mês uma captação diária de 40 bolsas, quando o ideal seria de 65.

Com 1,2 mil transfusões por dia, o banco atende 20 hospitais e tem entre os estoques mais baixos os tipos sanguíneos O e A, tanto positivo quanto negativo.

[...]

O déficit afeta pacientes como crianças de até seis meses, que dependem de bolsas do tipo O durante atendimentos de urgência e emergência. [...]

Fonte: G1. Banco de Sangue de Ribeirão Preto tem coleta 38% abaixo do ideal; veja como doar. *Portal G1*. 17 jan. 2018. Disponível em: <http://mod.lk/gzznj>. Acesso em: ago. 2018.

Cartaz de campanha para doação de sangue. Campanha de 2017.

Condições para doar sangue

[...] Dados do Ministério da Saúde mostram que, atualmente, 1,6% da população brasileira doa sangue – o que significa um índice de 16 doadores para cada grupo de mil habitantes. Jovens com idade entre 18 e 29 anos, segundo a pasta, são maioria – respondem por 42% do total de doações registradas no país. O percentual de doadores (1,6%) está dentro dos parâmetros da Organização Mundial de Saúde (OMS) – de pelo menos 1% da população, segundo o Ministério. Porém, o governo quer aumentar o número de doadores.

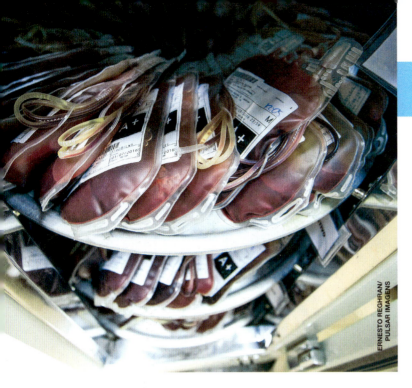

O sangue doado é triado, testado para verificar se carrega algum patógeno, separado por tipo sanguíneo e então encaminhado para os pacientes que dele precisam.

TROCAR IDEIAS SOBRE O TEMA

Em trio, troquem ideias sobre a questão a seguir.

- Vocês conhecem alguém que já doou sangue? Perguntem a essa pessoa como foi a experiência e relatem aos colegas os principais pontos dessa experiência.

COMPARTILHAR

Cada integrante do trio irá pesquisar sobre um aspecto:

Aspecto 1: como é a situação dos hemocentros perto de onde vocês moram?

Aspecto 2: as pessoas que vocês conhecem (parentes, amigos, colegas etc.) participam de campanhas de doação e sabem como devem proceder para doar sangue?

Aspecto 3: quais as principais dúvidas e restrições das pessoas para doar sangue?

Após a pesquisa, produzam um material criativo e atrativo para divulgar o resultado.

Para produzir esse material, é necessário **pensar de maneira interdependente**, unindo as informações e ideias de cada integrande do trio. Dividam as tarefas e busquem maneiras de ampliar o resultado do trabalho, comparado ao que seria se ele fosse feito individualmente.

No Dia Mundial do Doador de Sangue, lembrado hoje [14 de junho] o Ministério lançou, na Fundação Hemocentro de Brasília, uma campanha para homenagear doadores e sensibilizar novos voluntários. Nesta época do ano, é comum uma baixa nos estoques de sangue em razão da proximidade das férias escolares e das festas [juninas], além da chegada do inverno.

[...]

No Brasil, pessoas entre 16 e 69 anos podem doar sangue. Para menores de 18 anos, é necessário o consentimento dos responsáveis e, entre 60 e 69 anos, a pessoa só poderá doar se já o tiver feito antes dos 60 anos.

Além disso, é preciso pesar, no mínimo, 50 quilos e estar em bom estado de saúde. O candidato deve estar descansado, não ter ingerido bebidas alcoólicas nas 12 horas anteriores à doação e não estar de jejum.

No dia, é imprescindível levar documento de identidade com foto. A frequência máxima é de quatro doações anuais para o homem e de três doações anuais para a mulher. O intervalo mínimo deve ser de dois meses para os homens e de três meses para as mulheres.

Fonte: LABOISSIÈRE, P. Doadores de sangue somam 1,6% da população; jovens são maioria. Agência Brasil de notícias. Disponível em: <http://mod.lk/5dtkb>. Acesso em: jul. 2018.

COMO EU ME SAÍ?

- Organizei o meu trabalho pensando de forma interdependente com o grupo?
- No material, as informações trazidas pelos diferentes integrantes do grupo foram utilizadas?

COMPREENDER UM TEXTO
TRANSGÊNICOS E AGRICULTURA

Texto 1

Plantio de transgênicos de soja, milho e algodão avança para 93,4% do total do Brasil

A área semeada com soja, milho e algodão transgênicos no Brasil na temporada 2016/17 atingiu 93,4 por cento da área total plantada no país com esses três produtos [...].

Segundo o levantamento, a área plantada total com os três produtos atingiu 52,5 milhões de hectares, sendo que mais de 49 milhões de hectares foram de produtos transgênicos.

[...]

Para o total de soja, a área com cultivares transgênicas atingiu 32,7 milhões de hectares, alta de 3,9 por cento ante a safra 2015/16, com 96,5 por cento do total semeado.

[...] 59,8 por cento da soja transgênica plantada teve a tecnologia RI/TH (tolerante a insetos e herbicidas) e 36,7 por cento a tolerância a herbicida.

O milho de inverno geneticamente modificado atingiu 91,8 por cento da área total semeada, ou 10,4 milhões de hectares [...]

[...] No caso do milho verão, a área total com biotecnologia foi de 5,3 milhões de hectares, [...].

[...] Dessa forma, o milho transgênico no Brasil completou a safra 2016/17 com 88,4 por cento de taxa de adoção. [...]

Na safra 16/17, a adoção de algodão transgênico totalizou 78,3 por cento do total semeado, ou 726 mil hectares, queda de 3,3 por cento em comparação ao ano anterior.

Assim como para soja e milho, a tecnologia RI/TH é a mais utilizada, alcançando 392 mil hectares, ou 42,3 por cento da área total. [...]

Fonte: REDAÇÃO REUTERS. Plantio de transgênicos de soja, milho e algodão avança para 93,4% do total do Brasil. *Reuters.* 18 abr. 2017. Disponível em: <http://mod.lk/1xmkf>. Acesso em: ago. 2018.

O Brasil é pioneiro em desenvolvimento e plantio de cana-de-açúcar transgênica. A variedade foi geneticamente modificada com genes de Bt (*Bacillus thuringiensis*), o que a torna resistente à broca (*Diatraea saccharalis*), que é a principal praga desta planta no Brasil (Piracicaba, SP, 2010).

Texto 2

Embrapa quer desmistificar uso de transgênicos, mas especialistas apontam riscos da tecnologia

Grande parte da produção de grãos no Brasil é feita a partir de sementes geneticamente modificadas, os chamados transgênicos. Para discutir os impactos positivos e negativos dessa prática, a Comissão de Meio Ambiente da Câmara realizou audiência pública com especialistas de diversas áreas.

Para o pesquisador da Embrapa, Alexandre Nepomuceno, é preciso desmistificar o uso dos transgênicos que já são utilizados desde a década de 1970 em várias áreas, como produção de bebidas, vacinas e laticínios.

"É uma tecnologia que pode trazer várias soluções para a agricultura, por exemplo, nós da Embrapa temos pesquisado muito agora plantas adaptadas às mudanças climáticas, plantas tolerantes à seca. Nós estamos pesquisando plantas mais eficientes na absorção de nutrientes, que é um problema sério na agricultura brasileira. A gente importa a maior parte dos fertilizantes."

Já o representante da Campanha Permanente contra Agrotóxicos, Francisco Dal Chiavon, destacou que uma das promessas do uso de transgênicos pela agricultura era justamente a diminuição no uso de agrotóxicos. Mas, na prática, houve nos últimos anos um aumento de 218% na sua utilização no Brasil, com o uso de substâncias que já são proibidas em outros países.

O vice-reitor da Universidade Federal da Fronteira Sul, Antônio Andrioli, afirmou que o uso de transgênicos na agricultura já está causando consequências graves ao meio ambiente que podem ser agravadas com a utilização de novas tecnologias.

"Quanto mais transgênicos nós tivermos, mais problemas técnicos [teremos,] e para resolver esses problemas técnicos [precisaremos de] mais agrotóxicos. Eu poderia dizer que esse caminho ainda não encerrou aí, porque depois dos agrotóxicos vêm as doenças e os medicamentos e são as mesmas empresas que produzem tudo isso."

O autor do requerimento para a realização da audiência pública, deputado Nilto Tatto, [...], lembrou que muito se discutiu sobre os transgênicos no início dos anos 2000, antes da sua liberação, mas é preciso manter o assunto sempre na pauta da Câmara porque ele afeta diretamente a população.

"O aumento do cultivo dos transgênicos vem associado com o aumento do uso de agrotóxicos na agricultura, o impacto que isso tem no meio ambiente, a contaminação dos mananciais, a contaminação dos alimentos. Então começam a aparecer estudos mostrando o aumento de câncer e outras doenças, [o] que é decorrente da alimentação que a população brasileira vem consumindo."

Para o advogado Néri Perin, é preciso alterar as legislações vigentes sobre patentes e cultivares como forma de libertar os produtores da dependência das multinacionais que produzem sementes transgênicas e cobram *royalties* pela sua utilização durante 15 anos.

Fonte: ALESSANDRA, K. Câmara dos deputados. Disponível em: <http://mod.lk/ykofi>. Acesso em: ago. 2018.

ATIVIDADES

OBTER INFORMAÇÕES

1. Quais são as três principais plantas transgênicas cultivadas no Brasil?
2. Quais são os riscos ambientais da utilização de plantas transgênicas?

INTERPRETAR

3. Quais argumentos você usaria para defender o aumento da área plantada com transgênicos? E quais utilizaria para propor a diminuição dessa área?
4. Houve um aumento em áreas cultivadas com transgênicos no Brasil. Em sua opinião, esse fato é positivo ou negativo do ponto de vista ambiental?

UNIDADE 7
EVOLUÇÃO BIOLÓGICA

POR QUE ESTUDAR ESTA UNIDADE?

A diversidade de seres vivos e a característica dinâmica do mundo começaram a ser explicadas por teorias científicas apenas em meados do século XVIII. Conhecer algumas das principais teorias evolutivas, suas contribuições e falhas, demonstra o processo de construção do conhecimento científico e ajuda a compreender como os seres vivos estão relacionados. Nesta Unidade, você estudará como ocorre a evolução biológica, a relação evolutiva entre os organismos, a formação de novas espécies e por que é importante preservar a biodiversidade.

ATITUDES PARA A VIDA

- Aplicar conhecimentos prévios a novas situações
- Pensar e comunicar-se com clareza

COMEÇANDO A UNIDADE

1. Em sua opinião, qual é a importância do estudo dos fósseis?
2. Você já se perguntou como podem existir tantas espécies diferentes no planeta? Como você explicaria essa diversidade?
3. Em sua opinião, a frase a seguir está correta?
   "Todos os organismos vivos têm algum grau de parentesco entre si."
4. Qual é a importância da preservação da biodiversidade? O que significa dizer que uma espécie foi extinta?

(A) Reconstituição artística de um megalondonte. Os megalodontes (*Carcharodon megalodon*) viveram na Terra entre 20 e 16 milhões de anos atrás; eles atingiam impressionantes 18 metros de comprimento. Seus fósseis, principalmente dentes (B), já foram encontrados em diversas partes do mundo, inclusive no Brasil. Pesquisadores acreditam que o megalodonte tinha estratégias de caça semelhantes às utilizadas pelos tubarões brancos atuais (*Carcharodon carcharias*) e se alimentavam de baleias. Na página anterior, também são representados alguns *Allodesmus*, prováveis ancestrais dos leões-marinhos. (Imagem sem escala; cores-fantasia.)

TEMA 1
BREVE HISTÓRIA DO EVOLUCIONISMO

A diversificação e a adaptação das espécies ao ambiente ocorrem pelo processo de seleção natural.

FIXISMO E TRANSFORMISMO

Embora a ideia de um mundo em constante transformação não fosse estranha aos antigos gregos, até a metade do século XIX, a maioria das pessoas acreditava que as espécies se mantinham inalteradas ao longo das gerações. De acordo com essa ideia, que passou a ser conhecida como **fixismo**, as espécies eram imutáveis.

Em meados do século XVIII começou a ganhar força o **transformismo** ou **evolucionismo**. De acordo com essas ideias, os seres vivos não são imutáveis; ao contrário, as espécies sofrem transformações ao longo do tempo. Muitos dos seres conhecidos nem sempre existiram, outros nem sempre tiveram a mesma forma e muitos deixarão de existir.

Um dos primeiros a defender o transformismo foi o francês Georges-Louis Leclerc (1707-1788), conhecido como conde de Buffon. Ele acreditava que as espécies se modificavam, mas de maneira restrita, obedecendo ao que ele chamou de molde interno. Sua teoria continha ideias evolucionistas, mas esbarrou em diversas limitações em decorrência do escasso conhecimento sobre transmissão das características hereditárias na época.

A TEORIA DE LAMARCK

Aproximadamente 50 anos depois de Buffon, o naturalista francês Jean-Baptiste Pierre Antoine de Monet (1744-1829), conhecido por seu título de Cavaleiro de Lamarck, propôs uma nova teoria sobre as transformações das espécies, sustentando a ideia do evolucionismo.

De acordo com Lamarck, o processo evolutivo consistia em uma escalada de complexidade, ou seja, os seres vivos primitivos se transformariam gradualmente, ficando cada vez mais complexos ao longo do tempo.

Macaco-aranha (*Ateles geoffroyi*) pendurado pela cauda longa e forte. De acordo com a teoria de Lamarck, a cauda teria se desenvolvido ao longo de gerações devido ao uso constante para se equilibrar no topo das árvores.

70 cm

Lamarck também acreditava que alterações no ambiente em que uma espécie vivia modificariam as necessidades dos indivíduos, forçando-os a mudar seus hábitos na tentativa de sobreviver, passando a usar mais certas partes do corpo que outras. As partes mais usadas se desenvolveriam, enquanto as menos utilizadas atrofiariam. Essa premissa ficou conhecida como **lei do uso e desuso**.

Assim como a maioria das pessoas de sua época, Lamarck acreditava que as modificações de estruturas decorrentes do uso e do desuso poderiam ser passadas para as próximas gerações, estabelecendo a **lei da transmissão (ou herança) dos caracteres adquiridos**. Segundo a teoria de Lamarck, por exemplo, macacos de algumas espécies teriam desenvolvido cauda longa e forte pois, para se alimentar, era necessário que eles se pendurassem em árvores.

Na época, Lamarck não dispunha dos conhecimentos sobre hereditariedade. Com os conhecimentos atuais sobre herança das características, sabe-se que uma característica adquirida ao longo da vida de um ser vivo não é transmitida aos descendentes, a menos que seja decorrente de uma alteração genética nos gametas.

A teoria de Lamarck contribuiu muito para a compreensão dos mecanismos evolutivos, ao chamar a atenção para o fato de os organismos estarem adaptados ao ambiente em que vivem e por ter proposto uma explicação de como essa adaptação ocorreu ao longo de sucessivas gerações.

A TEORIA DE DARWIN E WALLACE

Em 1831, o inglês Charles Robert Darwin (1809-1882) embarcou no navio *HMS Beagle* como naturalista de bordo. Uma das missões da viagem era percorrer diversos locais do mundo, mapeando áreas pouco exploradas. Darwin aproveitou a viagem para coletar dados sobre as rochas e os seres vivos dessas regiões. Destacam-se, a seguir, alguns fatos relevantes desta expedição.

- Na região da Patagônia (sul da América do Sul), Darwin encontrou fósseis de animais gigantes, como o da preguiça-gigante, o megatério, extinta há cerca de 11 mil anos. Comparando-os com animais atuais, Darwin notou muitas semelhanças, embora as preguiças viventes fossem bem menores.

- Na Cordilheira dos Andes, no Chile, Darwin encontrou diversos fósseis de animais marinhos nas montanhas. Ele imaginou que a única explicação possível para aquele fato era que, em um passado remoto, aquelas montanhas estiveram no fundo de um oceano.

- No arquipélago de Galápagos, no Oceano Pacífico, Darwin observou que várias daquelas ilhas eram colonizadas por espécies distintas de pássaros tentilhões que exibiam bicos adaptados a diferentes hábitos alimentares. Como essas aves se assemelhavam muito com exemplares vistos na América do Sul, Darwin supôs que elas seriam descendentes de ancestrais sul-americanos que migraram e se diversificaram nas ilhas de Galápagos.

TENTILHÕES DE GALÁPAGOS

Representação esquemática das relações de parentesco entre as diferentes espécies de tentilhões descritas por Darwin. Nota-se que a forma do bico está relacionada ao tipo de alimentação das aves, como insetos, cactos ou sementes. (Imagens sem escala; cores-fantasia.)

Fonte: CAMPBELL, N. A.; MITCHELL, L. G.; REECE, J. B. *Biology*: concepts and connections. 2. ed. Menlo Park: Benjamin Cummings, 2000.

- As tartarugas de Galápagos podem atingir até 300 kg e 1,8 m de comprimento. Desde a chegada desses animais ao arquipélago, há milhões de anos, eles se alimentam de plantas encontradas nessas ilhas vulcânicas. Darwin constatou que as populações de tartarugas apresentavam diferenças entre si e relacionadas com as condições ambientais de cada ilha. As tartarugas que habitam a ilhas cuja vegetação era composta de plantas mais altas, apresentam projeções em suas carapaças, logo acima do pescoço. Essa característica permite que o pescoço se mova para cima, ajudando-as a se alimentar das plantas mais altas. Nas ilhas mais áridas, as tartarugas não apresentam essas projeções e se alimentam das plantas mais baixas, próprias desses locais.

Essas observações, aliadas a outras evidências constatadas por Darwin, contradiziam a teoria aceita na época, de uma Terra imutável, habitada por seres vivos que nunca se modificam.

A leitura do livro *Ensaio sobre o princípio da população* (1798), do britânico Thomas Malthus (1766-1834), também contribuiu para a elaboração da teoria darwiniana. O livro tratava do grande crescimento da população humana em contraste com o lento crescimento da produção de alimento, sugerindo que haveria competição por alimentos e apenas os que tivessem acesso a eles sobreviveriam. Darwin inferiu que, se a espécie humana passa por uma seleção decorrente da escassez de alimento, as demais espécies de seres vivos também passariam. Surgia, assim, o conceito de **seleção natural**.

Em 1856, o naturalista inglês Alfred Russel Wallace (1823-1913) enviou a Darwin um manuscrito com a descrição do processo de seleção natural, pedindo-lhe que avaliasse suas ideias. Ao ler o manuscrito, Darwin concluiu que ele e Wallace haviam chegado de forma independente às mesmas conclusões.

Wallace concebera a teoria de evolução por seleção natural também influenciado pela obra de Malthus e por evidências obtidas em suas expedições para a América do Sul e para o arquipélago Malaio, onde coletou plantas, insetos, aves e outros animais.

Wallace e Darwin apresentaram seus trabalhos sobre a teoria evolutiva com base na seleção natural em um encontro da Sociedade Lineana, em Londres, em 1858. O trabalho de Darwin foi publicado em 1859 como um livro, *A origem das espécies*. Segundo Darwin e Wallace, a diversificação das espécies e a adaptação delas ao ambiente ocorrem pelo processo de seleção natural que atua ao longo de várias gerações. Outro ponto importante da teoria é a ideia de ancestralidade, segundo a qual espécies semelhantes descendem de um ancestral comum.

Partindo do mesmo ancestral, as espécies divergiram, acumulando características que as distinguem atualmente e as tornam adaptadas aos seus ambientes.

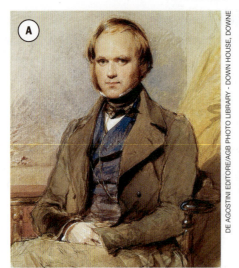
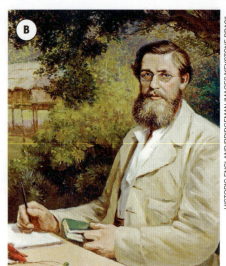

(**A**) Retrato de Charles Darwin, em 1840, logo após seu retorno da viagem feita ao redor do mundo a bordo do navio Beagle. (**B**) Retrato de Alfred Wallace. Ele esteve na Amazônia brasileira e depois passou oito anos no arquipélago Malaio, coletando dados que o levaram a propor a teoria da evolução por seleção natural.

ATITUDES PARA A VIDA

- Aplicar conhecimentos prévios a novas situações

    Conhecer a produção de outros pesquisadores é rotina no trabalho científico. Somar conhecimentos passados a novas ideias faz com que o conhecimento progrida, como no exemplo de Darwin e seus estudos sobre Malthus.

TEORIA MODERNA DA EVOLUÇÃO

SELEÇÃO NATURAL

Entre as muitas contribuições de Darwin e Wallace, destaca-se a teoria da seleção natural. Acompanhe a seguir alguns princípios dessa teoria:

- Os indivíduos de uma população, em geral, não são idênticos entre si, o que garante a existência de certa **variabilidade** dentro da população. Em determinadas condições ambientais, os indivíduos que apresentam uma dada característica podem ter mais chances na disputa por recursos limitados do ambiente (como alimento, hábitat e água), de sobreviver e de produzir mais descendentes do que os demais indivíduos da população.

- Como essa característica é hereditária, ela é transmitida às próximas gerações. Isso faz com que, em um determinado ambiente ao longo do tempo, um número cada vez maior de indivíduos da população passe a apresentá-la. Diz-se então que a característica benéfica foi **selecionada pelo ambiente** (seleção natural).

- Por meio do processo de seleção natural, as populações se modificam ao longo do tempo, ou seja, evoluem. O processo evolutivo por meio da seleção natural pode levar ao **surgimento de novas espécies**.

DE OLHO NO TEMA

1. Quais foram as evidências encontradas por Darwin em Galápagos que o ajudaram a elaborar a teoria da evolução por seleção natural? Seria possível propor uma teoria sem evidências?

2. Cite uma semelhança e uma diferença entre as ideias propostas por Lamarck e por Darwin e Wallace.

3. Explique com suas palavras o que é e como atua a seleção natural.

4. Quais pontos da teoria da evolução por seleção natural foram elucidados pela redescoberta dos trabalhos de Mendel?

TEORIA SINTÉTICA DA EVOLUÇÃO

A teoria da evolução por seleção natural causou muita controvérsia na época em que foi anunciada, recebendo críticas variadas da comunidade científica. As principais controvérsias foram geradas pelo processo de seleção natural, pois não havia, na época, explicação científica para a diversidade de características existente entre os seres vivos da mesma espécie e como elas eram transmitidas de geração em geração.

Foi apenas por volta de 1920, com a redescoberta dos trabalhos do monge e botânico austríaco Gregor Mendel (1822-1884) que deram origem à Genética, que os mecanismos que estavam por trás da seleção natural puderam ser compreendidos e explicados de forma satisfatória. Surgia, assim, a **teoria moderna da evolução, neodarwinismo** ou **teoria sintética da evolução**.

Essa teoria foi formulada pela combinação da teoria proposta por Darwin e Wallace e os conceitos de Mendel. Com o esclarecimento do conceito de gene, dos mecanismos da hereditariedade e da divisão celular, elucidou-se que alterações ao acaso que ocorrem no DNA (mutações) e eventos que ocorrem na produção de gametas são as principais fontes da variabilidade dos organismos, sobre a qual a seleção natural atua, promovendo a adaptação das espécies.

Uma característica pode ser adequada em um ambiente e ser selecionada, mas pode ser prejudicial em outro e desaparecer. A pelagem branca que os filhotes de algumas espécies de focas apresentam é uma característica positivamente selecionada, pois confere camuflagem ao animal que vive em ambientes polares. Na imagem, foca da espécie *Phoca groenlandica*.

TEMA 2: ESPECIAÇÃO E ANCESTRALIDADE

> O isolamento de grupos de uma mesma espécie pode levar à formação de novas espécies ao longo do tempo.

FORMAÇÃO DE NOVAS ESPÉCIES

O processo de formação de novas espécies chama-se **especiação**. Para que esse processo aconteça, são necessárias algumas condições:

- **variabilidade**, isto é, que os indivíduos de uma mesma espécie apresentem diferenças entre si;
- atuação do processo de **seleção natural**;
- **isolamento reprodutivo**, que ocorre quando duas populações de uma mesma espécie original se tornam diferentes entre si a ponto de a reprodução entre elas não ser mais possível, formando assim, duas espécies distintas.

Existem alguns tipos de especiação. Um deles envolve o aparecimento de uma **barreira geográfica**, como o surgimento de um rio ou a formação de uma cadeia de montanhas. Nesse caso, a barreira divide a população original de certa espécie em duas. Isso determina o **isolamento geográfico** dessas duas populações. Como as condições ambientais não são idênticas nos dois lados da barreira geográfica, o processo de seleção natural atua de forma diferenciada sobre as populações isoladas em cada lado da barreira e elas passam a evoluir independentemente uma da outra. Com o tempo, podem acumular modificações e, mesmo com a eliminação da barreira geográfica, não mais conseguirão reproduzir-se entre si. Isso significa que ocorreu o **isolamento reprodutivo** entre as duas populações e que cada uma delas passou a representar uma nova espécie.

ISOLAMENTO GEOGRÁFICO E ESPECIAÇÃO

1. Uma população de borboletas pode voar sobre montes baixos.

Representação esquemática do processo de formação de novas espécies. (Esquemas sem escala; cores-fantasia.)

2. Com o passar do tempo, os montes se transformam em uma cadeia de montanhas altas. Os grupos isolados não podem mais cruzar entre si (**isolamento geográfico**) e, portanto, evoluem separadamente, formando duas espécies diferentes.

3. Após muitos anos, forma-se uma falha na cadeia montanhosa, possibilitando a mistura das populações de borboletas. As duas espécies, porém, já acumularam tantas diferenças que não podem mais se reproduzir entre si (**isolamento reprodutivo**).

Fonte: TIME-LIFE. *Evolução da vida*. São Paulo: Abril, 1994. (Coleção Ciência e Natureza.)

A mula é originada do cruzamento entre um jumento (*Equus asinus*) com uma égua (*Equus caballus*). Ela é um animal estéril, sendo um exemplo de isolamento reprodutivo pós-zigótico.

TIPOS DE ISOLAMENTO REPRODUTIVO

O isolamento reprodutivo marca o surgimento de duas espécies diferentes e pode se dar por dois processos distintos: o isolamento reprodutivo pré-zigótico e o isolamento reprodutivo pós-zigótico.

O **isolamento reprodutivo pré-zigótico** ocorre antes da formação do zigoto e se manifesta quando o acasalamento é impedido por diferenças comportamentais, incompatibilidade morfológica entre os órgãos sexuais ou épocas de acasalamento diferentes, por exemplo.

O **isolamento reprodutivo pós-zigótico** ocorre depois da formação do zigoto. Há a formação de um indivíduo, mas ele pode ser inviável e morrer antes de nascer, ou ser estéril, não produzindo descendentes.

ÁRVORES FILOGENÉTICAS

A história evolutiva dos seres vivos pode ser representada em **árvores filogenéticas** ou **filogenias**, diagramas que indicam as relações de parentesco entre grupos de seres vivos e já extintos. Esses grupos podem ser, por exemplo, diferentes espécies.

Em uma filogenia, as espécies são representadas nas pontas dos ramos. Ao descer por um ramo da árvore, encontramos um ponto de união com o ramo vizinho, o **nó**. Este representa o ancestral comum mais recente compartilhado por ambas as espécies.

Dessa forma, analisando uma filogenia, podemos compreender o **grau de parentesco** entre as espécies. Quanto mais recente é o ancestral compartilhado entre duas ou mais espécies de uma árvore filogenética, maior é o grau de parentesco entre elas, ou seja, mais características são comuns às espécies envolvidas.

As árvores filogenéticas são representações que podem se modificar à medida que acontecem novas descobertas tanto sobre as espécies atuais como sobre as espécies ancestrais (como achados fósseis, por exemplo).

Conheça, na página a seguir, um exemplo de árvore filogenética. Acompanhe, ao lado do diagrama, as descrições referentes a cada letra.

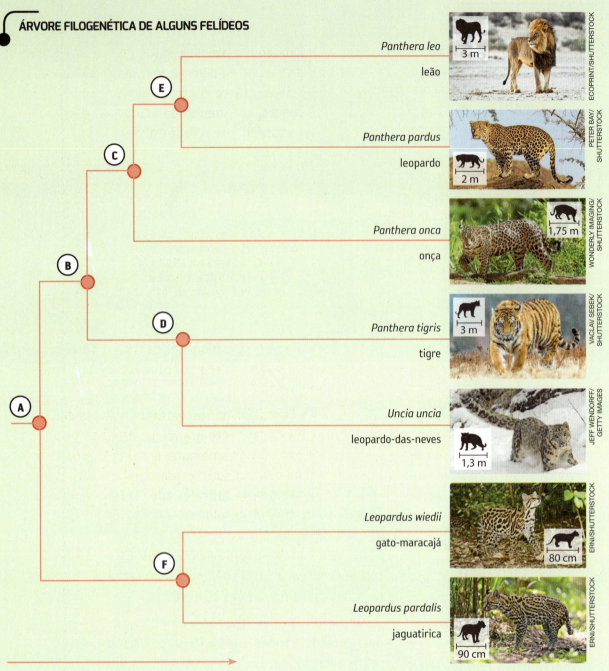

ÁRVORE FILOGENÉTICA DE ALGUNS FELÍDEOS

Tempo evolutivo do passado para o presente

Fonte: Diagrama elaborado com base em O'BRIEN, S.; JOHNSON, W. A evolução dos gatos. *Scientific American Brasil*, ano 6, n. 63; p.56-63, ago. 2007. Disponível em: <http://mod.lk/duaZm>. Acesso em: jul. 2018.

● = Nó, representação de ancestral comum, do qual ocorreu um evento de especiação.
A – Ancestral comum a todos os grupos de seres vivos representados nesta filogenia.
A a **F** – A divisão de um ramo em dois representa a origem de duas linhagens a partir de um mesmo ancestral. Quanto mais próximo do momento presente se encontra o ancestral comum, maior é o grau de parentesco entre os grupos envolvidos.

Exemplo de árvore filogenética exibindo as relações de parentesco entre sete espécies de felídeos, um grupo de mamíferos carnívoros. Nesse caso, os grupos estão representados por espécies, mas poderiam ser gêneros, famílias, filos, reinos etc. Evidências genéticas indicam que as espécies de felídeos que existem atualmente são originárias de um ancestral semelhante a uma pantera, que viveu no sudeste da Ásia há cerca de 10 milhões de anos, representado na árvore filogenética pelo nó **A**. Note que posição em que estão os nós indica uma escala temporal de surgimento das espécies. Neste caso, as espécies de grandes felídeos (leão, tigre, onça e leopardo) surgiram anteriormente, no ponto indicado em **B**. Já a linhagem **F**, de felídeos de tamanho médio (gato-maracajá e jaguatirica), surgiu de um evento de especiação que ocorreu em um ancestral comum, indicado em **F**.

A EXTINÇÃO DE ESPÉCIES

Extinção é o desaparecimento de todos os indivíduos classificados como pertencentes a uma espécie, acarretando a perda de informação biológica da mesma. Desde que a vida surgiu na Terra, já houve diversos eventos de extinção, seja de espécies individualmente ou extinções em massa.

- **Extinção de espécie**: envolve apenas os indivíduos de uma espécie. Uma espécie também pode ser considerada extinta quando os indivíduos que a representam são tão poucos que não podem garantir a continuidade da espécie.

O mutum-do-nordeste (*Pauxi mitu*) é considerado extinto na natureza desde a década de 1970. Atualmente, pode apenas ser observado em cativeiro.

- **Extinções em massa**: envolvem o desaparecimento de um grande número de espécies em um período relativamente curto de tempo.
O desaparecimento dos dinossauros é um exemplo de extinção em massa.

O maçarico-esquimó (*Numenius borealis*) foi observado pela última vez na natureza em 1992 e não há registro dessa espécie em cativeiro. É considerado extinto.

Em uma árvore filogenética, uma espécie ou grupo extinto pode ser representado por meio de linhas pontilhadas.

Embora fenômenos naturais possam causar extinções, atualmente grande parte delas ocorre pela ação humana no ambiente, entre elas, a caça, o desmatamento, o uso irresponsável de agrotóxicos, a mineração sem controles adequados e a poluição do ar, da água e do solo.

ÁRVORE FILOGENÉTICA E GRUPOS EXTINTOS

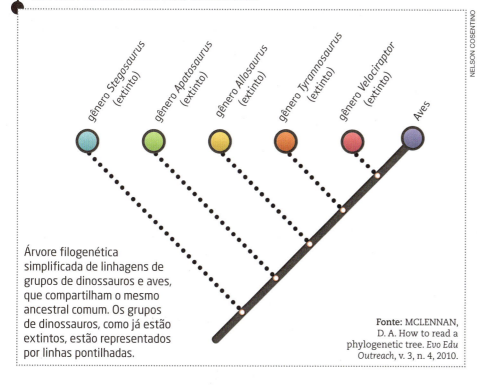

Árvore filogenética simplificada de linhagens de grupos de dinossauros e aves, que compartilham o mesmo ancestral comum. Os grupos de dinossauros, como já estão extintos, estão representados por linhas pontilhadas.

Fonte: MCLENNAN, D. A. How to read a phylogenetic tree. *Evo Edu Outreach*, v. 3, n. 4, 2010.

DE OLHO NO TEMA

1. Escreva uma frase relacionando corretamente os termos: isolamento reprodutivo, especiação e isolamento geográfico.

2. Observe a árvore filogenética de felídeos representada neste capítulo e responda:
   - Dentre os animais representados, quais devem compartilhar o maior número de características? Justifique.

189

ATIVIDADES TEMAS 1 E 2

ORGANIZAR O CONHECIMENTO

1. Preencha as lacunas do texto a seguir com os termos adequados.

   Segundo o _____ os organismos são imutáveis, as espécies que conhecemos hoje sempre tiveram a mesma forma e a manterão enquanto existirem. De acordo com o _____ as espécies se modificam ao longo do tempo, e muitas espécies atuais surgiram há relativamente pouco tempo.

2. Analise as expressões a seguir e indique quais se relacionam corretamente com as seguintes teorias evolutivas:

   A. Lamarkismo

   B. Darwinismo

   I. Os seres vivos transmitem aos descendentes características que adquiriram durante a vida.

   II. Se um ser vivo não utiliza uma estrutura, ela tende a se tornar menos evidente e até desaparecer.

   III. A seleção natural atua sobre a variedade existente entre os organismos, selecionando os mais adaptados ao ambiente.

   IV. Há uma relação de parentesco entre as espécies, ou seja, elas derivam de um ancestral comum.

3. Qual é a diferença entre darwinismo e a teoria sintética da evolução?

ANALISAR

4. Imagine uma população de aranhas que vive em uma ilha. Com o passar do tempo, um rio surge e divide a ilha em duas regiões; as aranhas não conseguem fazer a travessia de uma ilha para outra. Em relação ao processo de especiação, o que poderia acontecer com a população de aranhas de cada ilha após um período muito longo? Faça um desenho para ilustrar sua resposta.

5. Pesquisadores encontraram duas populações de salamandras isoladas por um grande rio. Na população A, as salamandras eram pretas com manchas amarelas e na população B, pretas com manchas vermelhas. Alguns indivíduos de A e B foram levados para o laboratório e acasalaram entre si, produzindo descendentes. Depois de alguns meses, os pesquisadores promoveram o acasalamento entre os descendentes, que também produziu filhotes. As duas populações de salamandras pertencem ou não à mesma espécie? Justifique.

6. Analise a filogenia e responda:

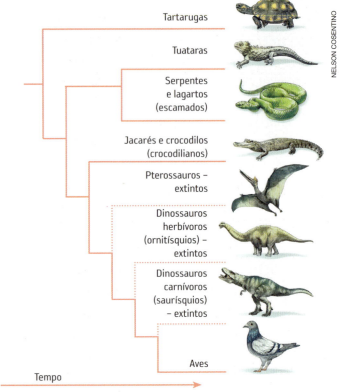

(Imagens sem escala; cores-fantasia)

Fonte: SADAVA, D. et al. *Vida*: a ciência da Biologia. 8. ed. Porto Alegre: Artmed, 2009.

a) No processo evolutivo, qual das linhagens dos grupos de organismos mostrados na filogenia separou-se primeiramente da linhagem que deu origem aos demais grupos?

b) Qual grupo tem maior grau de parentesco com as aves?

c) As serpentes e os lagartos possuem maior grau de parentesco com os tuataras ou com os crocodilianos? Justifique.

d) Um aluno afirmou que os pterossauros são dinossauros voadores. De acordo com a filogenia apresentada, essa afirmação está correta? Justifique.

COMPARTILHAR

7. Escolha uma espécie animal e faça uma pesquisa sobre quais animais são os parentes mais próximos dele atualmente. Procure imagens desses animais e verifique se há uma árvore filogenética que represente o grau de parentesco entre eles. Caso seja possível, monte uma árvore filogenética utilizando essas imagens. Juntamente com os colegas de sala e o professor, organizem uma exposição sobre sua pesquisa para a comunidade escolar.

PENSAR CIÊNCIA

Cientistas que tiveram papel de destaque na elucidação dos mecanismos genéticos que subsidiavam a seleção natural no processo evolutivo.
(**A**) Ronald Aylmer Fisher;
(**B**) John B. S. Haldane;
(**C**) Sewall Wright.

O ressurgimento do darwinismo

A síntese evolutiva [teoria sintética da evolução] foi construída com base em uma fusão do darwinismo com o mendelismo. Três pesquisadores tiveram papel destacado na história inicial dessa área: Ronald Aylmer Fisher (1890-1962) e John B. S. Haldane (1892-1964) na Inglaterra, e Sewall Wright (1889-1988) nos EUA. Ao longo da década de 1920, Fisher aplicou uma série de técnicas matemáticas que havia desenvolvido ao estudo dos efeitos da seleção sobre populações apresentando variações genéticas. [...] Haldane apresentou exemplos concretos que demonstravam que a seleção natural poderia ter efeitos muito mais rápidos sobre as populações do que Fisher pensara. Sewall Wright, por sua vez, considerou o papel das interações gênicas como fonte adicional de variabilidade em pequenas populações com elevadas taxas de cruzamentos entre parentes e fez, ainda, importantes contribuições ao estudo da subdivisão das populações e a herança de características quantitativas.

Em conjunto, Fisher, Haldane e Wright demostraram que a variação estudada por evolucionistas poderia ser explicada pela herança mendeliana e pela seleção natural. Nenhum mecanismo adicional, como a herança de caracteres adquiridos [...] seria necessário para explicar a evolução. [...] Assim, [...] a seleção natural havia passado a ocupar um papel dominante na explicação do processo evolutivo. [...]

Fonte: MEYER, D.; EL-HANI, C. N. *Evolução*: o sentido da Biologia. São Paulo: Editora Unesp, 2005. p. 48-49.

ATIVIDADES

1. A "redescoberta" dos trabalhos de Mendel ocorreu em 1900 e foi crucial para o desenvolvimento da teoria moderna da evolução. No entanto, foram necessários mais de 40 anos para que a teoria fosse formulada. Baseando-se na leitura do texto, elabore uma explicação para esse fato.

2. De que maneira o exemplo relatado no texto está de acordo com a frase abaixo e com a atitude "aplicar conhecimentos prévios a novas situações"?

"O conhecimento científico é construído de forma coletiva e aprimorado ao longo do tempo."

TEMA 3
EVIDÊNCIAS DA EVOLUÇÃO BIOLÓGICA

A existência de fósseis e a presença de estruturas anatomicamente semelhantes em várias espécies são evidências da evolução.

Nos últimos quatro séculos, a humanidade passou a considerar cada vez mais as evidências de que muitos seres vivos que habitavam a Terra em tempos remotos desapareceram, e que outros surgiram em épocas mais recentes. Essas evidências permitiram concluir, por exemplo, que: os primeiros seres vivos surgiram há cerca de 3,5 bilhões de anos; os répteis surgiram por volta de 300 milhões de anos atrás; os grandes dinossauros desapareceram há aproximadamente 65 milhões de anos; a espécie humana surgiu há cerca de 300 mil anos.

SAIBA MAIS!

História da Terra em 24 horas

Todos os acontecimentos da história da Terra, desde o seu surgimento até os dias de hoje, podem ser representados em uma escala de 24 horas. Nessa representação, a origem da vida teria ocorrido por volta das 4 horas da manhã, com o aparecimento dos primeiros seres unicelulares.

Os organismos mais complexos teriam surgido por volta das 9 horas da noite. Os primeiros animais terrestres teriam aparecido cerca de 2 horas antes do fim do dia, e toda a história da espécie humana teria começado 17 segundos antes da meia-noite, demonstrando como somos recentes na história da Terra.

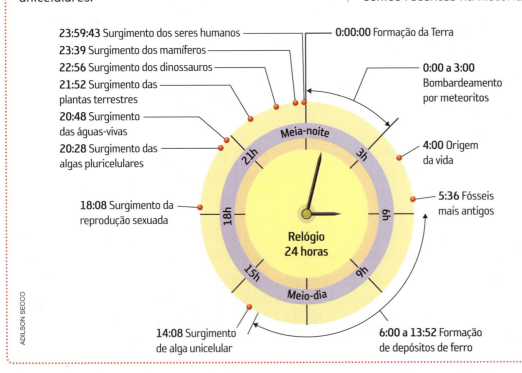

Representação esquemática da história da Terra em uma escala de 24 horas.

Fonte: LLOYD, C. *O que aconteceu na Terra? A história do planeta, da vida e das civilizações, do Big Bang até hoje.* Rio de Janeiro: Intrínseca, 2011.

A EVOLUÇÃO ACONTECE

Ao embarcar em sua expedição a bordo do navio *Beagle*, Darwin acreditava que as espécies eram imutáveis. As leituras, as observações, a coleta e a organização de dados e informações fizeram com que o naturalista repensasse sua própria opinião. As evidências o levaram a perceber que a evolução ocorria por um processo de descendência com modificação. Muitos dos argumentos levantados por Darwin são válidos ainda hoje para sustentar a teoria da evolução. As ideias centrais da teoria proposta por Darwin e Wallace foram ampliadas com a teoria sintética da evolução e resistiram aos testes realizados até o momento.

O paleontólogo Sebastian Apesteguia mede um vestígio fossilizado: uma pegada deixada por um dinossauro carnívoro há cerca de 80 milhões de anos. É uma das maiores já encontradas. Cratera de Maraguá, Bolívia, 2016.

O REGISTRO FÓSSIL

Os **fósseis** são restos ou vestígios de seres que viveram em um passado distante e ficaram preservados. A maior parte dos fósseis encontra-se em rochas sedimentares.

Esse material é de grande importância para a ciência. Com base no estudo de diversos registros fósseis, os cientistas podem elaborar hipóteses sobre como eram os seres vivos que habitavam o planeta antigamente e que agora estão extintos e, também, de como eram os ambientes da Terra no passado. Muitos desses fósseis apresentam semelhanças com seres vivos atuais, indicando um grau de parentesco evolutivo entre eles, isto é, o compartilhamento de ancestrais comuns.

O registro fóssil é o mais forte indício de que a biodiversidade do planeta no passado era distinta da atual e é uma das principais evidências da ocorrência de evolução.

Fóssil de planta (*Ephedra* sp.), encontrado na Chapada do Araripe, no Ceará. Estima-se que esse fóssil tenha aproximadamente 110 milhões de anos. Seu tamanho aproximado é 22 cm. Está exposto no Museu de Paleontologia de Santana do Cariri (Santana do Cariri, CE, 2012).

EVIDÊNCIAS ANATÔMICAS DA EVOLUÇÃO

Várias espécies apresentam estruturas que, embora diferentes à primeira vista e responsáveis por funções diversas, são anatomicamente semelhantes e têm origem e desenvolvimento similar. Essas estruturas são denominadas **órgãos homólogos**. Um exemplo de homologia é a variação na forma dos membros anteriores dos mamíferos.

Apesar das diferentes funções desempenhadas pelos membros anteriores dos mamíferos, como correr, nadar e segurar objetos, eles possuem a mesma estrutura óssea básica, indicando que as distintas espécies desse grupo de animais, embora muito variadas, compartilham um ancestral comum.

ÓRGÃOS HOMÓLOGOS DE ALGUNS MAMÍFEROS

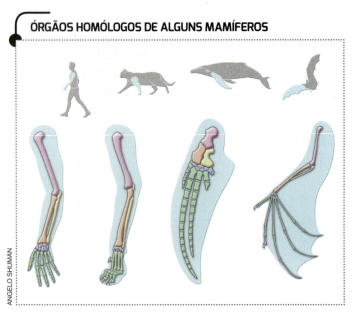

Há mamíferos cujos membros anteriores com características para manipular objetos (como os humanos), correr (como os felinos), nadar (como as baleias) ou voar (como os morcegos).

Fonte: POSTLETHWAIT J. H.; HOPSON, J. L. *The nature of life*. 3. ed. Nova York: McGraw-Hill, 1995.

Existem também estruturas semelhantes à primeira vista e adaptadas para as mesmas funções, mas que são anatomicamente diferentes e apresentam origens evolutivas distintas. Nesse caso, elas são denominadas **órgãos análogos**.

Um exemplo de analogia é a presença de asas em insetos e em aves. O desenvolvimento de estruturas com a mesma função em animais tão diferentes também é uma evidência do processo de seleção natural.

VARIAÇÃO GEOGRÁFICA E EVOLUÇÃO

O estudo sobre a distribuição geográfica das espécies ao longo do tempo pode fornecer indícios importantes sobre a evolução.

Um exemplo é a distribuição de um grupo de aves bastante aparentado, as ratitas (aves que não voam): o avestruz é encontrado na África; a ema vive na América do Sul; o emu e o casuar vivem na Austrália.

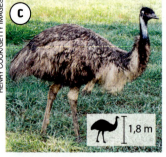
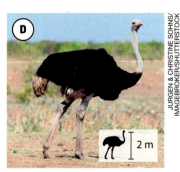

Algumas espécies de aves ratitas que descendem de um ancestral comum. (**A**) casuar (*Casuarius casuarius*); (**B**) ema (*Rhea Americana*); (**C**) emu (*Dromaius novaehollandiae*) e (**D**) Avestruz (*Struthio camelus*)

Acredita-se que essas aves tenham um ancestral comum e que, durante o processo de separação dos continentes, a população dessa espécie ancestral tenha sido separada em diferentes grupos. Ao longo de milhares de anos, sofrendo diferentes pressões seletivas, as aves divergiram e se tornaram espécies distintas.

DE OLHO NO TEMA

- Como o estudo dos fósseis pode ajudar a compreender a evolução biológica?

TEMA 4 — EVOLUÇÃO E BIODIVERSIDADE

> Cada ser vivo está adaptado ao ambiente em que vive e desempenha um papel essencial para a manutenção do equilíbrio do ecossistema.

Chamamos de **biodiversidade** a variabilidade genética entre indivíduos de uma mesma espécie e também a diversidade de espécies em um mesmo ambiente. Os seres vivos são caracterizados por variações genéticas hereditárias, que sofrem a ação da seleção natural e que podem ser estudadas para fins de inventário biológico e conservação. A manutenção da diversidade genética é um dos principais focos da biologia da conservação, por estar nessa diversidade o potencial adaptativo de uma espécie. Preservar a biodiversidade, portanto, é favorecer a capacidade adaptativa dos seres vivos que existem hoje.

Cada ambiente, com suas características físicas e com os organismos que abriga, contribui para preservação do equilíbrio dinâmico do planeta. Uma floresta, por exemplo, influencia a pluviosidade da região, a qualidade do ar, a presença de nascentes de água e as características do solo. Além disso, uma floresta abriga grande número de indivíduos de diversas espécies, com grande variabilidade genética. Essas espécies podem ser polinizadoras de culturas, ou servirem como fonte de alimento e de substâncias medicinais para a humanidade.

Muitas das atividades humanas impactam direta ou indiretamente nos ambientes naturais, prejudicando a sobrevivência de diversos seres vivos e podendo causar desequilíbrios ecológicos. Esses desequilíbrios também afetam as comunidades humanas e podem ser notados de diferentes formas, como: aumento de eventos climáticos extremos, como secas prolongadas, tempestades e furacões; aumento da incidência e expansão da área de ocorrência de doenças; aumento da população de vetores de doenças em áreas urbanas e de pragas nas plantações; queda da produtividade das lavouras, entre outras.

Pescadores fazendo manutenção no curral de peixes na Praia de Bitupitá (Barroquinha, CE, 2016). Se a pesca for feita de forma inadequada, ela pode comprometer as populações de peixes e a própria atividade pesqueira.

Plantação de cana-de-açúcar. Na agricultura convencional, costuma-se plantar a mesma espécie em grandes extensões de terra. Dessa forma, a diversidade desses sistemas é baixa, e se uma planta for suscetível a uma praga, como um fungo, por exemplo, toda a plantação poderá ser dizimada (Prata, MG, 2018).

Parques Nacionais

Qual Parque Nacional, apresentado no objeto digital, reúne formações de Mata Atlântica, Florestas de Araucária e Campos? Cite uma formação geológica desse parque. Disponível em <http://mod.lk/ac9u07>

UNIDADES DE CONSERVAÇÃO

Uma das formas de proteger a biodiversidade e a integridade dos ecossistemas é por meio da implantação de Unidades de Conservação (UC). As UCs são áreas que apresentam características naturais relevantes e que são legalmente delimitadas pelos governos federal, estadual ou municipal, com o intuito de assegurar a representatividade de amostras das diferentes populações, hábitat e ecossistemas, preservando o patrimônio biológico existente.

As Unidades de conservação dividem-se em dois grupos:

- **Unidades de Proteção Integral:** onde é permitido apenas o uso indireto dos recursos naturais, como recreação em contato com a natureza, turismo ecológico, pesquisa científica e educação. As categorias de proteção integral são: Estação Ecológica, Reserva Biológica, Parques, Monumento Natural e Refúgio de vida silvestre.

- **Unidades de Uso Sustentável:** são áreas que visam conciliar a conservação da natureza com o uso sustentável dos recursos naturais. São permitidas atividades que envolvem coleta e uso dos recursos naturais, desde que praticadas de forma sustentável. As categorias de uso sustentável são: Área de relevante interesse ecológico, Floresta nacional, Reserva de fauna, Reserva de desenvolvimento sustentável, Reserva extrativista, Área de Proteção Ambiental (APA) e Reserva Particular do Patrimônio Natural (RPPN).

(**A**) O Parque Nacional de Itatiaia é o parque mais antigo do Brasil e fica na Serra da Mantiqueira entre os estados de Minas Gerais e Rio de Janeiro (Itatiaia, RJ, 2016).
(**B**) Trilha do Piquiá, na comunidade de Jamaraquá, na Floresta Nacional do Tapajós, que é uma Unidade de Conservação federal, criada em 1974 (Belterra, PA, 2017).

Trilha de estudo

Vai estudar? Nosso assistente virtual no *app* pode ajudar! <http://mod.lk/tr9u07>

DE OLHO NO TEMA

1. Explique com suas palavras a importância de se conservar a biodiversidade.
2. O que são Unidades de Conservação?

ATIVIDADES

TEMAS 3 E 4

ORGANIZAR O CONHECIMENTO

1. Explique o que são fósseis e onde são encontrados com maior frequência.

2. Mencione duas evidências da evolução biológica e cite exemplos para cada uma delas.

3. Qual é a diferença entre as Unidades de Conservação de Proteção Integral e as Unidades de Conservação de Uso Sustentável?

ANALISAR

4. Leia o texto a seguir e faça o que se pede

   Nascentes Verdes, Rios Vivos

   A região de Nazaré Paulista é prioritária para ações de conservação ambiental e de restauração de Mata Atlântica por se localizar na cabeceira da Bacia Hidrográfica do rio Piracicaba e por abrigar o reservatório de água do rio Atibainha que, junto aos reservatórios Cachoeira, Jaguari-Jacareí e Paiva Castro, compõem o Sistema Cantareira. Desse sistema depende o abastecimento de água de cerca de 14 milhões de pessoas (5 milhões no interior e 9 milhões na Região Metropolitana de São Paulo). Diversos remanescentes de Mata Atlântica dessa região, além de abrigarem espécies da fauna e da flora em níveis variados de ameaça de extinção, proporcionam um dos serviços ecossistêmicos mais importantes para o [ser humano]: a proteção dos mananciais.

   [...]

   Fonte: INSTITUTO DE PESQUISAS ECOLÓGICAS. *Nascentes Verdes Rios Vivos*: restaurando a paisagem para conservar a água. Disponível em: <http://mod.lk/EzEtw>. Acesso em: jul. 2018.

   a) Você sabe o que são mananciais? Pesquise no dicionário e escreva, com suas palavras, uma definição no seu caderno.

   b) Qual a importância de se recuperar e preservar a Mata atlântica na região de Nazaré Paulista?

5. Biodiversidade pode se referir tanto a variedade de espécies em um ambiente como a variedade de indivíduos de uma mesma espécie. Sendo assim, como é possível relacionar a biodiversidade com a evolução?

6. Analise as imagens das asas de um inseto e de uma ave e responda.

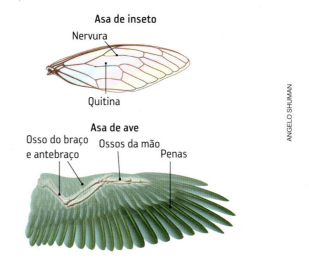

(Imagens sem escala; cores-fantasia.)

- Trata-se de estruturas homólogas ou análogas? Explique.

7. Uma mineradora realizou estudos geológicos em uma determinada região e verificou que há grande chance de haver reservas de um mineral valioso na área. No entanto, a região em questão fica dentro de um Parque Estadual. A atividade de mineração poderia ser permitida dentro dessa área? Justifique.

COMPARTILHAR

8. Leia a tirinha a seguir e faça o que se pede.

SOUSA, M. de. *Turma da Mônica*.

O progresso muitas vezes pode levar à destruição dos ambientes naturais e a perda da biodiversidade. Para prevenir, as sociedades humanas devem pensar em se desenvolver de forma sustentável. Em trios, façam uma pesquisa sobre o que é desenvolvimento sustentável e exemplos desse tipo de ação. Gravem um vídeo, em forma de reportagem, sobre o que vocês encontraram e compartilhem no *blog* da sala.

EXPLORE
CONSTRUINDO UMA ÁRVORE FILOGENÉTICA

As árvores filogenéticas representam hipóteses sobre as relações de parentesco em um grupo de organismos.

De forma simplificada, as árvores são elaboradas analisando-se a presença e a ausência das características selecionadas e verificando-se quantas são compartilhadas pelas espécies. Para compreender melhor como elas são construídas, vamos fazer uma atividade com um grupo hipotético: os animais que compõem o gênero *Lesmus* são caracterizados por apresentarem corpo alongado e mole, dois olhos pedunculados e quatro projeções, semelhantes a pequenos pés, na parte inferior do corpo.

A imagem a seguir que representa as quatro espécies do gênero cujos graus de parentescos pretendemos deduzir com essa atividade.

ESPÉCIES DO GÊNERO HIPOTÉTICO *LESMUS*

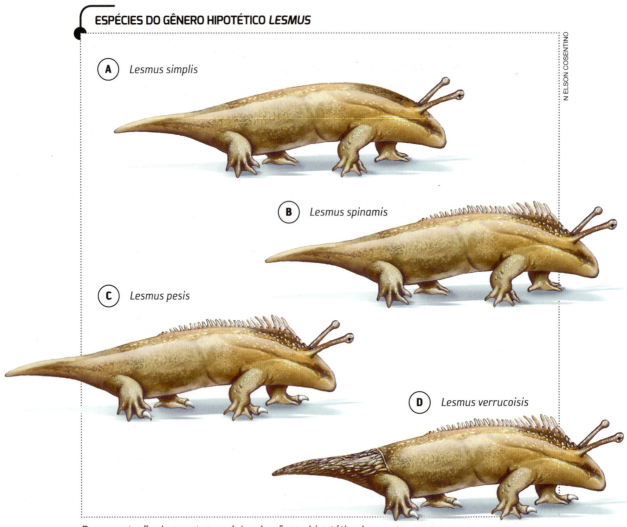

Representação das quatro espécies do gênero hipotético *Lesmus*.
(Imagens sem escala; cores-fantasia.)

Procedimentos

1. Em duplas, observem as imagens das espécies fictícias. Preencham a tabela a seguir a respeito das características presentes em cada espécie representada. Utilizem um X para indicar a presença da característica em determinada espécie.

Características	Espécies			
	Lesmus simplis	*Lesmus spinamis*	*Lesmus pesis*	*Lesmus verrucoisis*
Corpo alongado e mole				
Garras nos pés				
Verrugas na cauda				
Olhos pedunculados				
Espinhos nas costas				

2. Com base na tabela que vocês construíram no item anterior e em seus conhecimentos a respeito das árvores filogenéticas, preencham o diagrama a seguir. Incluam as características nos locais indicados e substituam as letras pelos nomes das espécies correspondentes. Considere, para isso, a espécie *Lesmus simplis* como aquela que possui registro fóssil mais antigo.

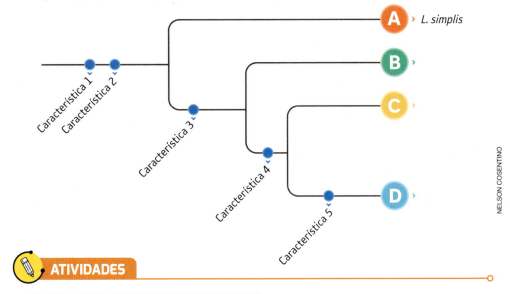

ATIVIDADES

INTERPRETAR, RELACIONAR E REFLETIR

1. Qual critério vocês utilizaram para escolher a posição de cada espécie na árvore filogenética construída?
2. Qual(is) característica(s) é(são) compartilhada(s) por mais espécies?
3. A característica **espinho nas costas** está presente em quais espécies?
4. Quais espécies são mais aparentadas? Como vocês chegaram a essa conclusão?

ATITUDES PARA A VIDA

Aplicativo conecta pessoas para preservar rios

Adotar uma nascente ajuda o país a enfrentar a crise hídrica e a reestabelecer os cursos d´água para as gerações futuras.

Um aplicativo de celular desenvolvido para conectar interessados em apoiar nascentes e proprietários de terras com fontes. Assim é o *Plantadores de Rios*, programa do Ministério do Meio Ambiente (MMA) [...]. O *Plantadores de Rios* é um ambiente para cadastro de doadores, prestadores de serviços, fornecedores de insumos e voluntários, de forma a facilitar a execução das atividades de recuperação dos mananciais brasileiros.

Reprodução do *site* Plantadores de Rios. Acesso em: ago. 2018.

Para adotar uma ou mais nascentes é necessário que tanto o interessado quanto o proprietário da área façam o cadastro, entrando no aplicativo. [...]. O sistema é de acesso gratuito [...].

Após concluir esse processo, basta marcar uma ou mais da lista de opções oferecidas, entre elas estão serviços como, por exemplo, colocação ou conserto de cerca, limpeza do local e/ou plantio de mudas. O tipo de ajuda será definido entre as partes interessadas.

Para receber o apoio, o produtor rural precisa ter propriedade cadastrada no Sistema Nacional de Cadastro Ambiental Rural (Sicar).

• MAPEAMENTO

Mais de 15 milhões de hectares de áreas de preservação permanente estão mapeadas no Sicar – e mais de 6 milhões de hectares precisam ser recuperados. O sistema também cadastrou cerca de 1,5 milhão de nascentes, com diagnóstico da condição de conservação de cada uma delas.

Desenvolvido pela Universidade Federal de Lavras (Ufla), o aplicativo mostra o perfil do adotante, do proprietário, da propriedade e de cada rio e/ou nascente ali existente. Ambos, colaborador e beneficiário, podem conversar e trocar informações através de um *chat*, o andamento do trabalho iniciado ou por começar.

[...]

Fonte: MINISTÉRIO DO MEIO AMBIENTE. Disponível em: <http://mod.lk/f2foi>. Acesso em: ago. 2018.

TROCAR IDEIAS SOBRE O TEMA

Em grupos, discutam as seguintes questões:

1. O que se pode fazer, individualmente, para tornar o planeta uma local melhor para se viver?

2. De acordo com a tirinha, Armandinho acredita que pode fazer algo para mudar o mundo? Como?

3. De que maneira as redes sociais e os aplicativos para celular poderiam contribuir com a preservação ambiental?

COMPARTILHAR

Em grupos, pesquisem e elaborem um material com hábitos e ações que as pessoas podem desenvolver no dia a dia para ajudar a solucionar problemas ambientais locais. Juntos decidam uma forma de compartilhar esse material, de forma que ele atinja o maior público possível.

Para esse trabalho, foque em **pensar e comunicar-se com clareza**:

- Ao discutir as ideias com os colegas, procure falar com calma e respeitar a vez de cada um expressar suas opiniões.
- Escolha palavras precisas, evitando termos vagos, nas frases, facilitando a compreensão das ideias.
- Utilize imagens, elas deixam o material mais interessante e chamativo. Ao escolher as imagens observe se elas transmitem de forma precisa a ideia que vocês querem divulgar.

COMO EU ME SAÍ?

- Falei de forma clara e pausada, respeitando a fala dos meus colegas?
- Busquei escrever de forma precisa, sem perder o foco da mensagem que gostaria de transmitir?
- Auxiliei meus colegas a se expressarem de forma clara?

COMPREENDER UM TEXTO

A Ilha de Alcatrazes abriga várias espécies endêmicas (São Sebastião, SP, 2016).

Alcatrazes

Meros 35 quilômetros de oceano separam o Arquipélago dos Alcatrazes de algumas das praias [...] do litoral norte de São Paulo. [...]

A vista do topo da ilha é magnífica. Alcatrazes se ergue abruptamente do mar como uma crista montanhosa em forma de Y, pontuada por grandes corcovas rochosas e ladeada por bolsões florestais, que se agarram como alpinistas aos seus paredões. Seu ponto mais alto, o Pico da Boa Vista, com 316 metros de altura, se parece tanto com o Corcovado quanto o Pão de Açúcar, dependendo do ângulo que se olha para ele. Ao norte, vê-se o contorno de Ilhabela e São Sebastião, com a Serra do Mar ao fundo, delineando o horizonte.

Geologicamente falando, a ilha já existe assim, como a vemos hoje, há pelo menos 2,5 milhões de anos. Não faz tanto tempo assim, porém, a paisagem que se via lá do alto era bem diferente. Para começar, não havia água; tudo o que se enxergava ao redor era terra firme, coberta de Mata Atlântica. Alcatrazes era uma montanha no meio da floresta, e não uma ilha.

Assim foi entre 85 mil e 15 mil anos atrás, durante o último ciclo glacial da Terra, quando o nível dos oceanos caiu drasticamente e a linha da costa estava recuada dezenas de quilômetros para o leste, segundo o geólogo Paulo César Giannini, do Instituto de Geociências da Universidade de São Paulo. Ou seja: durante 65 mil anos, foi possível caminhar em terra firme de São Sebastião até Alcatrazes. Difícil dizer se já havia seres humanos pré-históricos circulando por ali naquele período; mas cobras, sapos e outros bichos da floresta, com certeza.

Até que, com o fim da última era do gelo, o nível do mar voltou a subir e rodear Alcatrazes, isolando-a do continente. O que era montanha virou ilha novamente, e todos os bichos e plantas que ali ficaram ilhados tiveram de se adaptar a essas novas condições. Muitos acabaram extintos, enquanto que outros sobreviveram e deram origem a novas espécies, geneticamente e morfologicamente distintas de suas ancestrais do continente.

Um desses bichos diferenciados é a perereca-de-alcatrazes, chamada pelos cientistas de *Scinax alcatraz*, [...]

[...] uma outra espécie que também é endêmica da ilha e gosta de frequentar os bromeliais — inclusive para abocanhar alguma perereca desatenta, sempre que possível: a jararaca-de-alcatrazes, ou *Bothrops alcatraz*.

Com menos de 50 centímetros de comprimento, ela é uma variação anã da jararaca comum do continente (*Bothrops jararaca*), que pode ter mais de 1 metro. Mais um ótimo exemplo de especiação (geração de novas espécies) induzida por mudanças ambientais e isolamento geográfico. [...]

Ao todo, são conhecidas mais de 20 espécies endêmicas em Alcatrazes, incluindo répteis, anfíbios, aranhas, insetos e plantas; sem contar o que não foi descoberto ainda. [...]

Daí nasceu o apelido "Galápagos do Brasil", em uma alusão às icônicas ilhas do Oceano Pacífico, que inspiraram Charles Darwin a conceber sua teoria da evolução. Os mecanismos evolutivos que deram origem à toda essa fauna exclusiva de Alcatrazes são os mesmos que geraram os diferentes bicos de aves e cascos de tartarugas que Darwin observou em Galápagos em 1835, três anos depois de passar pelo Brasil. [...]

[...]

Fonte: Escobar, H. Alcatrazes: um mundo perdido no litoral paulista. *O Estado de S. Paulo*, 18 dez. 2016. Disponível em: <http://mod.lk/azpaq>. Acesso em: jul. 2018.

ATIVIDADES

OBTER INFORMAÇÕES

1. Como era a região de Alcatrazes entre 85 e 15 mil anos atrás?
2. O que aconteceu há cerca de 15 mil anos que transformou Alcatrazes na ilha que conhecemos hoje?
3. Por que Alcatrazes é conhecida como "Galápagos do Brasil"?

INTERPRETAR

4. Alcatrazes têm grande número de espécies endêmicas. Explique a que se deve esse fato.
5. De acordo com o texto, uma das diferenças entre a jararaca de Alcatrazes e a jararaca do continente é o tamanho. Segundo alguns pesquisadores, a jararaca de Alcatrazes é menor por causa do tipo de alimento disponível na ilha, menos calórico que os disponíveis no continente. Explique como a disponibilidade de alimentos pode ter influenciado o processo evolutivo da serpente da ilha.

REFLETIR

6. Em grupos, imaginem seguinte situação hipotética: o nível no mar em torno de Alcatrazes baixou novamente, eliminando a barreira que separa as espécies da ilha e do continente. Discuta com seus colegas: as espécies dessas duas regiões podem voltar a se reproduzir e gerar descendentes férteis?

COMPARTILHAR

7. Alcatrazes é uma região que sofre com diferentes ameaças causadas pelas pessoas e precisa ser preservada.

    Em grupos, pesquisem sobre essas ameaças e elenquem argumentos para a preservação da ilha. Montem uma campanha para conscientizar a comunidade escolar sobre a importância da conservação de Alcatrazes.

UNIDADE 8

TERRA E UNIVERSO

POR QUE ESTUDAR ESTA UNIDADE?

O Universo é imenso, mas é bastante difícil para uma pessoa entender de que tamanho ele é, em relação à Terra. Por isso, é mais fácil fazer comparações com os elementos que estão mais próximos, como os astros que compõem o Sistema Solar. Já foram criadas muitas formas de comparação de tamanho para ajudar na compreensão da escala de distâncias e de tamanhos entre os corpos celestes.

Os estudos do céu iniciaram-se antes da formalização da Astronomia como Ciência. Nesta Unidade, conheceremos as interpretações do céu e do Universo elaboradas por algumas culturas ao longo da história. Identificaremos também os astros que compõem o Sistema Solar e sua localização no Universo. Descobriremos como surgem as estrelas e algumas das possíveis transformações pelas quais elas passam e como isso pode afetar o ser humano. Por fim, há uma reflexão sobre a viabilidade do ser humano sobreviver fora da Terra.

COMEÇANDO A UNIDADE

1. Você acha que a distância de um planeta até o Sol afeta as características de um planeta?

2. Em nosso cotidiano, para medir distâncias utilizamos principalmente as seguintes unidades de medida: metro e quilômetro. Em sua opinião, é viável usar essas mesmas unidades de medida para medir distâncias no Universo? Você conhece outras unidades de medida que seriam mais adequadas? Quais?

3. Você acredita que outros planetas poderiam abrigar vida humana? Que características você acha que seriam necessárias para que isso ocorresse?

ATITUDES PARA A VIDA

- Pensar com flexibilidade
- Pensar de maneira interdependente

Visto da superfície terrestre, o Sol parece ter o tamanho de uma bola. Ele é a estrela de maior tamanho aparente que observamos da superfície terrestre. Será que existem, no Universo, estrelas maiores que o Sol?

TAMANHO COMPARADO DA TERRA

Comparação entre os planetas do Sistema Solar
Raios/Planetas:

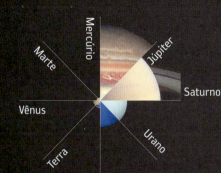

Mercúrio: 2.440 km
Marte: 3.390 km
Vênus: 6.052 km
Terra: 6.371 km
Netuno: 24.622 km
Urano: 25.362 km
Saturno: 58.232 km
Júpiter: 69.911 km

Comparação entre Terra e Júpiter

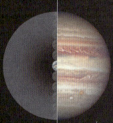

O diâmetro de Júpiter equivale a aproximadamente 11 Terras. Distância entre a Terra e o Sol: 149.600.000 km.

Diâmentro da Terra: 12.742 km
Diâmetro de Júpiter: 139.822 km

Comparação entre Júpiter e o Sol

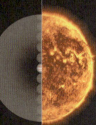

O diâmetro do Sol equivale a aproximadamente 10 planetas Júpiter.
Distância entre Júpiter e o Sol: 778.500.000 km.

Diâmetro de Júpiter: 139.822 km
Diâmetro do Sol: 1.391.400 km

Quando se observa o Sistema Solar em escala, percebe-se o quanto o Sol é maior que os planetas desse conjunto de corpos celestes. (Cores-fantasia.)

Fonte: CALIFORNIA INSTITUTE OF TECHNOLOGY. *JPL infographics*. Disponível em: <http://mod.lk/jbfum>. Acesso em: jul. 2018.

TEMA 1

DESENVOLVIMENTO DA ASTRONOMIA

Civilizações antigas observavam o céu buscando informações sobre seu cotidiano e previsões para o futuro.

COSMOLOGIA

Cosmologia moderna é o estudo da origem e da evolução do Universo. Povos antigos faziam estudos do céu, que refletiam os valores culturais e os conhecimentos acumulados de cada povo.

INTERPRETAÇÕES DO CÉU

Muitos povos do passado observavam e estudavam o céu com finalidades práticas, como decidir a melhor época para caçar, plantar e colher. O céu também era referência para atividades relacionadas a crenças ou ritos religiosos. Algumas culturas também analisavam o movimento de objetos celestes para determinar princípios de liderança e de comunidade.

Já foram encontrados e estudados diversos indícios de conhecimentos astronômicos antigos, como monumentos de rochas, arte rupestre e documentos escritos, feitos por chineses, babilônios, maias e egípcios, entre outros povos. Os vestígios mais antigos datam de mais de 5.000 anos atrás.

Entre os vestígios encontrados, estudos indicam que alguns deles descrevem mitos a respeito da origem do Universo conhecido. Na Antiguidade, por exemplo, os egípcios acreditavam que o céu era formado pelo corpo arqueado de uma deusa que eles denominavam de Nut. Os egípcios também foram responsáveis pelo desenvolvimento de calendários precisos, baseados em observações periódicas do céu, prevendo desde as fases da Lua até as estações do ano.

Existem diversas indicações que sugerem que muitos povos antigos, como os maias, alinharam algumas construções para que a luz do Sol iluminasse o local de modo diferenciado nos solstícios ou equinócios, demonstrando a aplicação de conhecimentos astronômicos.

Representação do mito chinês de Fuxi e Nuwa, que foram esponsáveis por repovoar o planeta após uma enchente. Eles seguram uma bússola e uma régua, que são símbolos relacionados ao entendimento de povos chineses antigos, que acreditavam que o céu em torno da terra era redondo e a Terra era quadrada. Imagens de constelações são observadas nas margens da ilustração. Pintura em cânhamo, século III-VIII, Museu Nacional, Coreia do Sul, 189 cm × 79 cm.

Ilustração do Universo para os povos egípcios da Antiguidade. Nessa imagem, Shu, deus da luz e do ar (com os braços levantados), separa Nut, deusa do céu, de Geb, deus da Terra, deitado embaixo.

Templo de Kukulcán, na cidade arqueológica de Chichén Itzá, no México. Esse templo foi construído pelos maias no século XII. A pirâmide apresenta 4 escadarias, com um total de 365 degraus, que representam um ano do calendário maia (2016).

ESQUEMA DO TEMPLO DE KUKULCÁN

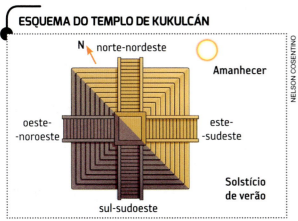

Ao traçar uma linha diagonal na base da pirâmide, é possível notar que há uma orientação de acordo com o solstício de inverno e de verão. As escadarias voltadas para o leste e o oeste estão alinhadas de acordo com o "nascer" do Sol no solstício de verão e com o "pôr" do Sol no dia do solstício de inverno. Ou seja: em determinado horário, metade da pirâmide está iluminada, e a divisão entre a área iluminada e a área sombreada é exatamente a linha diagonal sobre a qual a pirâmide está alinhada. Acima, exemplo de iluminação da pirâmide durante o amanhecer no solstício de verão. As escadarias estão alinhadas a pontos subcolateriais (pontos entre os pontos cardeais e colaterais).

Fonte: MONTERO, I. A. Astronomía, Geometría y Arquitectura en Chichén Itzá. *Rev. incl.*, v. 1, 2014.

ENTRANDO NA REDE

Na página do Museu da Vida, disponível em **http://mod.lk/bhomp**, há um artigo sobre o sistema de numeração maia e como ele influenciou o desenvolvimento da astronomia na região.

Acesso em: jul. 2018.

COLETIVO CIÊNCIAS

Arqueoastronomia

O estudo da arqueoastronomia requer a colaboração de especialistas em astronomia, arqueologia, antropologia e história da arte, entre outros, pois as evidências são frequentemente fragmentadas, sutis e sujeitas a diversas interpretações. [...]

Desde a pré-história o [ser humano] observou que havia variações do clima e que os animais, as flores e os frutos mantinham relação com as estações do ano. Assim, ele começou a registrar os fenômenos celestes, principalmente os movimentos aparentes do Sol, da Lua e das constelações. A arqueoastronomia é a disciplina que estuda os conhecimentos astronômicos legados pelas culturas pré-históricas (**ágrafas**), através de vestígios duradouros como a arte rupestre e os monumentos de rochas e por povos antigos, capazes de elaborar textos escritos, tais como os mesopotâmios, os egípcios, os gregos e os maias. [...].

MATSUURA, O. T. (Org.). *História da astronomia no Brasil*. Recife: Cepe, 2014.

Ágrafa: não apresenta alfabeto ou código de escrita.

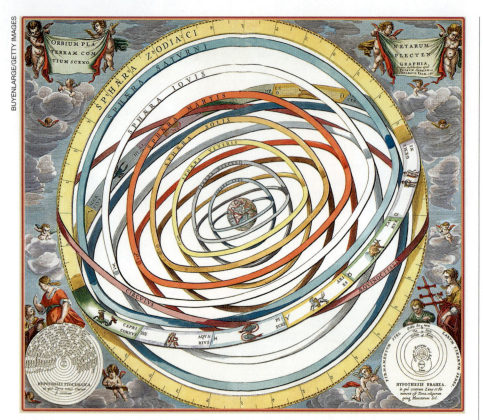

As ideias gregas antigas sobre os céus ficaram conhecidas como o modelo ptolemaico, que tinha a Terra no centro do Universo. Nesta imagem feita por Andreas Cellarius (1596-1665), é possível ver as órbitas dos planetas ao redor da Terra e as personificações dos deuses aos quais eles são nomeados.

ASTRONOMIA NA GRÉCIA ANTIGA

Há cerca de 2.500 anos, estudiosos na Grécia começaram a desenvolver a base que sustenta a Astronomia moderna, baseando-se no conhecimento herdado de outros povos do passado, com o desenvolvimento da visão racional sobre a natureza.

Os gregos mantinham uma série de crenças sobre a natureza e o mundo, mas estavam, em muitos casos, estudando essas crenças para fundamentá-las a partir de evidências.

Na Grécia Antiga, existiam filósofos que defendiam a existência de outros planetas iguais ao nosso, tendo Demócrito (460 a.C.-370 a.C.), como principal representante dessa linha de pensamento. Por outro lado, existiam os filósofos que acreditavam que a Terra era o único lugar habitável de Universo, como defendia Aristóteles, (384 a.C.-322 a.C.). Para Aristóteles, o Universo, era finito, esférico e constituído de várias camadas, e cada uma delas continha um astro que orbitava a Terra, fixa, imutável no centro. Essas ideias influenciaram diversos modelos e explicações sobre a Terra e o Universo, que repercutiram por milênios na história da humanidade.

Dos grandes legados dos gregos a aplicação da matemática para a criação de hipóteses sobre a natureza do mundo e do Universo ajudou a dar aspectos racionais e científicos às ideias de diversos estudiosos que surgiram posteriormente.

O CÉU DOS POVOS INDÍGENAS DO BRASIL

Antes da chegada dos europeus, as Américas já eram habitadas por diversos povos formados e estabelecidos. Essas populações produziram conhecimentos com base em um longo período de observações e vivências, o que permitiu seu desenvolvimento como civilização, de mesmo valor histórico que qualquer outra sociedade humana.

No território brasileiro, as populações indígenas nativas coletaram, ao longo das gerações, informações e interpretações sobre a realidade em que viviam. Tais conhecimentos foram compartilhados principalmente por meio da tradição oral.

Sabe-se que os indígenas brasileiros do passado utilizavam grande parte de seus conhecimentos astronômicos para orientação geográfica por meio da observação do movimento aparente do Sol no céu. Os grupos que habitavam o litoral também conhecem a relação das fases da Lua com as marés. Os povos indígenas associavam as estações do ano, identificadas por meio da posição de constelações no céu, e as fases da Lua com a biodiversidade local, para definir as épocas de plantio, colheita e caça, para obter maior produtividade e também para realizar o controle natural das pragas.

Vivências: conhecimentos adquiridos com experiências vividas.

> **SAIBA MAIS!**
>
> ### Constelação ou asterismo?
>
> Uma constelação é um agrupamento de estrelas que normalmente forma algum tipo de padrão reconhecível. Antes de uma definição oficial, muitas constelações já eram conhecidas e nomeadas.
>
> Em 1930, a União Astronômica Internacional (IAU) delimitou oficialmente 88 regiões da esfera celeste, batizando cada uma com o nome da constelação mais conhecida presente na área delimitada. Assim, as constelações oficiais incluem estrelas, fenômenos astronômicos muito brilhantes e variados corpos celestes, entre outros.
>
> Um asterismo é qualquer agrupamento de estrelas tradicionalmente reconhecido por algum tipo de forma, mas não reconhecidos oficialmente. Os asterismos não precisam corresponder às constelações convencionadas pela IAU e seu desenho pode cruzar uma ou mais delas. Os asterismos, muitas vezes, variam de cultura para cultura.
>
> **CONSTELAÇÃO VERSUS ASTERISMO**
>
>
>
> Representação esquemática da constelação de Órion. Na imagem, a região delimitada da esfera celeste é a constelação oficial de Órion. Dentro dela, observamos diversas estrelas, algumas das quais compõem a constelação de Órion. Há também um asterismo conhecido como Três Marias ou Cinturão de Órion. (Cores-fantasia.)
>
> Fonte: PRNJAT, Z.; TÁDIC, M. Asterism and constellation: terminological dilemmas. *Journal of the Geographical Institute Jovan Cvijic SASA*, 67(1), 1-10, 2017.

Astronomia dos indígenas brasileiros

Quando é possível visualizar a figura da Anta no céu, segundo a cultura de alguns indígenas brasileiros? Quais são as informações apresentadas sobre a aparição dela no céu?

Disponível em <http://mod.lk/ac9u08>

DE OLHO NO TEMA

- Cite duas evidências de que povos do passado tinham conhecimentos sobre astronomia.

ASTRONOMIA INDÍGENA

Diversas culturas indígenas identificam os astros e as constelações, com diferentes formas de organizá-las e de nomeá-las, dando-lhes significados e usos variados, como orientação geográfica, criação de calendários e planejamento de atividades como a pesca e a lavoura.

Veja como alguns povos indígenas tupi-guarani aglomeraram e nomearam suas constelações e conheça alguns dos usos desses saberes astronômicos.

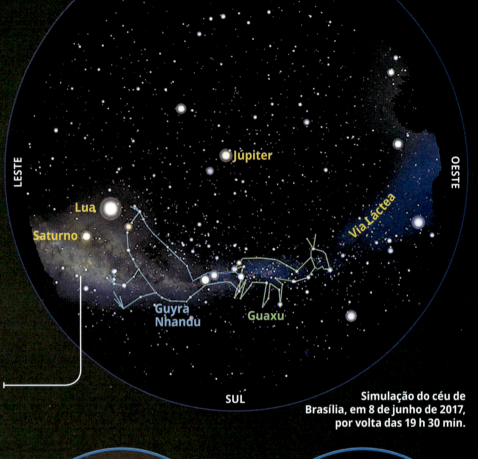

Longe das luzes urbanas, Tapi'i rapé (Caminho da Anta), batizada Via Láctea na Roma Antiga, parece uma faixa de manchas e estrelas, mais clara nas noites de inverno de Lua Nova.

Simulação do céu de Brasília, em 8 de junho de 2017, por volta das 19 h 30 min.

Kuruxu
A cruz tupi-guarani corresponde ao Cruzeiro do Sul sem uma das estrelas. Segundo o astrônomo Germano Afonso, é a constelação mais conhecida entre os indígenas do hemisfério Sul, que a usam para determinar os pontos cardeais, as estações do ano e a duração da noite.

Eixu
Significando "ninho de abelhas", corresponde ao aglomerado de estrelas conhecido como Plêiades. O ano tupi-guarani começa por volta de 5 de junho, quando Eixu surge no Leste, pouco antes do nascer do Sol. Eixu também serve de penacho no cocar de Tuya'i.

Guyra Nhandu
Ao verem a Guyra Nhandu (ema) inteira sobre o horizonte leste, na segunda quinzena de junho, alguns povos tupi-guarani fazem diferentes associações. No Norte do Brasil, o evento indica o início da estação seca e, no Sul, marca a chegada do inverno.

Simulação do céu de Brasília, em 8 de dezembro de 2017, por volta das 19 h 30 min.

Essas imagens maiores representam o céu visto por alguém deitado no chão, com a cabeça direcionada para o Norte e os pés, para o Sul. Por isso, o Oeste se vê à direita e o Leste, à esquerda. As bordas maiores representam o horizonte em toda a sua volta.

No fim da primavera, logo que o Sol se põe no Oeste, Tuya'i aparece no lado oposto do horizonte, enquanto Tapi'i atravessa o norte do firmamento.

Tapi'i
A constelação da Anta (Tapi'i) é mais conhecida na região Norte do Brasil, pois só aparece bem próximo da linha do horizonte para observadores do Sul. Seu surgimento na segunda quinzena de setembro coincide com o início da primavera no Sul e o fim da seca no Norte.

Tuya'i
Mitos tupi-guarani contam que Tuya'i, o Homem Velho, virou uma constelação após morrer. Na segunda quinzena de dezembro, quando surge no leste com seu cocar e a perna ferida, ele indica que o verão começa na região Sul e que a temporada de chuvas chega ao Norte.

Guaxu
Quando surge no Leste, na segunda quinzena de março, o guaxu (veado) indica, para grupos tupi-guarani, a chegada do outono no Sul do Brasil e a transição entre a chuva e a seca no Norte. Essa astronomia indígena inclui manchas da Via Láctea no desenho das constelações.

Fontes: AFONSO, Germano. Mitos e estações no céu tupi-guarani. *Scientific American Brasil*: etnoastronomia, ed. esp. n. 14. São Paulo: Duetto, 2006; STELLARIUM. Stellarium v.0.18.1 (*software*). Disponível em: <http://<mod.lk/vysq5>. Acesso em: jul. 2018.

TEMA 2 — O UNIVERSO

O Universo tem diversas galáxias, cada uma com bilhões de estrelas e planetas.

A Via Láctea pode ser vista como a região esbranquiçada da imagem. A Terra é parte dessa galáxia. Imagem vista nos Estados Unidos (2017).

UNIDADES DE DISTÂNCIA

O estudo do Universo e dos corpos celestes exige lidar com tamanhos e distâncias muito grandes. Conheça algumas dessas medidas a seguir.

- Unidade astronômica (UA): é a distância média da Terra ao Sol. Equivale aproximadamente a 150 milhões de quilômetros.

- Ano-luz (al): é a distância que a luz percorre em um ano terrestre. Equivale aproximadamente a 9.461.000.000.000 quilômetros ou 63.241 UA.

- Parsec (pc): equivale a 206.265 UA ou 3,26 anos-luz.

GALÁXIAS

As galáxias são formadas por estrelas, planetas e suas luas, cometas, asteroides, gás e poeira. Elas podem ter diferentes tamanhos, luminosidades e formas. Estudos e observações astronômicas indicam que existem aproximadamente dois trilhões de galáxias no Universo.

Em uma noite sem nuvens e em um local com pouca iluminação, é possível observar uma região esbranquiçada que delimita um plano no qual estão contidas aglomerações de estrelas. Essa região esbranquiçada é a Via Láctea, uma galáxia espiral, na qual se localiza a Terra.

Com o auxílio de equipamentos especiais cada vez mais sofisticados, os astrônomos conseguem observar e estudar a Via Láctea. Estima-se que a Via Láctea abrigue cerca de 250 bilhões de estrelas.

Durante décadas, acreditou-se que o Sol ocupasse o centro de nossa galáxia, fato confrontado em 1920 pelo astrônomo estadunidense Harlow Shapley (1885-1972). Após efetuar diversas medições de aglomerados de estrelas até a Terra, Shapley concluiu que o Sol se encontra a uma distância de aproximadamente 30 mil anos-luz do seu centro.

O SOL NA VIA LÁCTEA

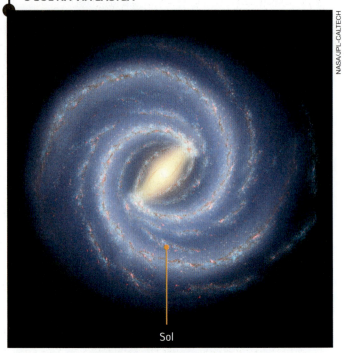

Sol

Representação esquemática da Via Láctea de um eixo perpendicular ao plano em que ela é contida. O Sol se encontra distante do centro da galáxia. (Imagem sem escala; cores-fantasia.)

A Via Láctea não está isolada no Universo. Ela faz parte de um grupo de dezenas de galáxias conhecido como **Grupo Local**. Entre essas as mais conhecidas são a galáxia de Andrômeda e as duas galáxias que compõem as Nuvens de Magalhães.

Embora os estudos sobre o Universo tenham avançado, apenas uma pequena parte dele foi explorada. Compreender o funcionamento das galáxias possivelmente ajudará a entender melhor a origem e a evolução do Universo.

O LUGAR DA TERRA NO UNIVERSO

O planeta Terra está localizado no Sistema Solar, cujo astro dominante é o Sol, que está na galáxia Via Láctea. Nossa galáxia faz parte do Grupo Local, um aglomerado de galáxias pertencente a uma região gigantesca em que há outros grupos como esse, chamado de Superaglomerado Local. Esse, com os demais superaglomerados de galáxias e os vazios, contém a matéria e a energia que formam o Universo.

Telescópio Hubble, fotografado de uma espaçonave em 1997. Lançado ao espaço em 1990, o Hubble permitiu a visualização de estrelas, galáxias e nebulosas, auxiliando a compreender suas estruturas e a identificar seus componentes. As imagens obtidas pelo telescópio Hubble foram fundamentais para o nosso entendimento atual acerca do Universo.

LOCALIZAÇÃO DA TERRA NO UNIVERSO

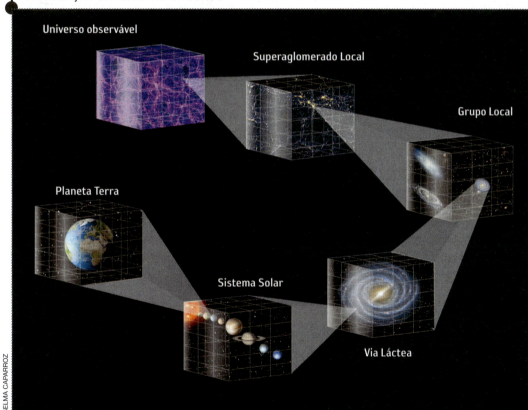

Diagrama mostrando, em sentido anti-horário a partir do canto inferior esquerdo, como a Terra se insere nos diferentes subsistemas que compõem o Universo. (Imagem sem escala; cores-fantasia.)

Fonte: BENNETT, J. et al. *The cosmic perspective*. São Francisco: Addison-Wesley, 2002.

DE OLHO NO TEMA

- Volte à página 212 e observe as imagens da Via Láctea vista da Terra e a arte computadorizada. Você acha que as estrelas vistas aqui da Terra estão no centro da Via Láctea? Explique sua resposta.

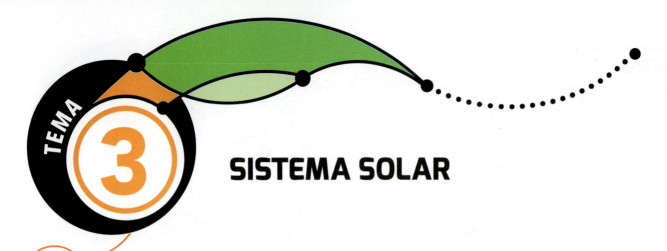

TEMA 3

SISTEMA SOLAR

O Sistema Solar é formado pelo Sol e outros corpos celestes que orbitam essa estrela.

Sistemas planetários são conjuntos de objetos não estelares que orbitam uma ou mais estrelas. Os conjuntos podem incluir planetas, satélites, asteroides, cometas, fragmentos menores e gases.

O Sistema Solar é o sistema planetário do Sol. Os cientistas acreditam que o Sistema Solar tenha surgido de uma nuvem de gás e poeira há aproximadamente 4,6 bilhões de anos.

O SOL

É a estrela mais próxima da Terra e fonte de luz e calor para todos os corpos do Sistema Solar. Como outras estrelas, o Sol tem luz própria. A luz e o calor emitidos por ele influenciam em aspectos fundamentais a existência de vida na Terra.

O Sol apresenta diâmetro em torno de 1.390.000 km e tem a mesma idade do Sistema Solar. O Sol é formado principalmente pelos elementos químicos hidrogênio (73%) e hélio (25%).

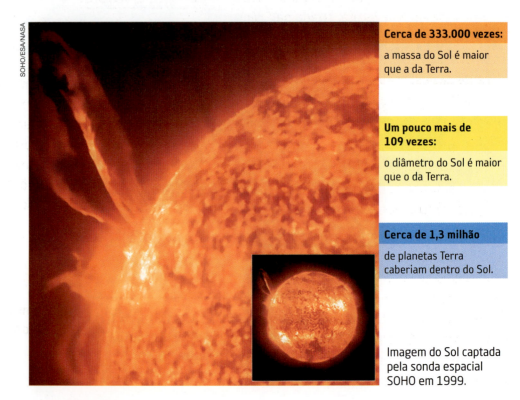

Cerca de 333.000 vezes: a massa do Sol é maior que a da Terra.

Um pouco mais de 109 vezes: o diâmetro do Sol é maior que o da Terra.

Cerca de 1,3 milhão de planetas Terra caberiam dentro do Sol.

Imagem do Sol captada pela sonda espacial SOHO em 1999.

PLANETAS DO SISTEMA SOLAR

PLANETAS

Planeta é um astro que gira em torno de uma estrela e não emite luz, mas a reflete. Para ser classificado como planeta, um objeto celeste deve ser aproximadamente esférico e ser o corpo celeste dominante na sua trajetória, isto é, enquanto gira em torno da estrela, sua órbita não se cruza com a de nenhum outro astro.

Mercúrio, Vênus, Terra e Marte são **planetas rochosos**, também conhecidos por **planetas terrestres** ou **planetas telúricos**. Possuem superfícies sólidas e rochosas. Entre eles, a Terra é o que conhecemos melhor.

Júpiter, Saturno, Urano e Netuno não possuem superfícies sólidas como os planetas rochosos, são enormes esferas de gás a diferentes pressões. Por isso, são chamados de **planetas gasosos**. Possuem massas e volumes elevados e são conhecidos também como **planetas jovianos**.

Em grego, a palavra planeta significa *astro errante*. Essa nomenclatura, criada na Grécia Antiga, foi estabelecida após astrônomos observarem, ao longo do tempo, o movimento aparente das estrelas e dos planetas pelo céu e concluir que os planetas não seguem exatamente a mesma trajetória que as estrelas.

Cinco planetas são visíveis sem o auxílio de instrumentos da superfície da Terra; por isso, já eram conhecidos desde a Antiguidade: Mercúrio, Vênus, Marte, Júpiter e Saturno.

Depois da invenção do telescópio, foram identificados os demais planetas do Sistema Solar: Urano foi descrito em 1781 pelo astrônomo alemão William Herschel (1738-1822); Netuno foi descoberto em 1846 pelos astrônomos Johann Gottfried Galle (1812-1910) e Heinrich Louis d'Arrest (1822-1875), respectivamente, alemão e dinamarquês.

Página do livro *Um discurso sobre um novo mundo e outro planeta*, escrito por John Wilkins (1614-1672) em 1640, apoiando a visão heliocêntrica do Universo apresentada por Nicolau Copérnico em 1543. A página apresenta retratos de Copérnico, Galileu Galilei e Kepler e tem, na parte superior, uma representação do Sol e dos seis planetas conhecidos na época: Vênus, Terra, Mercúrio, Marte, Júpiter e Saturno. Gravura, coleção privada.

PLANETAS ANÕES

Desde agosto de 2006, foi criada uma nova categoria de objeto astronômico: os planetas anões. São corpos celestes que estão em órbita em torno do Sol, aproximadamente esféricos, não têm tamanho muito maior que os outros objetos em sua vizinhança e, ao contrário dos planetas, encontram outros corpos semelhantes em sua trajetória. Até o momento, são cinco os planetas considerados anões do Sistema Solar: Ceres, Éris, Haumea, Makemake e Plutão, todos menores que a Lua.

ENTRANDO NA REDE

No endereço **http://mod.lk/xrnna** está disponível uma animação que simula o deslocamento da luz do Sol até Júpiter.

Acesso em: ago. 2018.

CARACTERÍSTICAS DOS PLANETAS

PLANETAS ANÕES

Nome	Ceres	Plutão
Distância aproximada do Sol	414.000.000 km	5.906.000.000 km
Diâmetro aproximado	950 km	2.300 km
Satélites naturais conhecidos	Não possui.	5
Características gerais	Descoberto em 1801, seu nome é uma homenagem à deusa romana da agricultura. É constituído principalmente de rochas e de gelo. Foi considerado um asteroide por mais de 150 anos.	Descoberto em 1930. Foi considerado um planeta até 2006, quando foi classificado como planeta anão. Suas características são pouco conhecidas.

Mercúrio   Vênus   Terra   Marte   Ceres   Júpiter

PLANETAS

Nome	Mercúrio	Vênus	Terra
Distância aproximada do Sol	58.000.000 km	108.000.000 km	150.000.000 km
Diâmetro aproximado	4.880 km	12.100 km	12.740 km
Satélites naturais conhecidos	Não possui.	Não possui.	1 (Lua)
Características gerais	É um planeta rochoso. Tem muitas crateras em sua superfície, produzidas pelos choques de cometas e asteroides, assim como ocorre com a superfície da Lua.	É o planeta mais brilhante do céu, visto da Terra. Por isso, é muitas vezes confundido com uma estrela, recebendo o nome de estrela-d'alva. É um planeta rochoso e tem praticamente o mesmo tamanho da Terra.	É um planeta rochoso. Atualmente, é o único planeta conhecido com abundância de água no estado líquido e com condições para a existência de vida como a conhecemos.

Distância média dos planetas em relação ao Sol
(em bilhões de quilômetros)

SOL — Mercúrio, Vênus, Terra, Marte — Ceres — Júpiter — Saturno — Urano — Netuno

Cinturão de Asteroides

Os planetas não estão representados com tamanhos proporcionais por uma questão de escala. Para que isso acontecesse, os planetas gasosos deveriam ter aproximadamente o dobro do diâmetro apresentado nessa representação esquemática. No entanto, os tamanhos dos planetas rochosos e dos planetas anões estão em proporção entre si. Da mesma forma, os tamanhos dos planetas gasosos estão em proporção entre si. (Cores-fantasia.)

Haumea
6.432.000.000 km
1.240 km
2
Descoberto em 2003, recebeu esse nome como homenagem à deusa havaiana da fertilidade e do nascimento. Sua composição parece ser de rocha recoberta por uma fina camada de gelo.

Makemake
6.783.000.000 km
1.430 km
Não determinado.
Foi descoberto em 2005 e seu nome remete a um deus do povo nativo da Ilha de Páscoa (Chile).

Éris
10.180.000.000 km
2.326 km
1
Atualmente, é considerado o maior dos planetas anões. Descoberto em 2003, seu nome é uma homenagem à deusa grega da discórdia.

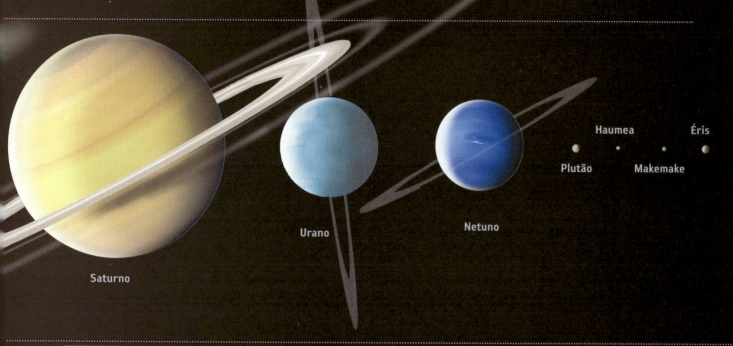

Marte	Júpiter	Saturno	Urano	Netuno
228.000.000 km	778.000.000 km	1.427.000.000 km	2.871.000.000 km	4.498.000.000 km
6.780 km	139.920 km	116.460 km	50.720 km	49.240 km
2	79	53	27	13
Também é conhecido como Planeta Vermelho, pois suas rochas, solo e céu têm coloração avermelhada. Visto da Terra, seu brilho varia bastante ao longo de sua trajetória em torno do Sol.	É o maior planeta do Sistema Solar. É um planeta gasoso e tem anéis, que são bem menos evidentes que os de Saturno.	É um planeta gasoso, conhecido como Planeta dos Anéis. Esses anéis são constituídos principalmente de rochas e de gelo.	Tem anéis, mas são de difícil visualização. É um planeta gasoso e apresenta coloração azulada produzida pela combinação de gases em sua atmosfera.	Foi descoberto por meio de cálculos matemáticos, e não por observação. Tem anéis de difícil visualização e é um planeta gasoso.

Elaborado com base em: AGÊNCIA ESPACIAL DOS ESTADOS UNIDOS (NASA). Disponível em: <http://mod.lk/hyflc>. Acesso em: jul. 2018.

CORPOS MENORES DO SISTEMA SOLAR

O Sistema Solar contém um grande número de corpos menores. Satélites naturais, asteroides, meteoroides e cometas são objetos classificados nesse grupo.

Satélites naturais, também conhecidos como luas, giram em torno de um astro maior que eles. Assim como os planetas, eles apenas refletem luz. Esses satélites são formados por rochas e gelo. Alguns têm atmosfera, como Titã, o maior de Saturno.

Os **asteroides** são pequenos corpos menores que a Lua; seu tamanho pode chegar a alguns quilômetros. A maioria dos asteroides conhecidos localiza-se entre as trajetórias de Marte e de Júpiter, numa região denominada **Cinturão de Asteroides**, e depois da trajetória de Netuno, na região chamada **Cinturão de Kuiper**.

Meteoroides são pequenos asteroides, geralmente fragmentos de outro corpo celeste que se deslocam pelo espaço.

Cometas são compostos de gelo e poeira; eles têm órbitas altamente elípticas. À medida que eles se aproximam do Sol, parte do gelo derrete, formando uma grande nuvem de gás e de poeira ao redor do cometa, chamada coma. Mais próximo ao Sol, o cometa derrete parcialmente e desenvolve duas caudas: uma de gás e a outra de poeira. A cauda sempre aponta na direção oposta à do Sol.

Cometa Hale-Bopp em sua aproximação de 1997, visto na Finlândia. A cauda azul provém de gases, e a cauda mais esbranquiçada é poeira e gelo sendo dispersados.

Imagem obtida por espaçonave do asteroide Vesta, localizado a cerca de 160 milhões de quilômetros da Terra, no Cinturão de Asteroides. A montanha na parte sul tem cerca de 16 km de altura.

 O Sistema Solar

Animação interativa sobre algumas características dos planetas do Sistema Solar.

SAIBA MAIS!

Meteoros e meteoritos

Meteoros são um fenômeno luminoso resultante do atrito de um meteoroide ao entrar na atmosfera da Terra. É popularmente chamado estrela cadente.

Meteorito são os resíduos de meteoroides que atravessaram a atmosfera da Terra sem serem completamente destruídos, atingindo a superfície terrestre.

DE OLHO NO TEMA

1. Quais são os planetas do Sistema Solar que possuem superfície rochosa?
2. Quais corpos celestes do Sistema Solar você já observou? Como ele é classificado?

ATIVIDADES — TEMAS 1 A 3

ORGANIZAR O CONHECIMENTO

1. Os povos do passado observavam e estudavam os astros no céu com quais objetivos?
2. Como a compreensão de fenômenos da astronomia ajudava o dia a dia dos povos indígenas brasileiros do passado?
3. Qual é a diferença entre planetas rochosos e planetas gasosos?
4. Avalie cada frase a seguir como verdadeira ou falsa. Transcreva em seu caderno as falsas, corrigindo-as.
    a) Ano-luz é uma unidade utilizada para medir tempo.
    b) Uma unidade astronômica equivale a cerca de 3,26 anos-luz.
    c) O Sol é o maior corpo celeste do Sistema Solar.
    d) Os planetas gasosos do Sistema Solar são: Júpiter, Saturno, Urano e Mercúrio.

ANALISAR

5. Existem outros sistemas planetários no Universo? Justifique sua resposta.
6. Leia o texto e, depois, responda à questão.

    Corpos pequenos que vagam pelo Sistema Solar, como restos de cometas e pequenos asteroides, são chamados meteoroides. Quando esses corpos entram na atmosfera terrestre, produzem um rastro luminoso denominado meteoro, popularmente chamado de estrela cadente. Os meteoroides que atingem a superfície da Terra recebem o nome de meteoritos.

    - Que tipo de informação os meteoritos podem fornecer aos cientistas?

7. Analise as informações do texto e, depois, responda à questão.

    "Se olharmos para o céu numa noite clara sem Lua, os objetos mais brilhantes que vemos são os planetas Vênus, Marte, Júpiter e Saturno. Também percebemos um número muito grande de estrelas que são exatamente iguais ao nosso Sol, embora muito distantes de nós. Algumas dessas estrelas parecem, de fato, mudar sutilmente suas posições com relação umas às outras, à medida que a Terra gira em torno do Sol."

    Fonte: HAWKING, S. W. *Uma breve história do tempo*: do Big Bang aos buracos negros. Trad. de Maria Helena Torres. Rio de Janeiro: Rocco, 1988. p. 61.

    - Por que durante a noite os planetas Vênus, Marte, Júpiter e Saturno são vistos como objetos brilhantes?

COMPARTILHAR

8. Em arqueoastronomia, são estudados os megálitos, que são grandes estruturas feitas com rochas, construídas por povos do passado, com finalidade religiosa, para funerais ou como forma de prever eventos astronômicos. Em grupo, coletem mais informações sobre megálitos brasileiros, como:
    a) Onde são encontrados?
    b) Em que época foram elaborados?
    c) Qual é o significado dessas estruturas.

    - Produzam um vídeo, em forma de documentário de curta duração, apresentando as informações e as imagens que vocês coletaram. Compartilhem com os colegas e a comunidade escolar para então responder: essa pesquisa mudou a visão que vocês tinham sobre os povos brasileiros antigos?

EXPLORE

AS DIMENSÕES DO SISTEMA SOLAR

Pela limitação do tamanho do papel, a maioria das ilustrações do Sistema Solar não representa suas proporções de maneira correta. Uma forma mais acurada de representar o Sistema Solar é criar um modelo tridimensional, como o que vamos construir a seguir.

O primeiro passo para a construção de um modelo é a definição da escala que será utilizada. Por exemplo, se adotarmos a escala 600.000.000 : 1 (lê-se "seiscentos milhões para um"), nosso modelo será 600 milhões de vezes menor que o Sistema Solar real. Nessa situação, a Terra teria aproximadamente 2 centímetros de diâmetro, mas a distância entre ela e o Sol seria de 250 metros!

Por outro lado, se adotarmos a escala 600.000.000.000 : 1 (lê-se: "seiscentos bilhões para um"), o planeta Terra no nosso modelo estaria a 25 centímetros do Sol, mas seria tão pequeno que mal conseguiríamos vê-lo a olho nu.

Como você pode perceber, é muito difícil construir um modelo do Sistema Solar utilizando a mesma escala para o tamanho dos astros e para a distância entre eles. Por esse motivo, vamos adotar duas escalas diferentes.

 **ATIVIDADES**

CONSTRUIR O MODELO

1. Em grupo, decidam quais escalas vocês utilizarão para o tamanho dos astros e para a distância entre eles. Copie a tabela no caderno e complete-a com os valores que vocês calcularem.

Astro	Diâmetro médio (em quilômetro)	Distância média até o Sol (em quilômetro)	Diâmetro na escala adotada (em centímetro)	Distância até o Sol na escala adotada (em metro)
Sol	1.400.000	–		–
Mercúrio	4.900	58.000.000		
Vênus	12.100	108.000.000		
Terra	12.800	150.000.000		
Marte	6.800	228.000.000		
Júpiter	140.000	778.000.000		
Saturno	116.500	1.427.000.000		
Urano	50.800	2.871.000.000		
Netuno	49.200	4.500.000.000		

Elaborado com base em: AGÊNCIA ESPACIAL DOS ESTADOS UNIDOS (NASA). Disponível em: <http://mod.lk/hyflc>. Acesso em: ago. 2018.

2. Escolham objetos esféricos com dimensões próximas às que vocês calcularam para representar os astros. Como o Sol é muito maior que os planetas, ele pode ser omitido do modelo, caso vocês julguem necessário.

3. Com a ajuda de uma trena, organizem os astros nas distâncias calculadas.

INTERPRETAR E REFLETIR

4. Observe o modelo concluído. Quais são as diferenças que você nota entre ele e as ilustrações do Sistema Solar deste livro?

5. Quais são as vantagens que você percebe na representação por modelo em comparação com a representação por ilustrações? E quais são as desvantagens?

COMPARTILHAR

6. Se possível, fotografem o modelo que vocês produziram e criem legendas para essas imagens. Compartilhem essas fotografias no *blog* da classe ou em redes sociais.

TEMA 4

O SOL E OUTRAS ESTRELAS

O Sol é considerado uma estrela comum do Universo e é usado como base comparativa para o estudo de outras estrelas.

Todas as estrelas observáveis da superfície da Terra, sem ajuda de instrumentos, pertencem à Via Láctea. Há bilhões de estrelas na Via Láctea; estima-se que existam trilhões de outras galáxias no Universo.

As estrelas apresentam um ciclo de vida, chamado de **evolução estelar**, que estudaremos a seguir.

EVOLUÇÃO ESTELAR

A **evolução estelar** descreve as mudanças pelas quais uma estrela passa desde seu surgimento até sua extinção. Existem diversos tipos de estrelas, variando em brilho, cor temperatura de superfície, massa, entre outras características. Essas características influenciarão o modo como ocorrerá sua evolução.

COMPARAÇÃO DE TAMANHO E DE COR DE ALGUMAS ESTRELAS DA VIA LÁCTEA

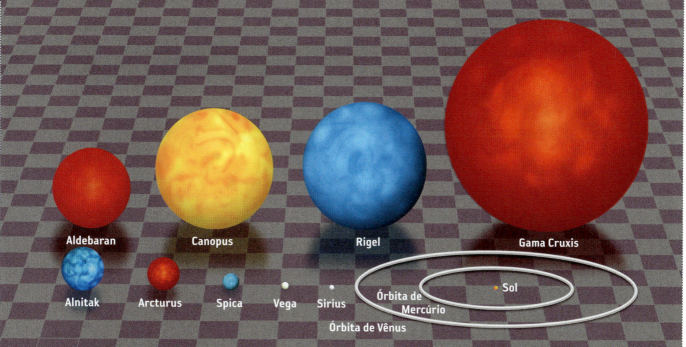

As estrelas apresentam variados tamanhos e cores. Embora haja estrelas muito maiores que o Sol, a maioria delas apresenta tamanho semelhante ao dele. (Cores-fantasia.)

Fonte: HETEM, J. C. G. *Classificação estelar*: as estrelas não são iguais. Tópico 2. Universidade Virtual do Estado de São Paulo, 2012. Disponível em: <http://mod.lk/fxh5c>. Acesso em: jul. 2018.

221

O CICLO DE VIDA DE UMA ESTRELA SEMELHANTE AO SOL

Por ser a estrela mais próxima e conhecida, o Sol pode ser usado como elemento de comparação no estudo das demais estrelas, mais distantes da Terra. Acompanhe no esquema a seguir a evolução de uma estrela média, com características semelhantes às do Sol.

EVOLUÇÃO ESTELAR DE UMA ESTRELA SEMELHANTE AO SOL

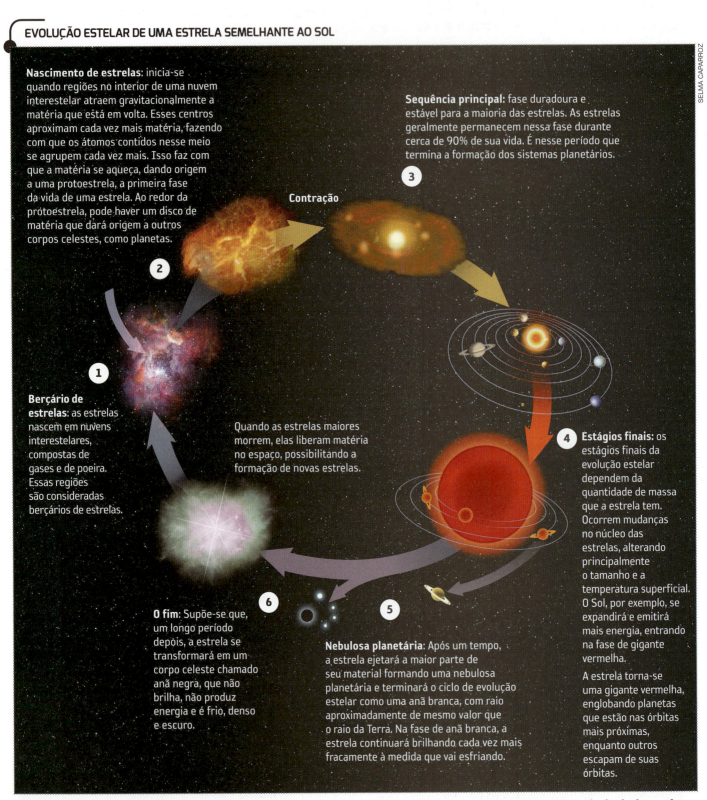

Nascimento de estrelas: inicia-se quando regiões no interior de uma nuvem interestelar atraem gravitacionalmente a matéria que está em volta. Esses centros aproximam cada vez mais matéria, fazendo com que os átomos contidos nesse meio se agrupem cada vez mais. Isso faz com que a matéria se aqueça, dando origem a uma protoestrela, a primeira fase da vida de uma estrela. Ao redor da protoestrela, pode haver um disco de matéria que dará origem a outros corpos celestes, como planetas.

Sequência principal: fase duradoura e estável para a maioria das estrelas. As estrelas geralmente permanecem nessa fase durante cerca de 90% de sua vida. É nesse período que termina a formação dos sistemas planetários.

Contração

Berçário de estrelas: as estrelas nascem em nuvens interestelares, compostas de gases e de poeira. Essas regiões são consideradas berçários de estrelas.

Quando as estrelas maiores morrem, elas liberam matéria no espaço, possibilitando a formação de novas estrelas.

Estágios finais: os estágios finais da evolução estelar dependem da quantidade de massa que a estrela tem. Ocorrem mudanças no núcleo das estrelas, alterando principalmente o tamanho e a temperatura superficial. O Sol, por exemplo, se expandirá e emitirá mais energia, entrando na fase de gigante vermelha.

A estrela torna-se uma gigante vermelha, englobando planetas que estão nas órbitas mais próximas, enquanto outros escapam de suas órbitas.

O fim: Supõe-se que, um longo período depois, a estrela se transformará em um corpo celeste chamado anã negra, que não brilha, não produz energia e é frio, denso e escuro.

Nebulosa planetária: Após um tempo, a estrela ejetará a maior parte de seu material formando uma nebulosa planetária e terminará o ciclo de evolução estelar como uma anã branca, com raio aproximadamente de mesmo valor que o raio da Terra. Na fase de anã branca, a estrela continuará brilhando cada vez mais fracamente à medida que vai esfriando.

Representação esquemática de etapas do ciclo de vida de uma estrela média, como o Sol. (Imagem fora de escala; cores-fantasia.)

Fonte: GOLDSMITH, D. The far, far future of stars. *Sci Am*, v. 306, p. 37, 2012.

CICLO DE VIDA DO SOL

Vimos a evolução estelar de estrelas semelhantes ao Sol. Agora, vamos aprofundar um pouco o que sabemos sobre o ciclo do Sol. A produção de energia em uma estrela ocorre em seu núcleo. O núcleo solar contém hidrogênio, que, em razão das altas temperaturas e da enorme gravidade do Sol, passa por um processo conhecido por **fusão nuclear**, combinando-se com outros átomos de hidrogênio, gerando átomos de Hélio (He) e liberando energia.

Atualmente, em sua evolução, o Sol está na sequência principal. Estima-se que em cerca de 5 bilhões de anos o Sol terá convertido todo o hidrogênio do seu núcleo em hélio. Nesse momento, a fusão nuclear passará a ocorrer numa camada em torno do núcleo de hélio. Este processo resultará num grande aumento de tamanho e brilho do Sol, que o levará a uma etapa evolutiva conhecida como **gigante vermelha**. Nessa etapa haverá energia suficiente para iniciar a fusão nuclear do hélio no núcleo do Sol, originando os elementos carbono e oxigênio. Quando o hélio do núcleo se esgotar, as camadas mais externas do Sol irão gradualmente se desprender, dando origem a uma nuvem de gás aproximadamente esférica chamada de **nebulosa planetária**. O núcleo que restará do Sol será composto principalmente de carbono e oxigênio, sendo classificado como uma **anã branca**.

COMO A EVOLUÇÃO ESTELAR DO SOL AFETA A TERRA

Quando o Sol atingir os estágios finais de sua evolução, daqui a aproximadamente 5 bilhões de anos, a radiação solar que atinge a Terra será muito mais intensa, aumentando a temperatura na superfície terrestre para cerca de 700 °C.

A essa temperatura, a água terá evaporado completamente, resultando em uma Terra completamente seca. A atmosfera também desaparecerá, pois seus componentes terão energia para se desprender da atração gravitacional que os seguram à Terra.

CICLO DE VIDA DO SOL

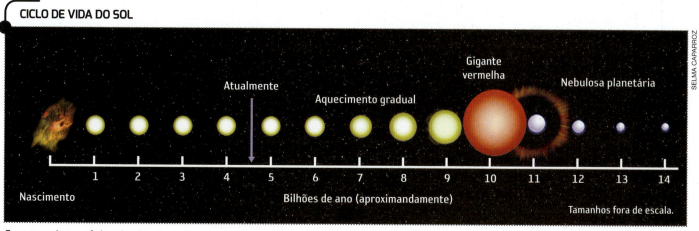

Esquema dos estágios de vida do Sol, segundo teorias de evolução estelar. (Imagem fora de escala; cores-fantasia.)

Fonte: DELIA, F. O Sol está morrendo e varrerá a vida terrestre no processo. *Agência Universitária de Notícias*, n. 46, ed. 53. Disponível em: <http://mod.lk/a7zpg>. Acesso em: jul. 2018.

SAIBA MAIS!

Origem dos elementos químicos

No início do Universo, a matéria existente era, majoritariamente, hidrogênio e hélio. Outros elementos químicos foram produzidos por reações nucleares que ocorreram no centro das estrelas.

A hipótese da origem do Sol e do Sistema Solar supõe que a explosão de uma estrela lançou no meio interestelar os elementos químicos que possibilitaram a formação do nosso sistema planetário e do nosso planeta.

DIFERENTES CICLOS DE VIDA DAS ESTRELAS

A evolução estelar dependerá da massa de uma estrela ao atingir a sequência principal. As estrelas mais quentes e com mais massa produzem energia a taxas muito mais altas que as outras; portanto, elas têm um tempo de vida mais curto. Veja a seguir a descrição de como ocorre a evolução estelar, após a sequência principal, em estrelas de massas distintas.

DE OLHO NO TEMA

1. Onde as estrelas nascem? Como elas se formam?
2. Quais serão as fases estelares posteriores que o Sol terá?

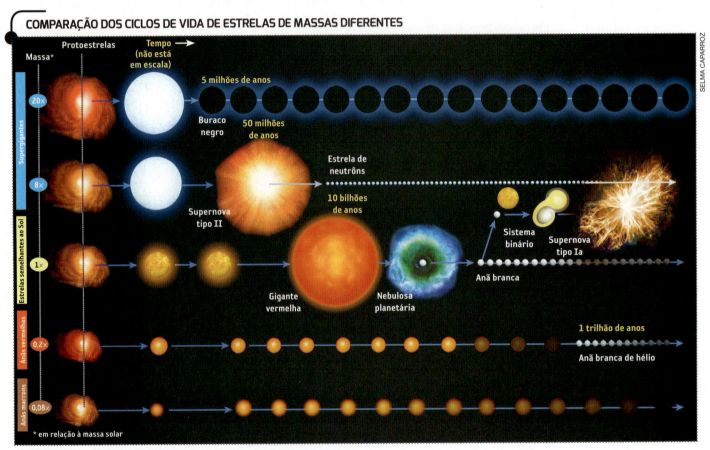

COMPARAÇÃO DOS CICLOS DE VIDA DE ESTRELAS DE MASSAS DIFERENTES

As fases finais nos ciclos de vida estelares dependem de quanta massa a protoestrela acumulou ao se formar. (Imagens sem escala; cores-fantasia.)

Supergigantes: são estrelas com massa acima de 8 massas solares. Quando as maiores estrelas não produzem mais energia suficiente para sustentar seu próprio peso, elas colapsam de forma abrupta, causando uma explosão denominada supernova, que gera diversos elementos químicos. A morte desse tipo de estrela pode ocasionar perturbações que desencadeiam processos de formação estelar, permitindo o nascimento de mais estrelas.

Estrelas semelhantes ao Sol: estrelas de massa semelhante à do Sol ejetam suas camadas externas em seus estágios finais de evolução, formando uma nebulosa, enquanto seu núcleo dá origem a uma anã branca.

Anãs vermelhas: são estrelas de massa menor que metade da massa solar. Após converter todo o hidrogênio de seu núcleo em hélio, transforma-se em anã branca.

Anãs marrons: estrelas de massa pequena, menor que 10% da massa do Sol. Elas não atingem temperatura suficiente para realizar fusões nucleares, apenas resfriam e tornam-se um corpo sólido que não produz energia.

Fonte: GOLDSMITH, D. The far, far future of stars. Sci Am, v. 306, p. 37, 2012.

SAIBA MAIS!

A unidade de medida de massa das estrelas e das galáxias é a massa solar. O padrão dessa unidade de medida é a massa do Sol, que equivale a $1,9 \times 10^{30}$ kg. Por exemplo: se uma estrela tem massa equivalente a 8 vezes a massa do Sol, dizemos que é uma estrela com 8 massas solares. O símbolo desta unidade de medida é $M_\odot$.

TEMA 5 — A VIDA FORA DO PLANETA

Ainda não é possível para a espécie humana habitar outros planetas.

Nas últimas décadas, descobertas trouxeram à tona a discussão sobre a possibilidade de vida extraterrestre. Entre essas descobertas estão a localização de milhares de planetas orbitando outras estrelas, que não o Sol, além da detecção de moléculas orgânicas em Marte e de água líquida em satélites naturais de Júpiter e de Saturno e em Marte.

Para muitos astrônomos, a possibilidade de vida extraterrestre existe; acredita-se que a probabilidade de haver seres vivos microscópicos extraterrestres é maior que a de encontrar seres mais complexos.

Europa, um dos satélites naturais de Júpiter. Com possível oceano abaixo de sua superfície congelada, esse satélite é objeto promissor de estudos científicos sobre vida extraterrestre. Uma sonda deverá ser lançada no início da década de 2020 para orbitar Europa e coletar informações sobre esse satélite.

CONDIÇÕES PARA A EXISTÊNCIA DE VIDA

Uma das condições para a existência de vida como a conhecemos é a existência de água em estado líquido. Para isso, o planeta que abrigaria essa vida não pode nem estar perto demais de sua estrela principal para que a água não evapore nem longe demais para que a água congele. Existem também outras características que influenciam a temperatura de um planeta, como presença e composição da atmosfera.

A presença de vida depende de determinadas condições, denominadas conjuntamente de **habitabilidade**. Pesquisadores buscam por essas condições em outros corpos celestes. Para ter habitabilidade, um objeto celeste deve:

- ter temperatura média entre 0 °C e 100 °C, que possibilite a existência de água no estado líquido. A água líquida permite a ocorrência de reações químicas e outros processos orgânicos que são essenciais para a vida;
- ter fontes de energia (luz estelar, calor interno ou energia química) para manter o metabolismo dos seres vivos;
- ser estável e ter durabilidade de bilhões de anos, de modo que a vida possa se desenvolver.

Diversos fatores são importantes para que um corpo celeste apresente habitabilidade, como a distância entre ele e a estrela mais próxima. A região que fica a uma distância adequada das estrelas para ter essas condições é chamada **zona habitável**.

Essas características, mesmo que parcialmente, já foram identificadas em outros planetas. Ainda assim, não foram encontradas evidências concretas de vida fora da Terra. O número de corpos celestes candidatos a abrigar vida tem aumentado; veja na imagem a seguir o Sistema Kepler-186. Um de seus planetas apresenta características semelhantes à Terra.

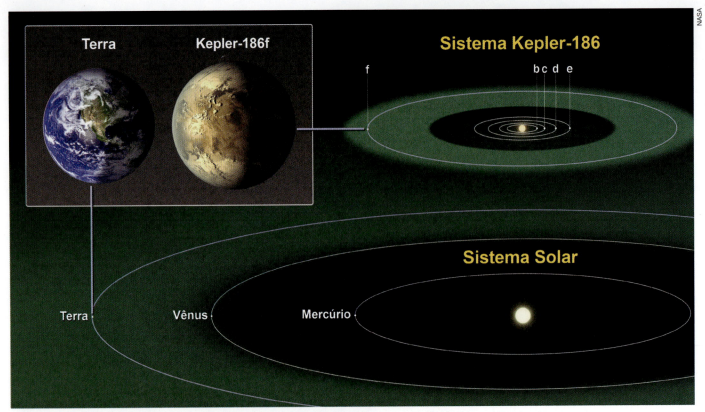

Representação artística que compara alguns planetas do Sistema Solar com outros do sistema Kepler-186, um sistema estelar de cinco planetas, a cerca de 500 anos-luz da Terra. Esse sistema abriga o Kepler-186f, o primeiro planeta validado do tamanho da Terra orbitando uma estrela distante na zona habitável. Os cinco planetas do Kepler-186 orbitam uma estrela anã vermelha, que tem metade do tamanho e massa do Sol. (Imagem fora de escala; cores-fantasia.)

VIAGENS INTERPLANETÁRIAS E INTERESTELARES

As distâncias entre objetos celestes são muito grandes se comparadas às distâncias às quais o ser humano está habituado, sendo medidas muitas vezes em ano-luz.

A *Voyager 1* é uma sonda espacial lançada em 1977. Em 2018, foi considerado o objeto mais distante já lançado pelo ser humano. Após mais de 40 anos de viagem, está a cerca de 0,002 ano-luz de distância do Sol, o equivalente a 140 UA ou 20,8 bilhões de quilômetros. Essa sonda é também a máquina mais veloz lançada da Terra, viajando a cerca de 61.200 km/h.

Se esse objeto espacial estivesse seguindo na direção da estrela *Proxima Centauri*, uma estrela relativamente próxima da Terra, chegaria lá em 75 mil anos. Até mesmo uma viagem para o planeta mais próximo à Terra, Vênus, à velocidade da *Voyager 1*, levaria quase 74 dias. Considerando que os objetos construídos pela humanidade têm velocidades baixíssimas se comparadas à velocidade da luz, viagens interplanetárias e interestelares com tripulação humana não são possíveis com a tecnologia disponível atualmente. Outros fatores que devem ser considerados para essas viagens são a longevidade das pessoas (um ser humano vive muito menos tempo do que o necessário para se deslocar 1 ano-luz) e os recursos necessários, como luz solar e alimentos.

ATITUDES PARA A VIDA

- **Pensar de maneira interdependente**

Realizar alguns objetivos, como fazer viagens interplanetárias, envolvem desenvolver novos conhecimentos e técnicas. Uma das maneiras mais eficientes de se fazer isso é pensar de maneira interdependente, ou seja, reunir pessoas com diferentes conhecimentos e habilidades para que elas debatam, trabalhem e aprendam umas com as outras, produzindo os novos conhecimentos necessários.

SAIBA MAIS!

Diversos meteoritos encontrados na superfície da Terra apresentam aminoácidos de origem extraterrestre, indicando que também existem compostos orgânicos no espaço. Na atmosfera de Titã, satélite natural de Saturno, alguns compostos orgânicos foram detectados. Outros indicadores de vida são a detecção de oxigênio e de dióxido de carbono, materiais resultantes de reações químicas produzidas por seres vivos.

Aminoácidos: moléculas orgânicas que formam longas cadeias, constituindo moléculas maiores e mais complexas.

Meteorito marciano ALH84001, achado na Antártida em 1984. Alguns de seus estudiosos encontraram microfósseis de seres vivos, mas essas descobertas não foram aceitas por todos e são objeto de muita discussão. Foram encontradas partículas orgânicas no meteorito, mas não é possível afirmar se elas são provenientes de seres vivos ou de processos inorgânicos.

COLETIVO CIÊNCIAS

A Astrobiologia

Com um Universo tão grande, fica difícil definir para onde apontar as lentes dos telescópios na busca por vida extraterrestre. Para essa tarefa, criou-se um novo campo de pesquisa – a **Astrobiologia** –, uma área recente que se dedica a entender a origem, a evolução e o futuro da vida.

Uma importante característica da Astrobiologia é seu caráter interdisciplinar, pois conta com físicos, químicos, biólogos, astrônomos, enfim, pessoas com interesse em entender como a vida surgiu e evoluiu neste planeta e quais lugares do Universo podemos procurar por ela. Além das buscas por vida extraterrestre, a Astrobiologia também visa entender como a vida se adaptou na Terra, a fim de compreender as condições para ela se manifestar fora dela.

Astrobiólogos usam diversas ferramentas e evidências indiretas para procurar vida, e a grande diversidade de profissionais que trabalham nessa área ajuda a interpretar diferentes dados e a relacioná-los com evidências de vida, como presença de alguns gases, temperaturas etc.

Trilha de estudo

Vai estudar? Nosso assistente virtual no *app* pode ajudar!
<http://mod.lk/tr9u08>

DE OLHO NO TEMA

- Os astrônomos se dedicam a procurar planetas fora do Sistema Solar desde o final do século XX. Uma das motivações desses cientistas é a possibilidade de encontrar um sistema planetário semelhante ao Sistema Solar e que poderia ser habitado por seres humanos. Faça uma lista de características que relacionem a viabilidade da sobrevivência humana fora da Terra, com base nas condições necessárias à vida, nas características dos planetas e na ordem de grandeza das medidas astronômicas.

ATIVIDADES — TEMAS 4 E 5

ORGANIZAR O CONHECIMENTO

1. O que é evolução estelar?
2. Onde as estrelas se formam?
3. O que é a sequência principal na evolução estelar? Quais são as características de estrelas nessa fase?
4. Como a proximidade do Sol influencia a presença de vida em um planeta?
5. O que aconteceria com os planetas se, de alguma maneira, eles se aproximassem do Sol?

ANALISAR

6. Reescreva as afirmações erradas, corrigindo-as.
    a) Os estágios finais da evolução estelar dependem da quantidade de planetas que o sistema tem.
    b) O Sol, após passar pela fase de gigante vermelha, terminará sua vida como um planeta.
    c) Como indício de vida em um planeta, os pesquisadores procuram por água no estado líquido.

7. Observe a tirinha e responda às questões:

   a) Existe alguma chance de o Sol "apagar"?
   b) Que fenômenos naturais podem explicar as observações do personagem?
   c) É correta a preocupação do personagem de que, se o Sol apagar, a Terra vire uma bola de gelo?
   d) O Sol passará por mudanças que afetarão a Terra, mas só ocorrerão daqui a mais de um bilhão de anos. Você acha necessário se preocupar com essas mudanças?

8. Que tipo de evidência encontrada em um planeta longínquo pode indicar a presença de:
    a) vida?   b) plantas?   c) sociedades desenvolvidas?

COMPARTILHAR

9. Para um astronauta poder embarcar, ele deve passar por um intenso treinamento físico. Isso ocorre porque o corpo enfrentará condições de gravidade, temperatura, intensidade de luz solar, entre outras, a que jamais foi exposto. Faça o que se pede.
    a) Em grupo, pesquisem sobre os efeitos no corpo humano de astronautas em missões espaciais de longa duração.
    b) Produzam um infográfico representando ao menos cinco desses efeitos.
    c) Elaborem um texto de divulgação científica, explicando as consequências da permanência no espaço sobre o corpo e quais são as formas que os astronautas encontram para minimizá-las. Divulguem no *site* da escola ou no *blog* da turma.

PENSAR CIÊNCIA

Jardim espacial

Em 2016, um astronauta na Estação Espacial Internacional (ISS) divulgou a foto de uma flor de zínia (*Zinnia elegans*) de pétalas laranjas e com a Terra ao fundo. A história dessa flor começou em 16 de novembro de 2015, quando o astronauta estadunidense Kjell Lindgren (1979-) iniciou o suprimento de água e a iluminação com luzes LED para sementes de zínia, que estavam embaladas com um substrato semelhante ao solo.

Para conseguir cultivar plantas fora da Terra, foi realizado um experimento em uma estufa, que simula condições de iluminação, vento e umidade necessárias para as plantas crescerem. Após um tempo, o astronauta notou que as plantas não estavam muito bem. Foi então que a equipe do experimento que estava dando o apoio necessário aqui da Terra elaborou um guia simplificado de jardinagem para o astronauta. Logo, a rega foi ajustada e, em 12 de janeiro de 2016, surgiram os primeiros botões de flor.

Foi a primeira vez que um experimento de cultivo de flores foi feito em um laboratório em órbita.

Flor de zínia cultivada na Estação Espacial Internacional (ISS) em 2016. Cientistas têm feito estudos para criar plantas fora da Terra desde a década de 1970.

Astronauta Scott Kelly (1964-) avaliando o crescimento das zínias na Estação Espacial Internacional. Esse experimento fornece informações importantes sobre um possível cultivo de vegetais em ambiente extraterrestre.

ATIVIDADES

1. Que condições precisam ser estabelecidas para cultivar plantas fora da Terra?
2. Pesquise sobre outros estudos desenvolvidos no espaço e quais foram as principais informações obtidas com os resultados. Esses estudos tem algum impacto na vida das pessoas na Terra?

ATITUDES PARA A VIDA

Os limites da ciência

Vamos mesmo morar em Marte?

[...] Há muito se fala de colonizar Marte, é verdade, mas até pouco tempo o assunto parecia papo de ficção científica. Isso mudou: nunca estivemos tão perto de habitar de fato o planeta vermelho. "Vamos colonizar Marte, e não serão apenas alguns astronautas, mas milhares de pessoas", disse a GALILEU o pesquisador Stephen Petranek, autor do livro *How we'll live on Mars* ("Como viveremos em Marte", em tradução livre) [...]

"O sistema solar não tem vida infinita; o Sol vai começar a morrer daqui a alguns bilhões de anos, e será o nosso fim", disse Petranek. "Precisamos chegar a Marte e aprender a viver num ambiente hostil antes de conseguir sair deste sistema."

A julgar pelas condições naturais, não será tarefa fácil: a atmosfera de Marte é composta por 96% de CO_2. Para se ter uma ideia, com apenas 1% de dióxido de carbono no ar o ser humano começa a sentir tontura. Numa quantidade dez vezes maior, causa asfixia. Sem falar que não existe água na forma líquida na superfície. Ou seja, para sobreviver em solo marciano é preciso fazer uma série de adaptações que tornem a vida minimamente possível. Uma das invenções criadas com esse fim é o Moxie, aparelho produzido pelo Instituto de Tecnologia de Massachusetts (MIT) que transforma dióxido de carbono em oxigênio e que será testado *in loco* pela Nasa em 2020.

Paisagem marciana. O terreno de Marte é bastante hostil. Com 96% de CO_2 na sua atmosfera, respirar por lá é impossível. Combinação de fotos tiradas pelo robô *Curiosity*.

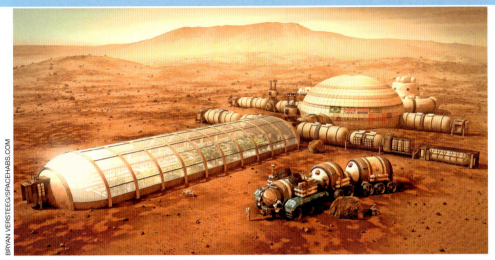

Representação de uma possível instalação humana para colonizar Marte.

[...] As ideias sobre colonização soariam disparatadas se Petranek não estivesse usando como fonte um dos mais surpreendentes empresários da atualidade, o bilionário Elon Musk. Aos 43 anos, o sul-africano já criou [...] a SpaceX. Em dez anos de existência, a empresa espacial transformou-se na primeira companhia privada a mandar uma nave para a Estação Espacial Internacional, façanha realizada em 2012. [...]

[...] A busca pela colonização de Marte não é unanimidade na comunidade científica. Uma das vozes contrárias é a de Nathalie Cabrol, integrante do time da Nasa que organiza as missões a Marte [...] "Não há salvação em Marte, que é apenas uma parte do nosso processo de crescimento para treinar a humanidade para tornar-se uma espécie interestelar." [...]

Fonte: EXABELLA, F. Vamos mesmo morar em Marte? *Galileu*. Disponível em: <http://mod.lk/nfy7y>. Acesso em: jul. 2018.

TROCAR IDEIAS SOBRE O TEMA

1. O investimento em pesquisas para colonizar outros planetas é alto. Que objetivos estão envolvidos nessas pesquisas? Que problemas existentes na Terra motivam esse investimento?

2. Algumas pesquisas fornecem informações que podem não ser aplicadas imediatamente. É mais simples ver os benefícios a curto prazo de pesquisar a cura para uma doença do que possíveis aplicações relacionadas a descobertas em Marte. Podemos perceber com facilidade as vantagens de estudar o cuidado com a água do próprio planeta, que está sofrendo com poluição e desperdício; não vemos tão claramente os benefícios de buscar água em outros planetas, o que pode parecer até incoerente para muitas pessoas.

   Converse com os colegas e discutam os pontos positivos e negativos de investir em pesquisas relacionadas ao espaço. Para a discussão, procurem pesquisar, coletar informações e **pensar com flexibilidade**, avaliando cada ponto por diferentes ângulos.

COMO EU ME SAÍ?

- Procurei pensar com flexibilidade ao expor meus pontos de vista sobre as questões propostas?
- Considerei argumentos e fatos contrários ao que já sabia sobre o assunto?

COMPREENDER UM TEXTO
BRASILEIRA INVESTIGA O MAIOR MISTÉRIO DO UNIVERSO: ENERGIA ESCURA

Brasileira investiga o maior mistério do universo: energia escura

[...]

A astrônoma brasileira [Marcelle Soares-Santos] não chega a ser uma celebridade, mas em 2014 teve seus 15 minutos de fama virtual pela primeira vez. "Tudo começou com um prêmio que eu ganhei nos EUA na época do meu pós-doutorado", ela contou. "Divulgaram nas redes sociais e teve uma repercussão grande. Até então eu tinha meia dúzia de contatos." Agora são 1.163 – até eu já enviei uma solicitação de amizade.

A pesquisadora passou a infância em Manaus e fez graduação em física na Universidade Federal do Espírito Santo (UFES). Daí em diante sua carreira foi – com o perdão do trocadilho – astronômica. Viajou para São Paulo para fazer mestrado na USP, e passou parte de seu doutorado no Fermilab, um dos maiores e mais importantes laboratórios de física de partículas do mundo. Mandou tão bem em Illinois, nos EUA, que ficou por lá mesmo.

Hoje, Marcelle é a única brasileira de uma colaboração científica internacional chamada *Dark Energy Survey* (DES) [...]. Sua rotina é criar um mapa dos céus – e depois usar a posição de centenas de milhões de galáxias para responder a uma pergunta fundamental para a compreensão do universo: por que ele está em expansão; e o que faz com que ele cresça sem parar, cada vez mais rápido, afastando esses aglomerados de estrelas uns dos outros.

Vista aérea do Fermilab em 1999. O projeto e suas instalações se modificaram ao longo dos anos e passaram a contar com o apoio de uma cientista brasileira.

Quem tem culpa no cartório, nesse caso, é a tal energia escura (*dark energy*) que dá nome ao projeto. Ela é algo misterioso, invisível e indetectável que corresponde a 70% de tudo que existe, e sua influência vence até a própria força da gravidade – motivo pelo qual o universo infla, em vez de encolher. "Esse fenômeno não tem explicação dentro da física que a gente aplica no dia a dia. A ideia é que o espaço supostamente vazio em torno de galáxias na verdade não está tão vazio assim", explica a pesquisadora. "Isso é algo novo para nós e importante para o universo, mas não sabemos nada a respeito. É quase filosofia."

Marcelle, portanto, é uma detetive, e a identidade de seu investigado é uma das charadas mais difíceis do cosmos. Para medir a expansão do universo e chegar a uma resposta, ela precisa usar pontos de referência estáveis – da mesma forma que nós, ao apontar um objeto pequeno e distante na janela, usamos um prédio ou montanha característicos para a outra pessoa localizá-lo com mais facilidade. [...]

"Para medir as taxas de expansão, você precisa medir a variação de distância entre objetos em função do tempo. É muito difícil medir distâncias, então nós usamos indicadores. Supernovas, por exemplo, são indicadores de distância excelentes, porque têm luminosidade padrão. Se você observar duas supernovas iguais e uma estiver com metade do brilho da outra, você saberá também que ela está quatro vezes mais distante."

[...]

Fonte: VAIANO, B. Brasileira investiga o maior mistério do Universo. *Superinteressante*. Disponível em: <http://mod.lk/jziqw>. Acesso em: jul. 2018.

Imagem da galáxia NGC 1277 obtida pelo telescópio Hubble. Medições indicam que ela se move a cerca de 3 milhões de km por hora.

ATIVIDADES

OBTER INFORMAÇÕES

1. De acordo com o texto, o Universo está se expandindo ou se contraindo?

2. Qual é a importância do estudo da energia escura?

INTERPRETAR

3. Por que se utilizam supernovas para indicar a distância de objetos em expansão?

REFLETIR

4. Por que a autora associou a compreensão da energia escura com o aprendizado da Filosofia?

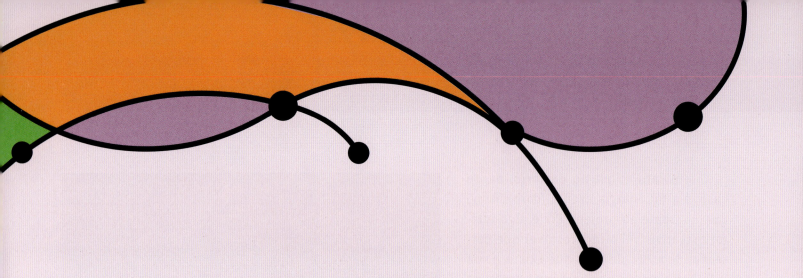

OFICINAS DE CIÊNCIAS

SUMÁRIO

Oficina 1. Mudanças de estados físicos 235

Oficina 2. Testando o pH do solo 236

Oficina 3. As ondas do rádio 237

Oficina 4. Características da transferência de energia luminosa 238

OFICINA 1 — MUDANÇAS DE ESTADOS FÍSICOS

Alguns materiais podem ser encontrados na natureza em três estados físicos (sólido, líquido e gasoso). Outros, no entanto, possuem temperaturas de fusão tão baixas ou de ebulição tão altas, que são encontrados apenas em um estado físico. Por exemplo, o gás nitrogênio, que é o maior constituinte do ar, tem temperatura de ebulição −195,8 °C. Portanto, não existe uma região do planeta tão fria na qual o nitrogênio possa ser encontrado no estado líquido.

Para compreendermos um pouco dos processos de refrigeração, vamos realizar um experimento de congelamento de dois líquidos: água de torneira e álcool 40%.

Objetivo

- Investigar as temperaturas de fusão da água de torneira e do álcool 40%. Identificar qual(is) dessas substâncias pode(m) ser congelada(s) em um *freezer* doméstico.

Material

- 2 copos descartáveis de plástico
- Proveta de 250 mL ou copo medidor
- 200 mL de água de torneira
- 200 mL de álcool 40%
- 2 etiquetas ou pedaços de fita-crepe
- *Freezer* doméstico

Procedimento

1. Com o auxílio da proveta ou do copo medidor, colete 200 mL de água de torneira.
2. Transfira a água para um copo de plástico. Identifique o copo com uma etiqueta ou fita-crepe escrita "água de torneira".
3. Seque a proveta ou o copo medidor.
4. Colete 200 mL de álcool 40% na proveta. Identifique o copo com uma etiqueta ou fita-crepe escrita "álcool 40%".
5. Transfira o álcool para outro copo de plástico.
6. Coloque os copos em um *freezer* doméstico.
7. Espere no mínimo 24 horas para observar o novo aspecto dos líquidos.

CUIDADO

O álcool 40% pode entrar em combustão se levado próximo a uma fonte de calor. Certifique-se de que não haja fontes de calor próximas ao copo de álcool 40% durante a realização do experimento.

ILUSTRAÇÕES: SAMUEL SILVA

ATIVIDADES

1. Quanto tempo você deixou os copos descartáveis no *freezer*?
2. Ao final desse tempo, algum dos líquidos mudou o seu estado físico? Se sim, qual?
3. Faça uma pesquisa e identifique as temperaturas de fusão da água e do álcool 40%. Sabendo que a temperatura alcançada por *freezers* domésticos está aproximadamente entre −15 e −20 °C, as informações obtidas na pesquisa são coerentes com o resultado da atividade?
4. Imagine que um grupo de estudantes se esqueceu de identificar os dois copos do experimento. O que esse grupo pode fazer para descobrir em quais copos foram adicionados a água e o álcool, sem utilizar um *freezer* doméstico?

OFICINA 2 — TESTANDO O PH DO SOLO

Solos levemente ácidos favorecem o crescimento das raízes de plantas e de microrganismos, como alguns fungos. A acidez do solo contribui no processo de dissolução das rochas, que liberam os íons minerais K^+, Mg^{2+}, Ca^{2+} e Mn^{2+}, nutrientes importantes para as plantas. Ela também aumenta a solubilidade de sais minerais, como os carbonatos, os sulfatos e os fosfatos, aumentando sua disponibilidade para as raízes.

Amostras de indicador ácido-base feito de repolho roxo em diferentes pHs: ácido (vermelho e rosa), neutro (roxo) e básico (verde e amarelo).

Algumas plantas se desenvolvem melhor em solo neutro ou alcalino (básico). Para corrigir a acidez do solo em campos agrícolas, costuma-se aplicar calcário em pó e, assim, garantir uma boa produção de vegetais.

Objetivo
- Identificar o pH de uma amostra de solo.

Material
- Amostra de solo
- Indicador natural de pH, feito com repolho roxo, preparado para a atividade da página 67
- Água destilada
- 2 béqueres de 300mL ou copos medidores
- Bastão de vidro (ou colher de sopa)
- Funil
- Papel de filtro

Procedimento
1. Adicione a amostra de solo a um béquer (ou copo medidor) de 300 mL.
2. Adicione água destilada até a metade do béquer e mexa o líquido com o bastão de vidro (ou com uma colher de sopa).
3. Deixe a mistura decantar e filtre-a com o auxílio do funil e do papel de filtro, recolhendo o material filtrado em outro béquer.
4. Adicione algumas gotas do indicador natural de pH feito com repolho roxo.
5. Analise a cor do indicador.

ATIVIDADES

1. Faça uma tabela em seu caderno com as cores e os respectivos valores de pH do indicador natural. Em seguida, utilize essa tabela para indicar o caráter ácido ou básico da amostra de solo que você recolheu.
2. Faça uma pesquisa e identifique alguns exemplos de plantas que se desenvolvem bem na amostra de solo analisada, considerando seu caráter ácido-básico.
3. Como você faria para tornar neutro o pH de um solo ácido? E o de um solo básico?

OFICINA 3 — AS ONDAS DO RÁDIO

As ondas eletromagnéticas possuem ampla aplicação nos diversos setores de tecnologia. Diariamente utilizamos as ondas eletromagnéticas quando aquecemos a comida no forno de micro-ondas ou falamos nos celulares. As ondas são especialmente importantes na área de comunicação, pois são o meio pelo qual as informações são transmitidas. Os rádios, por exemplo, captam as ondas eletromagnéticas enviadas pelas emissoras e transformam essa informação em sons.

Objetivo

- Verificar como diferentes materiais interferem na transmissão de ondas eletromagnéticas.

Material

- Um rádio portátil pequeno com pilhas
- 1 embalagem do tipo "longa vida" (grande o suficiente para caber o rádio dentro)
- 1 tesoura com pontas arredondadas
- 1 caixa de sapato de papelão com tampa
- Papel-alumínio ou uma panela com tampa feita de metal

Procedimento

1. Ligue o rádio e sintonize-o em uma frequência de seu gosto. Ajuste o volume para que seja possível ouvir o rádio mesmo tampando a saída de som com as mãos.

2. Coloque o rádio dentro da caixa de sapato e feche-a com a tampa. Anote o que ocorreu. Em seguida, retire o rádio da caixa.

3. Com a tesoura de pontas arredondadas, faça uma abertura na parte superior da caixa tipo "longa vida" e coloque o rádio ligado e sintonizado dentro dela. Feche a abertura por onde o rádio foi inserido. Registre o que ocorreu e retire o rádio da embalagem.

4. Para finalizar, embrulhe o rádio ligado com o papel alumínio, cobrindo inclusive a antena, ou coloque o rádio no interior da panela e feche-a com a tampa. Anote o que ocorreu.

ATIVIDADES

1. Com base nas suas anotações, escreva uma pequena narrativa sobre os procedimentos realizados, descrevendo o que aconteceu nas diferentes situações. Tome cuidado para diferenciar som abafado de falhas de funcionamento.

2. O rádio deixou de funcionar em alguma situação? Quais delas?

3. Observe o revestimento interno da embalagem tipo "longa vida". Seu revestimento pode estar relacionado com o que foi observado no experimento?

4. Elabore uma hipótese para o que aconteceu, tentando propor um princípio geral que explique os resultados nas três situações estudadas.

OFICINA 4: CARACTERÍSTICAS DA TRANSFERÊNCIA DE ENERGIA LUMINOSA

A incidência de radiação eletromagnética em um corpo pode ter influência na sua temperatura. Isso ocorre porque o corpo absorve parte da radiação incidente. É assim que ocorre grande parte da transferência de energia do Sol para os planetas do Sistema Solar.

Objetivo

- Relacionar a influência da distância do Sol na temperatura dos planetas do Sistema Solar ao efeito da distância na transferência de calor de uma fonte luminosa para um detector.

Material

- Termômetro
- Cartolina preta
- Caixa de papelão
- Tesoura com pontas arredondadas
- Fita adesiva
- Bico de Bunsen ou lamparina de chama forte
- Régua de 60 cm
- Folha de papel quadriculado ou milimetrado

Procedimento

1. O professor recortará um retângulo de cartolina preta e fixará o termômetro a ele com a fita adesiva, conforme indicado a seguir; o bulbo do termômetro deve estar sobre a área preta da cartolina e a fita adesiva não deve cobri-lo. Esse conjunto será preso à caixa de papelão de maneira que o bulbo do termômetro esteja na mesma altura que a chama do bico de Bunsen ou da lamparina.

Termômetro fixado ao retângulo de cartolina preta. Observe que o bulbo do termômetro não está coberto pela fita e localiza-se sobre o cartão preto.

2. Sobre uma mesa, o professor posicionará o bico de Bunsen ou a lamparina na posição "zero" da régua, como mostrado a seguir.
3. O professor posicionará o termômetro verticalmente na posição 20 cm.
4. O professor ligará o bico de Bunsen ou a lamparina e esperará de 10 a 15 minutos. Anote a temperatura obtida.
5. O professor repetirá os procedimentos 3 e 4 sucessivamente para as distâncias 30, 40 e 50 cm. Anote as temperaturas obtidas.

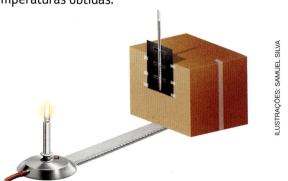

Arranjo experimental. A fonte de calor é posicionada sobre o "zero" da escala da régua. O termômetro é mantido na posição vertical.

ATIVIDADES

1. Como varia a temperatura indicada pelo termômetro de acordo com a distância da chama?

2. Faça um gráfico da temperatura do termômetro (em °C) em função da distância (em cm), em uma folha de papel quadriculado ou milimetrado. Com esse gráfico em mãos é possível estimar a temperatura do termômetro que seria obtida quando ele estivesse a uma distância de 10 cm da fonte de radiação?

3. No Sistema Solar, o papel da chama é desempenhado pelo Sol, que emite energia. Pesquise sobre a temperatura média dos planetas do Sistema Solar. Considerando esses dados, pode-se dizer que a temperatura dos planetas do Sistema Solar se correlaciona com a distância destes em relação ao Sol? Busque informações sobre outros efeitos que podem influenciar a temperatura superficial dos planetas.

FIQUE POR DENTRO

CENTROS E MUSEUS DE CIÊNCIA

- **Associação Brasileira de Centros e Museus de Ciência**
  <http://www.abcmc.org.br>

- **Casa da Ciência**
  Centro Cultural de Ciência e Tecnologia da Universidade Federal do Rio de Janeiro (UFRJ)
  Rio de Janeiro, RJ
  <http://www.casadaciencia.ufrj.br>

- **Centro Cultural Ministério da Saúde**
  Rio de Janeiro, RJ
  <http://www.ccs.saude.gov.br>

- **Centro de Divulgação Científica e Cultural (CDCC)**
  Universidade de São Paulo – São Carlos, SP
  <www.cdcc.sc.usp.br>

- **Espaço Ciência**
  Secretaria de Ciência, Tecnologia e Meio Ambiente
  Olinda, PE
  <http://www.espacociencia.pe.gov.br>

- **Instituto de Ciências Biológicas – UFMG**
  Belo Horizonte, MG
  <https://www.ufmg.br/rededemuseus/mcm/>

- **Museu de Astronomia e Ciências e Afins – Mast**
  Ministério da Ciência e Tecnologia – Rio de Janeiro, RJ
  <www.mast.br>

- **Museu Catavento**
  Catavento Cultural e Educacional – São Paulo, SP
  <http://www.cataventocultural.org.br/>

- **Museu da Vida**
  Rio de Janeiro, RJ
  <http://www.museudavida.fiocruz.br>

- **Museu de Ciência e Técnica**
  Escola de Minas da Universidade Federal de Ouro Preto
  Ouro Preto, MG
  <http://www.museu.em.ufop.br/museu/>

- **Museu de Ciência & Tecnologia**
  Pontifícia Universidade Católica do Rio Grande do Sul
  Porto Alegre, RS
  <http://www.pucrs.br/mct/>

- **Museu de Geologia**
  Serviço Geológico do Brasil – Porto Alegre, RS
  <http://www.cprm.gov.br>

- **Museu Dinâmico Interdisciplinar**
  Universidade Estadual de Maringá – Maringá, PR
  <http://www.mudi.uem.br>

- **Museu do Amanhã**
  Prefeitura do Rio de Janeiro
  Rio de Janeiro, RJ
  <https://museudoamanha.org.br/pt-br>

- **Museu do Homem Americano**
  Fundação Museu do Homem Americano (FUMDHAM)
  São Raimundo Nonato, PI
  <http://www.fumdham.org.br/>

- **Museu Exploratório de Ciências**
  Universidade Estadual de Campinas
  Campinas, SP
  <http://www.mc.unicamp.br/>

- **Museu Geológico Valdemar Lefèvre**
  Instituto Geológico – São Paulo, SP
  <http://www.mugeo.sp.gov.br>

- **Museu Interativo da Física**
  Universidade Federal do Pará, Departamento de Física
  Belém, PA
  <http://www.ufpa.br/mif/equipe.htm>

- **Museu Paraense Emílio Goeldi**
  Belém, PA
  <http://www.museu-goeldi.br>

- **Planetário**
  Universidade Federal de Goiás – Goiânia, GO
  <http://www.planetario.ufg.br>

- **Planetário Aristóteles Orsini**
  Secretaria Municipal do Verde e do Meio Ambiente
  São Paulo, SP
  <www.prefeitura.sp.gov.br/planetarios>

- **Planetário Espaço Cultural**
  Espaço Cultural José Lins do Rego – João Pessoa, PB
  <http://funesc.pb.gov.br/?p=130>

- **Planetário de Londrina**
  Universidade Estadual de Londrina – Londrina, PR
  <www.uel.br/planetario>

- **Parque Viva a Ciência**
  Universidade Federal de Santa Catarina
  Florianópolis, SC
  <http://vivaciencia.ufsc.br>

- **Usina Ciência**
  Universidade Federal de Alagoas – Maceió, AL
  <http://www.usinaciencia.ufal.br>

Acessos em: jul. 2018

REFERÊNCIAS BIBLIOGRÁFICAS

AHLGREN, A.; RUTHERFORD, F. J. *Ciência para todos*. Lisboa: Gradiva, 1995.

ATKINS, P.; JONES, L. *Princípios de Química*: questionando a vida moderna e o meio ambiente. 5. ed. Porto Alegre: Bookman, 2012.

BENJAMIN, C. (Ed.). *Dicionário de biografias científicas*. Rio de Janeiro: Contraponto, 2007.

BLOOMFIELD, L. A. *How things work*: the physics of everyday life. 4. ed. Nova York: John Wiley & Sons, 2009.

BODANIS, David. *Universo elétrico*: a impressionante história da eletricidade. Rio de Janeiro: Record, 2008.

BRAGA, M.; GUERRA, A.; REIS, J. C. *Breve História da Ciência Moderna*: das luzes ao sonho do doutor Frankenstein (séc. XIX). Rio de Janeiro: Zahar, 2007. v. 3.

BROCKMAN, J.; MATSON, K. *As coisas são assim*: pequeno repertório científico do que nos cerca. Trad. Diogo Mayer e Suzana Sturlini Couto. São Paulo: Companhia das Letras, 1997.

BROWN, T. L.; LE MAY JR., H. E.; BURSTEN, B. E. *Química*: a ciência central. 9. ed. Trad. Robson Matos. São Paulo: Prentice Hall, 2008.

CAMPBELL, N. A. et al. *Biology*: concepts and connections. 6. ed. São Francisco: Benjamin Cummings, 2010.

CAMPBELL, N. A.; REECE, J. B. *Biology*. 10. ed. São Francisco: Benjamin Cummings, 2013.

CANIATO, R. *O céu*. Campinas: Átomo, 2011.

CHASSOT, A. *A ciência através dos tempos*. 4. ed. São Paulo: Moderna, 2004. (Col. Polêmica)

DOW, K.; DOWNING, T. E. *O atlas da mudança climática*: o mapeamento completo do maior desafio do planeta. São Paulo: PubliFolha, 2007.

EMSLEY, J. *Nature's building blocks*. Nova York: Oxford University Press, 2011.

ENCICLOPÉDIA DO ESTUDANTE. *Física pura e aplicada*: dos modelos clássicos aos quanta. São Paulo: Moderna, 2008. v. 10.

FUTUYMA, D. J. *Biologia evolutiva*. 3. ed. Ribeirão Preto: Funpec, 2009.

HALLIDAY, D.; RESNICK, R.; WALKER, J. *Fundamentos da física*. Rio de Janeiro: LTC, 2012.

HEWITT, P. G. *Física conceitual*. 11. ed. Trad. Trieste Freire Ricci e Maria Helena Fravina. Porto Alegre: Bookman, 2011.

HORGAN, J. *O fim da ciência*: uma discussão sobre os limites do conhecimento científico. São Paulo: Companhia das Letras, 1998.

KELLER, E. F. *The century of the gene*. Cambridge: Harvard University Press, 2002.

LEVI, P. *A tabela periódica*. Rio de Janeiro: Relume-Dumará, 2001.

LIMA, M. E. C. C.; AGUIAR JR., O. G.; BRAGA, S. A. M. *Aprender ciências*: um mundo de materiais. Belo Horizonte: UFMG, 2004.

MEYER, D.; EL-HANI, C. N. *Evolução*: o sentido da Biologia. São Paulo: Editora Unesp, 2005.

MINISTÉRIO DA EDUCAÇÃO E CULTURA; INSTITUTO NACIONAL DE ESTUDOS E PESQUISAS EDUCACIONAIS. Saeb *Sistema de Avaliação de Educação Básica*. 2. ed. Brasília: MEC/SEF, 1999.

MOURÃO, R. R. F. *Atlas celeste*. 8. ed. Petrópolis: Vozes, 1997.

NUSSENZVEIG, H. M. *Curso de Física básica*. São Paulo: Blucher, 2013.

OLIVEIRA FILHO, K. S.; SARAIVA, M. F. O. *Astronomia & Astrofísica*. 3. ed. São Paulo: Editora Livraria da Física, 2013.

PARKER, S. *The human body book*: an illustrated guide to its structure, function and disorders. Londres: Dorling Kindersley, 2007.

PIANKA, E. R. *Evolutionary ecology*. 6. ed. Nova York: Harper Collins, 1999.

POSTLETWAIT, J. H.; HOPSON, J. L. *The nature of life*. 3. ed. Nova York: McGraw-Hill, 1995.

RIDLEY, M. *Evolução*. 3. ed. Trad. Henrique Ferreira, Luciane Passaglia e Rivo Fischer. Porto Alegre: Artmed, 2006.

_____. *O que nos faz humanos*: gene, natureza e experiência. São Paulo: Record, 2004.

ROBERTIS, E. M. F. de; HIB, J. *Bases da Biologia celular e molecular*. Rio de Janeiro: Guanabara Koogan, 2006.

RUSSEL, J. B. *Química geral*. 2. ed. São Paulo: Makron Books, 1994. v. 1 e 2.

SANTOS, C. A. (Org.) *Energia e matéria*. Da fundamentação conceitual às aplicações tecnológicas. São Paulo: Editora da Livraria da Física, 2015.

SANTOS, S. *Evolução biológica*: ensino e aprendizagem no cotidiano de sala de aula. São Paulo: Annablume, 2002.

SECRETARIA DE ESTADO DA EDUCAÇÃO DE SÃO PAULO. *Prática pedagógica* – Biologia e Química. São Paulo: SE/Cenp, 1997. v. 1.

_____. *Prática pedagógica* – Ciências – Ensino Fundamental. São Paulo: SE/Cenp, 1997. v. 1.

_____. *Currículo do Estado de São Paulo*: Ciências da Natureza e suas tecnologias. 1. ed. São Paulo: SE, 2011. 152 p.

TIME LIFE. *Evolução da vida*. Rio de Janeiro: Abril, 1996. (Col. Ciência e Natureza)

TIPLER, P. A.; MOSCA, G. P. *Physics for scientists and engineers*. 6. ed. Basingstoke: W. H. Freeman, 2009.

VANIN, J. A. *Alquimistas e químicos*: o passado, o presente e o futuro. São Paulo: Moderna, 2005. (Col. Polêmica)

WEAST, R. C. (Ed.). *CRC Handbook of Chemistry and Physics*. 70. ed. Boca Raton: CRC Press, 1989.

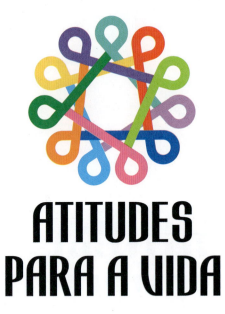

ATITUDES PARA A VIDA

As *Atitudes para a vida* são comportamentos que nos ajudam a resolver as tarefas que surgem todos os dias, desde as mais simples até as mais desafiadoras. São comportamentos de pessoas capazes de resolver problemas, de tomar decisões conscientes, de fazer as perguntas certas, de se relacionar bem com os outros e de pensar de forma criativa e inovadora.

As atividades que apresentamos a seguir vão ajudá-lo a estudar os conteúdos e a resolver as atividades deste livro, incluindo as que parecem difíceis demais em um primeiro momento.

Toda tarefa pode ser uma grande aventura!

PERSISTIR

Muitas pessoas confundem persistência com insistência, que significa ficar tentando e tentando e tentando, sem desistir. Mas persistência não é isso! Persistir significa buscar estratégias diferentes para conquistar um objetivo.

Antes de desistir por achar que não consegue completar uma tarefa, que tal tentar outra alternativa?

Algumas pessoas acham que atletas, estudantes e profissionais bem-sucedidos nasceram com um talento natural ou com a habilidade necessária para vencer. Ora, ninguém nasce um craque no futebol ou fazendo cálculos ou sabendo tomar todas as decisões certas. O sucesso muitas vezes só vem depois de muitos erros e muitas derrotas. A maioria dos casos de sucesso é resultado de foco e esforço.

Se uma forma não funcionar, busque outro caminho. Você vai perceber que desenvolver estratégias diferentes para resolver um desafio vai ajudá-lo a atingir os seus objetivos.

CONTROLAR A IMPULSIVIDADE

Quando nos fazem uma pergunta ou colocam um problema para resolver, é comum darmos a primeira resposta que vem à cabeça. Comum, mas imprudente.

Para diminuir a chance de erros e de frustrações, antes de agir devemos considerar as alternativas e as consequências das diferentes formas de chegar à resposta. Devemos coletar informações, refletir sobre a resposta que queremos dar, entender bem as indicações de uma atividade e ouvir pontos de vista diferentes dos nossos.

Essas atitudes também nos ajudarão a controlar aquele impulso de desistir ou de fazer qualquer outra coisa para não termos que resolver o problema naquele momento. Controlar a impulsividade nos permite formar uma ideia do todo antes de começar, diminuindo os resultados inesperados ao longo do caminho.

ESCUTAR OS OUTROS COM ATENÇÃO E EMPATIA

Você já percebeu o quanto pode aprender quando presta atenção ao que uma pessoa diz? Às vezes recebemos importantes dicas para resolver alguma questão. Outras vezes, temos grandes ideias quando ouvimos alguém ou notamos uma atitude ou um aspecto do seu comportamento que não teríamos percebido se não estivéssemos atentos.

Escutar os outros com atenção significa manter-nos atentos ao que a pessoa está falando, sem estar apenas esperando que pare de falar para que possamos dar a nossa opinião. E empatia significa perceber o outro, colocar-nos no seu lugar, procurando entender de verdade o que está sentindo ou por que pensa de determinada maneira.

Podemos aprender muito quando realmente escutamos uma pessoa. Além do mais, para nos relacionar bem com os outros — e sabemos o quanto isso é importante —, precisamos prestar atenção aos seus sentimentos e às suas opiniões, como gostamos que façam conosco.

PENSAR COM FLEXIBILIDADE

Você conhece alguém que tem dificuldade de considerar diferentes pontos de vista? Ou alguém que acha que a própria forma de pensar é a melhor ou a única que existe? Essas pessoas têm dificuldade de pensar de maneira flexível, de se adaptar a novas situações e de aprender com os outros.

Quanto maior for a sua capacidade de ajustar o seu pensamento e mudar de opinião à medida que recebe uma nova informação, mais facilidade você terá para lidar com situações inesperadas ou problemas que poderiam ser, de outra forma, difíceis de resolver.

Pensadores flexíveis têm a capacidade de enxergar o todo, ou seja, têm uma visão ampla da situação e, por isso, não precisam ter todas as informações para entender ou solucionar uma questão. Pessoas que pensam com flexibilidade conhecem muitas formas diferentes de resolver problemas.

 IV Atitudes para a vida

ESFORÇAR-SE POR EXATIDÃO E PRECISÃO

Para que o nosso trabalho seja respeitado, é importante demonstrar compromisso com a qualidade do que fazemos. Isso significa conhecer os pontos que devemos seguir, coletar os dados necessários para oferecer a informação correta, revisar o que fazemos e cuidar da aparência do que apresentamos.

Não basta responder corretamente; é preciso comunicar essa resposta de forma que quem vai receber e até avaliar o nosso trabalho não apenas seja capaz de entendê-lo, mas também que se sinta interessado em saber o que temos a dizer.

Quanto mais estudamos um tema e nos dedicamos a superar as nossas capacidades, mais dominamos o assunto e, consequentemente, mais seguros nos sentimos em relação ao que produzimos.

QUESTIONAR E LEVANTAR PROBLEMAS

Não são as respostas que movem o mundo, são as perguntas.

Só podemos inovar ou mudar o rumo da nossa vida quando percebemos os padrões, as incongruências, os fenômenos ao nosso redor e buscamos os seus porquês.

E não precisa ser um gênio para isso, não! As pequenas conquistas que levaram a grandes avanços foram — e continuam sendo — feitas por pessoas de todas as épocas, todos os lugares, todas as crenças, os gêneros, as cores e as culturas. Pessoas como você, que olharam para o lado ou para o céu, ouviram uma história ou prestaram atenção em alguém, perceberam algo diferente, ou sempre igual, na sua vida e fizeram perguntas do tipo "Por que será?" ou "E se fosse diferente?".

Como a vida começou? E se a Terra não fosse o centro do universo? E se houvesse outras terras do outro lado do oceano? Por que as mulheres não podiam votar? E se o petróleo acabasse? E se as pessoas pudessem voar? Como será a Lua?

E se...? (Olhe ao seu redor e termine a pergunta!)

Atitudes para a vida

APLICAR CONHECIMENTOS PRÉVIOS A NOVAS SITUAÇÕES

Esta é a grande função do estudo e da aprendizagem: sermos capazes de aplicar o que sabemos fora da sala de aula. E isso não depende apenas do seu livro, da sua escola ou do seu professor; depende da sua atitude também!

Você deve buscar relacionar o que vê, lê e ouve aos conhecimentos que já tem. Todos nós aprendemos com a experiência, mas nem todos percebem isso com tanta facilidade.

Devemos usar os conhecimentos e as experiências que vamos adquirindo dentro e fora da escola como fontes de dados para apoiar as nossas ideias, para prever, entender e explicar teorias ou etapas para resolver cada novo desafio.

PENSAR E COMUNICAR-SE COM CLAREZA

Pensamento e comunicação são inseparáveis. Quando as ideias estão claras em nossa mente, podemos nos comunicar com clareza, ou seja, as pessoas nos entendem melhor.

Por isso, é importante empregar os termos corretos e mais adequados sobre um assunto, evitando generalizações, omissões ou distorções de informação. Também devemos reforçar o que afirmamos com explicações, comparações, analogias e dados.

A preocupação com a comunicação clara, que começa na organização do nosso pensamento, aumenta a nossa habilidade de fazer críticas tanto sobre o que lemos, vemos ou ouvimos quanto em relação às falhas na nossa própria compreensão, e poder, assim, corrigi-las. Esse conhecimento é a base para uma ação segura e consciente.

IMAGINAR, CRIAR E INOVAR

Tente de outra maneira! Construa ideias com fluência e originalidade!

Todos nós temos a capacidade de criar novas e engenhosas soluções, técnicas e produtos. Basta desenvolver nossa capacidade criativa.

Pessoas criativas procuram soluções de maneiras distintas. Examinam possibilidades alternativas por todos os diferentes ângulos. Usam analogias e metáforas, se colocam em papéis diferentes.

Atitudes para a vida

Ser criativo é não ser avesso a assumir riscos. É estar atento a desvios de rota, aberto a ouvir críticas. Mais do que isso, é buscar ativamente a opinião e o ponto de vista do outro. Pessoas criativas não aceitam o *status quo*, estão sempre buscando mais fluência, simplicidade, habilidade, perfeição, harmonia e equilíbrio.

ASSUMIR RISCOS COM RESPONSABILIDADE

Todos nós conhecemos pessoas que têm medo de tentar algo diferente. Às vezes, nós mesmos acabamos escolhendo a opção mais fácil por medo de errar ou de parecer tolos, não é mesmo? Sabe o que nos falta nesses momentos? Informação!

Tentar um caminho diferente pode ser muito enriquecedor. Para isso, é importante pesquisar sobre os resultados possíveis ou os mais prováveis de uma decisão e avaliar as suas consequências, ou seja, os seus impactos na nossa vida e na de outras pessoas.

Informar-nos sobre as possibilidades e as consequências de uma escolha reduz a chance do "inesperado" e nos deixa mais seguros e confiantes para fazer algo novo e, assim, explorar as nossas capacidades.

PENSAR DE MANEIRA INTERDEPENDENTE

Nós somos seres sociais. Formamos grupos e comunidades, gostamos de ouvir e ser ouvidos, buscamos reciprocidade em nossas relações. Pessoas mais abertas a se relacionar com os outros sabem que juntos somos mais fortes e capazes.

Estabelecer conexões com os colegas para debater ideias e resolver problemas em conjunto é muito importante, pois desenvolvemos a capacidade de escutar, empatizar, analisar ideias e chegar a um consenso. Ter compaixão, altruísmo e demonstrar apoio aos esforços do grupo são características de pessoas mais cooperativas e eficazes.

Estes são 11 dos 16 Hábitos da mente descritos pelos autores Arthur L. Costa e Bena Kallick em seu livro *Learning and leading with habits of mind*: 16 characteristics for success.

Acesse http://www.moderna.com.br/araribaplus para conhecer mais sobre as *Atitudes para a vida*.

CHECKLIST PARA MONITORAR O SEU DESEMPENHO

Reproduza para cada mês de estudo o quadro abaixo. Preencha-o ao final de cada mês para avaliar o seu desempenho na aplicação das *Atitudes para a vida*, para cumprir as suas tarefas nesta disciplina. Em *Observações pessoais*, faça anotações e sugestões de atitudes a serem tomadas para melhorar o seu desempenho no mês seguinte.

Classifique o seu desempenho de 1 a 10, sendo 1 o nível mais fraco de desempenho, e 10, o domínio das *Atitudes para a vida*.

Atitudes para a vida	Neste mês eu...	Desempenho	Observações pessoais
Persistir	Não desisti. Busquei alternativas para resolver as questões quando as tentativas anteriores não deram certo.		
Controlar a impulsividade	Pensei antes de dar uma resposta qualquer. Refleti sobre os caminhos a escolher para cumprir minhas tarefas.		
Escutar os outros com atenção e empatia	Levei em conta as opiniões e os sentimentos dos demais para resolver as tarefas.		
Pensar com flexibilidade	Considerei diferentes possibilidades para chegar às respostas.		
Esforçar-se por exatidão e precisão	Conferi os dados, revisei as informações e cuidei da apresentação estética dos meus trabalhos.		
Questionar e levantar problemas	Fiquei atento ao meu redor, de olhos e ouvidos abertos. Questionei o que não entendi e busquei problemas para resolver.		
Aplicar conhecimentos prévios a novas situações	Usei o que já sabia para me ajudar a resolver problemas novos. Associei as novas informações a conhecimentos que eu havia adquirido de situações anteriores.		
Pensar e comunicar-se com clareza	Organizei meus pensamentos e me comuniquei com clareza, usando os termos e os dados adequados. Procurei dar exemplos para facilitar as minhas explicações.		
Imaginar, criar e inovar	Pensei fora da caixa, assumi riscos, ouvi críticas e aprendi com elas. Tentei de outra maneira.		
Assumir riscos com responsabilidade	Quando tive de fazer algo novo, busquei informação sobre possíveis consequências para tomar decisões com mais segurança.		
Pensar de maneira interdependente	Trabalhei junto. Aprendi com ideias diferentes e participei de discussões.		

Atitudes para a vida